매출을 5배 올려주는
고일석의 마케팅 글쓰기

이 책을 시작하며 마케팅 성공의 열쇠, 마케팅 글쓰기 • 6

1부 마케팅의 시작과 끝, 마케팅 글쓰기

1장 마케팅 철학과 전략을 담는 그릇, 글쓰기
1. 마케팅과 글쓰기의 교집합 • 15
2. 마케팅 글쓰기 공부의 3가지 목표 • 17
3. 마케팅 글쓰기의 효과 • 20

2장 글쓰기도 훈련이 필요하다
1. 글쓰기, 왜 이렇게 어렵지? • 23
2. 일상이 되는 쉬운 글쓰기 • 27
3. 100일 동안 매일매일 글쓰기 • 32
4. 좋은 글 베껴 쓰기 • 41

[실전 TIP] 맞춤법 검사기 사용법 • 44

2부 마케팅 글쓰기의 핵심 중의 핵심, 세일즈 카피

1장 고객을 움직이는 세일즈 카피
1. 확 꽂혀서 몰입하고 행동하게 하라 • 49
2. 눈길을 잡아끄는 매력적인 제목 • 56
3. 제목의 8가지 기본 패턴 • 60
4. 매력적인 제목의 21가지 모델 • 65
5. 고객을 몰입시키는 11가지 기법 • 76

2장 패턴에 맞춰 쓰는 세일즈 카피
1. 글쓰기를 위한 설계도 • 94
2. 매출을 위한 세일즈 카피의 기본 패턴 • 102
3. 패턴을 활용해 글의 구조 짜기 • 111
4. 내용 확장으로 글 완성하기 • 120
5. 세일즈 카피의 다른 패턴들 • 131

3장 고객 속으로 들어가기

1. 고객에게 보내는 러브레터 • 139
2. 고객을 파악하기 위한 5단계 분류 • 146
3. 고객이 구매하는 진짜 이유 • 156
4. 구매를 결정하는 심리적 방아쇠 • 164

4장 내 제품 뜯어보기

1. 제품 분석의 과제 • 187
2. 고객 분석과 제품 분석 • 189
3. 제품 분석의 실제 • 190
4. 나만의 매력 포인트, USP • 200

[실전 코칭] 매출을 5배 올려준 세일즈 카피의 힘 • 206

3부 블로그, SNS 글쓰기

1장 매체로서의 블로그와 SNS

1. 내가 만드는 매체, 블로그와 SNS • 223
2. 매체다운 매체란? • 233

2장 블로그 글쓰기

1. 블로그 마케팅의 역사와 진실 • 240
2. 신개념 블로그 마케팅, '네이버 파워컨텐츠' • 245
3. 효과적인 마케팅을 위한 블로그 포스팅 • 271

3장 SNS 글쓰기

1. 마케팅의 새로운 무기, SNS • 280
2. SNS 포스팅의 종류 • 293
3. SNS 포스팅 작성의 실제 • 311

[실전 TIP] 유사문서(중복문서)와 저품질 블로그 • 330

| 이 책을 시작하며 |

마케팅 성공의 열쇠, 마케팅 글쓰기

❖ 글쓰기는 온라인 사업자의 숙명

지금 우리는 어떤 품목, 어떤 아이템이든 온라인을 통하지 않고는 마케팅을 할 수 없는 시대에 살고 있습니다. 소비자들은 백화점에서 살 수 있는 고가품이나, 동네 편의점이나 마트에서 간단하게 살 수 있는 생필품을 제외하고는 거의 모든 제품을 온라인을 통해 정보를 파악하고 품질을 비교한 뒤 구매를 결정합니다.

온라인 마케팅의 중요성이 더욱 커지는 또 다른 이유는 바로 광고의 위기에 있습니다. 소비자들은 광고를 싫어합니다. 광고는 필요한 정보를 제공해주는 수단이라는 인식보다는 나의 뜻과는 관계없이 언제 어디서나 눈길을 가로막으면서 허위사실과 과장으로 소비자를 현혹하며, 때로는 올바른 구매를 방해하는 훼방꾼이라는 불신이 더 커지고 있습니다.

게다가 광고비용은 너무 비쌉니다. 비용이 들더라도 그 이상의 효과만 있다면 그나마 행복하겠지만 막대한 광고비를 매출로 너끈히 뽑아내는 대기업과는 달리, 제한적인 자금으로 근근이 마케팅을 해나가야 하는 소규모 기업에게 광고비를 뛰어넘는 수익을 안겨주는 광고 수단은 사실상 전무합니다.

이러한 조건 속에서 비용이 거의 들지 않는 온라인 마케팅이란 소규모 사업자들에게 험악한 마케팅 환경을 돌파할 수 있는 구세주이자, 싫든 좋든 의존할 수밖에 없는 숙명과도 같습니다.

온라인 마케팅에서는 고객과의 모든 커뮤니케이션을 말이 아닌 글로 해야 합니다. 처음부터 끝까지가 모두 글쓰기입니다. 잠재고객과의 접촉을 넓혀나가고, 정보를 제공하면서 신뢰를 쌓아가며, 구매결정을 돕는 마케팅의 모든 과정이 오로지 글쓰기로만 이루어져 있습니다.

제품에 대한 설명, 고객과의 대화도 모두 글쓰기로 이루어집니다. 실질적인 구매가 이루어지는 단계에서는 전화 또는 면담이 필요하기도 하지만 인터넷 상거래의 대부분은 음성 대화나 대면 접촉 없이 곧바로 구매 버튼을 클릭하는 것으로 이루어집니다.

이런 상황에서 온라인 마케팅에서 만나게 되는 글쓰기의 또 다른 어려움은 글을 끊임없이, 지속적으로 써야 한다는 점입니다. 블로그와 카페는 고객과의 접촉 대부분이 포털사이트의 검색을 통해 이루어집니다. 포스팅이 검색에 적절하게 작성되어 고객들이 많이 볼 수 있는 위치에 노출되더라도 검색 위치는 시간이 흐르면서 뒤로 밀릴 수밖에 없습니다. 그러면 같은 키워드, 같은 주제에 대해 또 다른 글을 써서 검색이 되도록 해야 합니다.

검색 순위는 포털사이트의 기준에 따라 결정됩니다. 누구나 상위 검색이 되어 많은 고객들이 우리 글을 봐주기를 원하지만 그 판단은 오로지 포털사이트의 몫입니다. 포털사이트는 문서의 질을 판단하여 정보가치가 높은 문서를 상위에 검색되도록 하는 것이 가장 기본적인 임무입니다. 또한 우리의 카페와 블로그, 그리고 SNS에 관심을 가져주는 고객들은 지속적인 업데이트를 원합니다. 새로운 글이 작성되지 않는 카페는 제대로 돌아가지 않는 카페로 여겨지고 어쩌다 한 번씩 새 글이 올라오는 블로그와 SNS는 관심과 신뢰를 얻을 수 없습니다. 그래서 우리는 끊임없이 포스팅을 하고 글을 써야 합니다.

블로그만 예로 들었을 때 만약 주 5일만 포스팅을 한다면 1년에 포스팅하는 날은 250일 정도 됩니다. 포스팅의 양은 사람마다 다르겠지만 조금 짧게 쓰는 느낌이 드는 분량은 원고지 기준으로 대략 5매 정도가 됩니다. 그러면 1년에 원고지 1,250매 분량이 됩니다. 이 분량은 웬만한 책 한 권을 만들고도 남는 양입니다.

온라인 마케팅을 하는 사람이라면 1년에 책 한 권을 만들고도 남을 만한 분량의 글을 몇 년이고 계속 쓰고 있다는 얘기가 됩니다. 전문 작가라고 해도 해마다 한 권씩 책을 펴내기는 쉽지 않습니다. 이 많은 양의 글을 본인이 직접 써야 합니다. 블로그와 카페의 포스팅은 물론 쇼핑몰의 상품설명, 회사소개, 공지와 이벤트 등 고객에게 보여주는 모든 글은 다른 사람이 아닌 사업자가 써야 합니다.

❖ **분명한 목표와 전략을 가진 마케팅 글쓰기**

지금은 글쓰기의 시대입니다. 대형서점에서는 글쓰기 분야가 당당히

한 코너를 차지할 정도로 글쓰기 책들이 넘쳐나고 있고 훌륭한 선생님들이 진행하는 글쓰기 강좌도 헤아릴 수 없을 만큼 많습니다. 글을 쓸 수 있는 공간이 특정인에게만 열려 있던 과거와는 달리 인터넷으로 인해 자신을 표현할 수 있는 기회가 폭발적으로 늘어나고 자신의 글을 읽어줄 독자들을 쉽게 만날 수 있는 환경이 만들어졌기 때문입니다.

그러나 마케팅 글쓰기의 세계는 이와는 조금 다릅니다. 일반적인 글쓰기를 배우고 싶어 하는 분들은 원래 글을 쓰고 싶어 하는 분들입니다. 하지만 마케팅 글쓰기를 배워야 하는 분들은 글을 쓰고 싶은 마음은 전혀 없는데 어쩔 수 없이 글을 써야 하는 분들이 대부분입니다. 누구에게나 글쓰기는 만만치 않은 일이지만 특히나 글쓰기에 관심조차 없던 분들에게는 더더욱 두렵고 어려운 일입니다.

마케팅 글쓰기는 일반적인 글쓰기와는 분명히 다르며 또 달라야 합니다. 마케팅 글쓰기는 구상과 기획, 관점과 주제, 집필 과정과 방법이 다른 분야의 글쓰기와는 근본적인 차이가 있습니다.

자기만족이나 독자의 감동과 호응이 주요 목표인 일반적인 글쓰기와는 달리 마케팅 글쓰기는 고객과의 관계를 유지하고, 고객을 설득하여 매출을 일으켜야 하는 매우 분명하고 현실적인 목표를 가지고 있습니다. 마케팅 글쓰기는 단순한 취미 생활이 아니라 확실한 성과를 담보해야 하는 사업적 활동입니다. 부지런히 글을 쓰는데도 눈에 보이는 결과가 나타나지 않는다면 효과가 확실하지 않은 광고에 쓸데없이 비용을 퍼붓는 것과 다를 바가 없습니다.

마케팅 글쓰기의 가장 중요한 과제는 전략적이고 효과적이어야 한다는 것입니다. 고객으로 하여금 공감과 신뢰의 단계를 거쳐 구매라는 분명하고 구체적인 행동을 이끌어내야 합니다. 따라서 마케팅의 철학과 전략이 글쓰기에 그대로 적용되고 표현되어야 합니다.

마케팅 글쓰기를 공부하기 위해서는 일반적인 글쓰기에 대한 이해와 함께 마케팅에 대한 철학과 지식, 전략 등을 충분히 익혀야 합니다. 마케팅 글쓰기는 그 자체가 마케팅의 한 과정이면서 수단입니다. 마케팅의 철학이 충분히 담겨 있어야 하고 전략적으로 구상하고 집필하여 효과적이고 체계적으로 전달되어야 합니다.

마케팅 글쓰기의 또 다른 특징은 독자, 즉 고객에 대한 이해와 분석이 필수적이라는 것입니다. 일반적으로 글을 쓸 때에는 독자에 대해 그토록 치밀하게 분석하고 깊이 있게 이해할 필요가 없습니다. 그러나 마케팅 글쓰기는 고객이 무엇을 원하는지, 고객이 불편해하는 것은 무엇인지, 고객의 취향에서부터 가치관에 이르기까지 최대한 모든 것을 파악하고, 이해하고, 공감해야 합니다.

❖ 마케팅의 가장 강력한 무기, 글쓰기

온라인 마케팅의 모든 과정이 처음부터 끝까지 오로지 글쓰기라는 사실은 마케팅의 궁극적인 목적인 매출이 제대로 된 마케팅 글쓰기를 통해서만 실현될 수 있다는 것을 의미합니다. 이는 글쓰기를 제대로만 한다면 매출이라는 목표가 어렵지 않게 이루어질 수 있다는 사실도 의미합니다. 즉, **마케팅 글쓰기의 능력을 충분히 갖춘다면 마케팅의 성공을 위한 가장 강력한 무기를 손에 쥐게 되는 것입니다.**

이 책은 이러한 마케팅 글쓰기의 필요성과 성격, 특징, 그리고 가능성을 바탕으로 고객과의 관계와 매출이라는 분명한 목표를 달성할 수 있도록 그동안 연구하고 실행한 결과를 담았습니다. 마케팅과 글쓰기에 대한 이론적인 부분도 언급되어 있지만 대부분 마케팅 현장에서 곧바로 실천할 수 있는 구체적인 방법론과 함께 실전적인 예문을 중심으로 구성하였습니다.

고객의 필요와 욕구를 파악하고 이해하는 방법, 나의 제품과 업체를 분석하여 소재를 확보하는 방법, 고객의 눈길을 처음부터 잡아끄는 제목 만드는 방법, 고객의 감성을 움직여 구매라는 행동을 이끌어내는 전략, 누구라도 쉽고 빠르게 효과적인 세일즈 카피를 쓸 수 있게 하는 마케팅 글쓰기의 패턴들, 가장 강력한 마케팅 플랫폼인 블로그와 SNS의 글쓰기 등의 내용을 담고 있습니다.

특히 직접 연구하고 제시한 방법을 통해 실제로 획기적인 매출 상승의 효과를 확인한 사례들도 최대한 풍부하게 수록하였습니다. 글쓰기 하나로 쇼핑몰 방문자가 몇 배로 늘어나고, 글쓰기 방법만 바꿨을 뿐인데도 매출이 서너 배 뛰어오르는 기적 같은 일이 여러분 모두에게 일어날 수 있다는 것을 경험하시게 될 것입니다.

아무쪼록 여러 온라인 사업자들께서 이 책을 통해 뜻하고 계신 모든 사업적인 목표를 마음껏 이루실 수 있게 되기를 진심으로 바랍니다.

저자 고일석

1. 마케팅과 글쓰기의 교집합

　마케팅의 흐름은 노출 – 유입 – 설득 – 구매로 이어진다. 어떤 상품이건, 어떤 아이템이건 이 흐름을 벗어나지 않는다. 광고나 검색을 통해 잠재고객과 처음 만나는 순간이 바로 노출이다. 노출을 통해 상품과 업체를 알게 된 고객은 블로그나 카페 혹은 쇼핑몰로 이동하여 자세한 내용을 알아보게 된다. 이 과정이 유입이다. 유입된 고객을 설득해 구매로 이어지면 마케팅 과정이 1차적으로 완결된다.

　노출에서 유입, 설득, 구매로 이어지는 과정은 고객을 만나 제품을 설명하고 우리 제품을 꼭 구매해야 하는 이유를 설명하는 커뮤니케이션 과정이다.

　그런데 이 모든 과정이 대부분 글로써 이루어진다. 글이 고객의 눈에 띄고, 고객으로 하여금 좀 더 알아보고 싶은 욕구를 불러일으켜 블로그나 쇼핑몰로 이동하도록 하고, "이게 바로 내가 찾던 제품이구나" 하는 판단을 하게 하여 결국 구매 버튼을 클릭하게 한다.

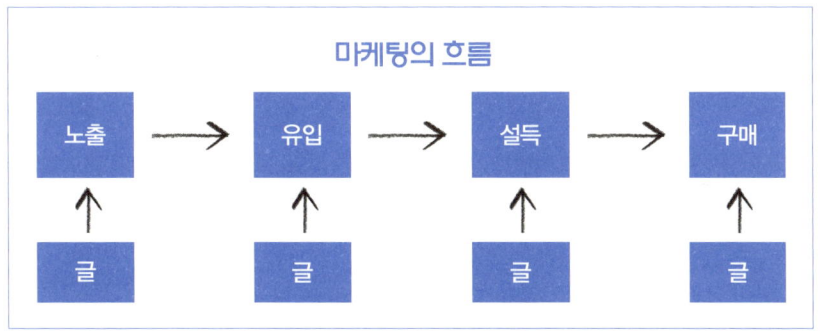

글은 고객으로 하여금 마케팅의 흐름에 참여하도록 하여 구매를 결정짓게 하는 필수적인 수단이다.

특히 온라인 마케팅에서는 고객과의 모든 관계, 대화가 글을 통해 이루어진다. 이와 같이 마케팅의 흐름 속에서 고객의 눈길과 마음을 사로잡거나 고객을 충분히 설득해 구매로 이어지게 하는 것이 바로 마케팅 글쓰기이다.

마케팅 글쓰기는 블로그, 카페, SNS에 쓰는 포스트, 메일, 공지문, 온·오프라인 광고와 전단지 문안을 모두 포함한다. 또한 판매를 유도하고 결정하게 하는 세일즈 카피뿐만 아니라 고객과의 관계를 유지하고 블로그와 SNS의 운영을 위해 쓰는 글 모두 마케팅 글쓰기의 대상이 된다.

마케팅 글쓰기는 마케팅과 글쓰기의 교집합이다. 성공적인 마케팅 글쓰기를 위해서는 마케팅과 글쓰기라는 각기 다른 분야의 필요한 내용들을 골고루 이해하고 있어야 한다. 마케팅 글쓰기는 고객과의 커뮤니케이션에서 가장 큰 비중을 차지하는 수단이면서 판매자의 마케팅 철학과 전략을 담는 그릇이다. 따라서 글쓰기라는 그릇과 그곳에 담을 마케팅 철학과 전략 모두 중요하다.

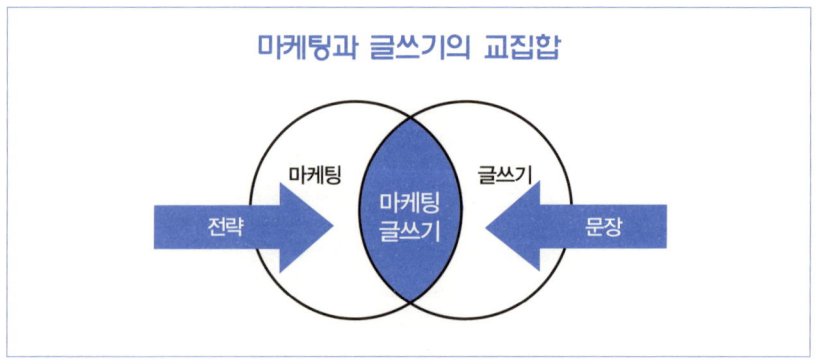

2. 마케팅 글쓰기 공부의 3가지 목표

글을 **쉽게** 쓴다
글을 **잘** 쓴다
글을 **효과적**으로 쓴다

우리는 지금부터 마케팅 글쓰기 공부를 시작하려 한다. 마케팅 글쓰기뿐만 아니라 모든 글쓰기 공부와 연습에는 세 가지 중요한 목표가 있다. 그것은 글을 쉽게 쓰고, 잘 쓰고, 효과적으로 쓰는 것이다.

글쓰기 공부를 시작하는 가장 현실적인 이유로는 글쓰기가 어렵다는 것이다. 간단한 글 하나를 쓰는 데 몇 시간이 소비된다거나 두어 줄 쓰고 나면 더 이상 쓸 말이 생각나지 않는다거나 하는 문제를 해결하기 위해 글쓰기 공부의 필요성을 느끼게 된다. 특히 자기 표현욕구나 어떠한 주장을 널리 알리기 위해 쓰는 것이 아닌 사업적인 이유 때문에 글을 써야 하는 마케팅 글쓰기에 있어서는 쉽게 쓰는 것이 무엇보다도 중요하다.

쉽게 쓴다는 것은 1차적으로 포스트나 메일, 공지문 등의 글을 생산하고 만들어내는 데 어려움을 겪지 않는다는 것을 의미한다. 블로그나 SNS를 운영할 때는 매일, 자주 글을 쓰는 것이 중요하다. 매일매일 빠지지 않고 글을 쓰려면 효과는 차치하고라도 우선 글 쓰는 일이 쉬워야 한다. 글쓰기가 마냥 어렵다면 블로그와 SNS를 운영하는 것 자체가 어려워진다.

　마케팅 글쓰기를 하는 사람이라고 해서 무조건 쉽게만 쓰려 하지는 않는다. 필요에 의해 글쓰기를 배우고 고객들을 향해 글을 쓰는 판매자들도 잘 쓴 글에 대한 욕구는 당연히 있다. 즉, "글 참 잘 쓰셨네요"라는 칭찬을 듣고 싶은 희망이 본능적으로 존재한다. 또한 잘 쓴 글일수록 고객과의 소통은 더욱 넓고 깊어진다. 맞춤법이 제멋대로인 글보다는 어법에 맞는 글이 더욱더 높은 신뢰를 얻게 되고 투박한 글보다는 수려한 글이 더욱 높은 호소력을 지니게 된다.

　그러나 뭐니 뭐니 해도 마케팅 글쓰기에 있어 가장 중요한 목표는 역시 글을 효과적으로 쓰는 것이다. 이것은 일반적인 글쓰기와 마케팅 글쓰기를 구분하는 중요한 기준이 되기도 한다. 일반적인 글쓰기 역시 영향력이든, 감동이든, 재미든, 글을 통해 만들어내고 싶은 효과가 있다. 그러나 전문 작가가 아니라면 이런 목표를 가지고 있다 해도 반드시 성취해야 하는 것은 아니다. 특히 자기 표현욕구의 발산이 중요한 목표라면 글을 통한 독자의 변화보다는 자신의 글을 공개적으로 발표했다는 것만으로도 성취감을 느낄 수 있다.

　하지만 마케팅 글쓰기에 있어서는 목표를 성취하는 것, 즉 어떤 효과를 유발해내는 것이 무엇보다 중요한 과제다. 마케팅 글쓰기는 반드시 어떤 효과를 만들어내야만 한다. 고객으로 하여금 구매나 문의와 같은 구체적인 행동을 이끌어내는 것이 가장 중요한 목표다. ==매출로 연결하는 것은 물론, 제품의 존재와 특징을 고객의 기억 속에 새겨 넣는다거나 제품과 서비스에 대해 호감을 가지도록 만드는 것도 마케팅 글쓰기의 중요==

==한 목표가 된다.== 그것이 무엇이든 마케팅 글쓰기는 반드시 목표를 성취해서 효과를 이끌어내야 한다. 아무리 쉽게 쓰고 잘 쓴 글이라고 해도 효과를 끌어내지 못하면 아무 소용 없다.

3. 마케팅 글쓰기의 효과

이런 특성과 조건을 만족하는 마케팅 글쓰기가 제대로 된다면 우리가 얻게 되는 것은 무엇일까?

첫째, 당연히 매출이 늘어난다. 지금부터 소개하는 글쓰기 방법은 오로지 글쓰기를 통해 매출이 늘어날 수 있는 방법이 무엇일까에 대한 연구와 실행의 결과물이다. 여기에서 소개한 글쓰기 방법의 여러 부분과 요소들 중 일부분만 실행에 옮겨도 매출이 늘어나는 효과를 쉽게 확인할 수 있다.

둘째, 고객의 반응이 달라진다. 가장 극적인 반응은 댓글과 문의, 그리고 상담을 통해 나타난다. 적극적인 구매의사를 가진 고객은 구매를 행동에 옮기기 전 판매자와의 커뮤니케이션을 통해 자신의 판단이 옳음을 확인하려고 한다. 고객의 댓글이나 질문은 그 내용이 무엇이든 "내가 곧 구매하려고 하니 관심을 가져주세요"라는 의미를 담고 있다. 구매를 결정하기 이전의 커뮤니케이션이 충분하지 않을 경우 고객의 댓글과 질문은 불신과 의심을 바탕으로 품질, 기능, 용도, 가격 등 궁금해 하는 내용들이 많아지게 된다. 그러나 마케팅 글쓰기가 완벽하게 이루어지면 고객은 중요한 내용을 이미 다 파악하고 숙지한 상황에서 구매의사를 재확인하려는 내용이 주를 이룬다.

셋째, 고객이 쉽고 편안하게 제품을 구매하게 된다. 고객은 반드시 제품이나 서비스를 구매해야 하는 상황에 있다. 그런데 관련정보가 너무 많거나 너무 부족하다. 양적으로는 너무 많지만 신뢰할 수 있는 내용은 너무 부족하다. 따라서 고객은 항상 신뢰할 만한 정보가 태부족인 상태에서 구매결정을 압박받게 된다. 제대로 된 마케팅 글쓰기는 고객의 신뢰를 얻고 충분한 정보를 제공하게 한다. 그래서 고객으로 하여금 보다 쉽고 편안하게 구매할 수 있도록 유도한다.

넷째, 판매자에 대한 고객의 신뢰도가 높아진다. 마케팅의 기본은 고객의 신뢰를 얻는 것이다. 마케팅 글쓰기 역시 고객의 신뢰를 얻을 수 있는 글쓰기 방법을 말한다. 신뢰를 바탕으로 이루어지는 구매는 1회성으로 그치지 않는다. 고객은 한 번 신뢰한 판매자로부터 계속 구매하고 싶어 한다. 신뢰할 수 있는 판매자가 있다면 번거롭게 굳이 다른 판매자나 판매정보를 알아보기 위해 수고할 필요가 없기 때문이다. 제대로 된 마케팅 글쓰기는 당장의 구매는 물론이고 앞으로의 지속적인 재구매가 이루어질 수 있는 기반을 마련한다.

다섯째, 마케팅이 상대적으로 수월해진다. 고객의 반응이 적극적이고, 구매가 쉽게 이루어진다면 판매자는 마케팅 효과를 높이기 위해 수고해야 할 여지가 대폭 줄어든다. 효과적인 마케팅을 위해 투입할 수 있는 대부분의 요소가 마케팅 글쓰기에 기본적으로 담기게 된다. 즉, 마케팅 글쓰기 자체가 강력한 마케팅 전략이 된다.

1. 글쓰기, 왜 이렇게 어렵지?

case 1

블로그를 시작한 지 석 달째인 김새롬 님. 열심히 노력한 덕에 방문자도 늘고 매출도 늘어나는 것 같다. 그동안은 방문자 카운터 올라가는 재미에 그럭저럭 포스팅해왔지만 앞으로도 하루 서너 시간씩, 많으면 대여섯 시간씩 들여가며 포스팅해야 하는지 걱정부터 앞선다.

우선 뭘 써야 할지도 큰일이다. 상위검색으로 효자 노릇을 했던 포스팅은 벌써 2~3페이지 뒤로 밀린 지 오래고, 상위검색을 노릴 만한 포스팅을 계속 써야 하는데 새로운 글을 쓰자니 쓸 만한 주제는 벌써 다 써버려 더 이상 쓸 것도 없다. 이전에 썼던 글을 다시 쓰면 좋겠지만 네이버에서는 내가 쓴 글이라도 똑같은 글은 중복문서로 취급한다. 중복문서가 많아지면 블로그 검색에 불이익을 받는다고 하니 그럴 수도 없다.

쓸 거리가 있다고 해도 머리가 아프기는 마찬가지다. 제목은 잡았지만 시작은 어떻게 해야 할지, 내용은 어떻게 채워야 할지, 한 줄 써놓고 딴 짓 하고 또 한 줄 써놓고 딴 짓 하고, 이러면 안 되지 하면서 마음을 다잡고 모니터가 뚫어져라 들여다봐도 머릿속은 그저 백짓장처럼 하얘질 뿐이다.

억지로 글을 써놓고 사진을 하나 둘 올린 뒤 확인 버튼을 누르기 전 한 번 더 읽어본다. 글을 시작할 때에는 쓸 말이 없어 미칠 지경이더니 다 써놓고 보니 뭘 그리 주절주절 많이도 써놨는지, 무슨 말을 한 건지 글을 쓴 본인이 봐도 모를 지경이다. 쓴 사람이 읽어도 무슨 말인지 모르는데 읽는 사람들은 오죽할까 걱정이 되지만 이제 와서 어쩌랴 하면서 그냥 확인 버튼을 누르고 한숨을 푹 내쉰다.

case 2

카페 마케팅으로 자리를 잡은 박창우 님은 한 달에 한 번 공동구매를 할 때마다 한편으로는 설레고 한편으로는 마음이 무거워진다. 처음에 썼던 공지문을 그대로 복사해서 올린 것이 벌써 몇 달째. 뭔가 더 멋진 글을 쓸 수도 있을 것도 같은데, 그리고 항상 새롭고 쌈빡한 공지문을 올릴 수 있다면 훨씬 더 많은 판매를 올릴 수도 있을 것 같은데 언제나 천편일률적이고 부실하기 짝이 없는 공지문은 눈에 거슬린다.

그런 저런 문구에 제품 사진만 늘어놓은 공지문, 자신이 봐도 마음에 들지 않는다. 회원들이 믿음을 가지고 공동구매에 참여할 수 있도록 글을 좀 잘 써보고 싶지만 어떻게 해야 그럴 수 있을지 그저 막막할 뿐이다. 누구에게 물어볼 사람도 없고 더군다나 도와줄 사람도 없다.

case 3

최은혜 님은 쇼핑몰을 준비 중이다. 대문에 멋진 헤드카피를 넣고 싶은데 아무리 궁리를 해봐도 늘 보던 상투적인 광고식 문구밖에는 생각나지 않는다. 고객들이 회사소개도 많이들 본다는데 이건 또 어떻게 써야 할지, 쇼핑몰의 정보섹션은 무엇으로 채워야 할지, 무엇보다 고객들이 그 설명을 읽고 구매를 결정할 텐데 그건 또 어떻게 써서 고객들의 마음을 확 잡아놓을지, 이것저것 생각하다 보면 하루 종일 쇼핑몰 준비는 손도 대보지 못하고 넘어가는 날이 벌써 며칠째다.

case 4

패션 쇼핑몰을 운영하는 정찬우 님은 고객과의 소통을 위해 정기적으로 메일을 보낸다. 그런데 메일을 보낸 후 점검을 해보면 수신율과 클릭률이 거의 바닥 수준이다. 분명 관심이 있어 회원으로 가입한 고객들일 텐데 왜 이렇게 메일을 안 열어 보는지, 그리고 반응을 보이지 않는지 늘 안타깝다. 그도 한 가지 이유는 잘 알고 있다. 메일이라고는 하지만 보내는 내용은 늘 이벤트 소식이나 상품 소개가 전부이다. 살갑고 고객들의 눈이 번쩍 뜨일 생생한 정보를 담아야 한다고 들어서는 알고 있지만 상품 얘기가 아니면 쓸 거리도 없고 뭔가 쓸 것이 생각이 나도 첫 문장조차 제대로 맺지 못하는 경우가 태반이다. 메일은 제목이 중요하다던데 고객들이 광클릭을 할 제목은 어떻게 만들어야 하는지 갈피조차 잡기 어렵다.

case 5

박효동 님은 인터넷으로 간편식을 판매하면서 페이스북과 카카오스토리 플러스의 덕을 톡톡히 보고 있었다. 그런데 요즘은 상황이 좀 달라졌다. 언젠가부터 팬과 친구 수가 예전처럼 빠르게 늘어나지 않는다. 특히 카카오스토리 플러스에서 공유 이벤트를 금지한 뒤부터는 오로지 광고나 포스트로 친구를 늘려야 하는데 그게 말처럼 쉽지 않다. 그리고 판매 분위기도 달라졌다. 전에는 제품 사진만 올려도 쉽게 주문이 오곤 했다. 그러나 요즘엔 왠지 거들떠보지도 않는 분위기다. 포스트 올리기도 훨씬 어려워졌다. 처음에는 명언을 올려도 좋아했고, 특히 음식 레시피를 올리면 반응이 뜨거웠는데 이젠 하도 너도나도 똑같은 것들을 올리다 보니 "이제 명언 지겨워요"라는 댓글이 달리기도 한다. 친구들에게 인기 있고 호응 좋은 글을 올리고 싶지만 어떻게 해야 할지 좀처럼 감이 잡히지 않는다.

글쓰기는 도대체 왜 이렇게 어려운 것일까?

2. 일상이 되는 쉬운 글쓰기

글을 쉽게 쓰는 것은 글쓰기 훈련의 목표 중에서도 첫 번째를 차지한다. 글을 잘 쓰는 것도 중요하고 효과적으로 쓰는 것은 더더욱 중요하지만 글쓰기 자체의 어려움과 두려움 때문에 첫 줄을 쓰는 것조차 힘들어한다면 잘 쓰고 효과적으로 쓰는 건 언감생심 바랄 수도 없는 일이다.

글을 쉽게 쓴다는 것은 두 가지 의미가 있다. '보는 사람이 읽기 쉽고 이해하기 쉽게 쓴다'는 뜻이 있고, '쓰는 사람이 어려움 없이 술술 쉽게 쓴다'는 뜻이 있다. 첫 번째도 매우 중요한 목표이지만 여기서는 쓰는 사람이 쉽게 술술 쓰는 것에 대해서 얘기한다. 하지만 쓰는 사람이 쉽게 쓴 글이 보는 사람에게도 쉽게 읽힌다.

❖ 글쓰기의 두려움 없애기

글을 쉽게 쓰기 위한 첫 번째 과제는 글쓰기에 대한 두려움을 없애는 것이다. 글쓰기에 대한 두려움은 많은 청중들 앞에서 말하는 것이 두렵고 떨리는 것과 같다. 그런데 가족이나 친구, 동료 등 잘 아는 사람들과 얘기하는 것은 그렇게 두렵거나 어렵지 않다. 글쓰기도 마찬가지다. 글쓰기가 두려운 것은 얼굴도 모르는 수많은 사람들이 내 글을 읽을 것이라는 걸 의식하기 때문이다.

잘 아는 사람과 조곤조곤 얘기하는 것은 어렵지 않은데 많은 사람들 앞에서 얘기하는 것이 어려운 이유는 무엇일까? 두 가지를 생각할 수 있다. 첫째는 평가를 받는다는 의식이고 둘째는 늘 하는 일이 아니라는 것이다.

평가에 대한 두려움은 글은 폼 나게 써야 한다는 부담과 일맥상통한다. 누구나 평가를 받게 되면 높은 점수를 바라는 것이 당연한 심리다. 그래서 평가 받는다는 부담과 두려움을 없애야 한다.

물론 평가에 대한 부담은 좀 가져야 한다. 우리의 글쓰기는 자기만족을 위한 것이 아니라 누군가를 설득해 행동하게 하기 위한 것이므로 누가 보든 말든, 좋게 생각하든 나쁘게 생각하든 그냥 내지르는 글쓰기와는 다르다. 따라서 독자의 평가를 항상 민감하게 의식해야 하는 것은 맞다.

그러나 그것은 어느 정도 훈련이 된 다음의 얘기지 훈련 과정에서는 우선 그런 부담을 버려야 한다. 또한 마케팅 글쓰기에 있어서 적용되는 평가 기준은 우리가 지금까지 생각해온 폼 나는 글, 뭔가 있어 보이는 글, 수려하고 유창한 글과는 전혀 다르다. 따라서 지금은 그런 내용의 평가를 의식할 필요가 전혀 없다.

❖ 자신을 드러내는 용기

어떤 주제에 대해 어떤 내용의 글을 쓰든 그것은 사람들에게 자신을 드러내는 일이다. 동서고금을 막론하고 글을 쓰는 사람들은 공통적으로 자기표현과 자기노출에 대한 욕구가 강하다. 별다른 생각 없이 자신을 자주 드러내다가 사람들로부터 반응을 얻고 인정을 받게 되고, 그것이 동기가 되어 더 깊고 더 높은 글쓰기의 세계로 들어서게 된 것이다.

반면에 글쓰기를 어려워하는 사람들은 일반적으로 자신을 드러내는 일에 익숙하지 않다. 평가를 의식하기 이전에 자신을 드러내는 것 자체를 꺼리고 두려워한다. 특히 온라인 마케팅에 무게를 두고 있는 판매자들은 자신을 잘 드러내지 않으려는 성향이 더 강하다. 온라인 마케팅은 자신을 드러내기 싫어하는 사람들 간의 거래라고 해도 과언이 아니다. 온라인 마케팅이 발전하는 이유는 그것이 가지고 있는 여러 가지 특징과 장점 때문이지만 그중에서도 가장 중요한 것은 판매자와 구매자가 직접 맞닥뜨릴 일이 별로 없다는 것이다. 판매자는 고객을 매번 설득하기 위해 애쓰지 않아도 되고, 구매자는 판매자와 신경전을 벌이지 않아도 된다는 점은 온라인 마케팅이 각광받고 있는 가장 큰 이유 중의 하나다.

그러나 마케팅을 위해서는 고객과의 커뮤니케이션이 필수적이다. 또한 온라인 마케팅의 커뮤니케이션은 대부분 글쓰기로 이루어진다. 따라서 글을 쓰는 것은 선택이 아닌 필수다. 그렇다면 시선을 의식하지 않고 나의 내면, 나의 생각, 나의 경험, 나의 주장을 마음 편하게 드러내 보이려는 자세가 필요하다. 그런 다음 그것을 다듬고 보충해서 말 그대로 제대로 된 글을 쓸 수 있다.

훈련 단계에서는 오히려 부담을 버리는 정도가 아니라 완전히 무시하고 남이야 뭐라고 하든 마음껏 자신을 드러내 보이는 뻔뻔스러움이 필요하다. 글쓰기 훈련을 연습장이나 메모장에서 남몰래 하고 난 뒤 실력이 갖춰진 다음에 블로그와 같이 공개된 매체에 쓰겠다는 생각은 버리는 것이 좋다. 연습을 하는 단계에서도 블로그나 SNS에 공개적으로 글을 써야 한다. 누군가 내 글을 볼 것이라는 점을 의식하고 그 부담을 극복한 채로 자신을 드러내는 글을 쓰는 습관은 글쓰기에 매우 중요하다.

❖ 뭐든 많이 알아야 한다

글쓰기를 단순한 테크닉으로 이해하는 사람들이 많다. 물론 글쓰기에는 기법의 차원도 있다. 그러나 글쓰기는 생각을 글자로 옮기는 행위이다. 지식이든, 주장이든, 느낌이든, 생각이든, 머릿속에 담겨 있는 것을 글자로 옮기는 것이 글쓰기다. 따라서 글을 쓰기 위해서는 쓰고자 하는 그 무엇이 풍부하게 준비되어 있어야 한다.

TV에 출연한 의사나 변호사들 혹은 각 분야의 전문가들을 보면 말을 참 잘한다. 가끔 속 터지게 말을 못하는 전문가들도 있지만 대부분은 청산유수처럼 귀에 쏙쏙 들어오게 말을 잘한다. 그들이 타고난 말솜씨를 가져서가 아니라 자신의 분야에 대해 많이 알기 때문이다.

마찬가지로 우리도 우리 분야에 대해 많이 알고 있으면 글쓰기가 쉬워진다. 글쓰기를 위해 우리가 알아야 하는 것은 대단한 지식이나 특이한 이론이 아니다. 우리가 특히 많이 알고 있어야 하는 것은 우리의 고객과 제품에 대한 것이다.

글쓰기를 위해 우리가 알아야 할 대상들은 새로 익히고, 관찰하고, 파악하고, 이해해야 하는 것도 있고, 이미 우리가 알고 있는 것들을 새로 조직화하고 새로운 의미를 부여하는 것도 있다. 우리가 해야 할 훈련 중에서 고객과 제품에 대한 지식과 정보를 깊고 폭넓게 하는 것은 매우 중요한 부분을 차지한다. 마케팅을 하는 사람이라면 고객과 제품에 대해 깊이 파악하고 이해하는 방법을 반드시 익히고 있어야 한다.

❖ 패턴을 익히자

글쓰기에 전혀 조예가 없는 사람이라도 기승전결이나 서론-본론-결론과 같은 글의 구조에 대해서는 잘 알고 있다. 글의 구조, 즉 패턴은 아리스토텔레스의 수사학$_{Rhetoric}$에서부터 형태를 갖추기 시작했지만 그가 어느 날 갑자기 주장해서 생겨난 것이 아니다. 웅변을 통한 설득이 매우 중요하게 여겨지던 그 당시의 여러 글과 연설 중에서 가장 큰 효과를 불러일으켰던 것들의 공통점을 추출하여 제시한 것이다. 그 이후로 여러 가지 형태의 글의 패턴이 제시되었고 글을 쓰는 사람들은 글의 구조에 대해서는 특별한 고민 없이 이들 패턴을 참고하여 글을 쓰게 됐다.

이 패턴들은 고객의 공감을 불러일으키고 고객을 설득하여 매출이라는 마케팅의 목표를 달성하기 위해 마련된 것이다. 이 패턴에 맞춰서 글을 쓰면 일정 정도 이상의 효과를 얻어낼 수 있다. 따라서 이 패턴들을 익혀놓으면 글을 쓸 때마다 어떤 순서로, 어떤 구조로 글을 써야 할 것인가를 두고 고민할 필요가 없어진다.

3. 100일 동안 매일매일 글쓰기

대단히 소심하고 심약한 경우가 아니라면 가까운 사람과 대화하면서 걱정이 앞서서 벌벌 떨고 말문이 막히는 사람은 별로 없다. 가까운 사람과의 대화는 청중 앞에서의 연설과 같은 특별한 이벤트가 아니라 늘 하는 것이기 때문이다. 그래서 글쓰기도 평소에 말하듯 늘 훈련해야 한다.

그런데 글쓰기를 항상 한다?

한 번 쓰기도 어려운 것을?

생각만 해도 머리가 아파 올 수 있을 것 같다. 그러나 훈련으로서의 글쓰기는 다른 사람에게 어떤 영향을 주려는 원초적인 목표 없이 손을 풀 듯 머리를 풀 듯 편안하고 자유롭게 써야 한다.

일과를 시작하기 전이든 일과 중이든 하루 중 좋은 때를 골라 5분이든 10분이든 주제나 형식에 구애받지 말고 뭐든지 쓰는 것을 습관화하는 것이 좋다. 재능도 타고 났고 피땀 어린 노력도 이미 바탕이 되어 있는 전문 작가들도 하루 일과를 글쓰는 것으로 시작하는 작가들이 많다. 세계적인 베스트셀러 작가인 스티븐 킹은 매일 아침 한 줄씩 쓰는 글로 작품을 완성한다고 말하기도 한다.

일기를 매일 쓰는 것도 훌륭한 글쓰기 훈련이다. 어릴 때부터 일기를 꾸준히 써온 사람이라면 글쓰기를 위한 능력을 90% 정도는 갖추고 있다고 봐도 좋다. 그러나 우리는 일기를 꼬박꼬박 쓰는 것이 얼마나 어려운 일인지 잘 알고 있다.

> 글쓰기 훈련을 위해
> 매일 쓰는 글은 일기도 아니고
> 글도 아니고 머릿속에 떠오르는 것을
> 글자로 옮기는 정도면 충분하다.
> 그렇게 쓰다 보면
> 어떤 의미와 위력을 가진
> 글로 점차 탈바꿈하게 된다.

❖ 100일 동안 매일 주어지는 주제로 자유롭게 글쓰기

　글쓰기 훈련을 위해 필자가 운영하는 프로그램이 있다. 바로 '100일 동안 매일매일 글쓰기'이다. 매일 뭐든지 조금씩 쓰는 것을 습관화한다는 취지를 충분히 이해한다 해도 매일 자판 앞에 앉아 "오늘은 뭘 쓰지?" 하면서 고민하게 되면 훈련은 시작도 해보지 못하고 고민만 하다가 마치게 될 가능성이 높다.

　'100일 동안 매일매일 글쓰기' 프로젝트는 매일 5~10개의 글 주제와 예문이 제공된다. 그중에서 아무 것이나 골라 쉽게 생각나는 내용을 글로 적으면 된다. 또한 글쓰기에 도움이 되는 기초적인 어휘와 글을 쓸 때 활용하기 좋은 고사성어, 속담, 명언, 마케팅 상식 등도 매일매일 제공된다.

이 훈련의 가장 중요한 포인트는 일단 뭐든 쓰는 것이다. 주어지는 주제 중 하나를 골라서 "뭘 쓸까? 어떻게 쓸까?" 고민하지 말고 그냥 생각나는 대로 한 줄이라도 적어주면 된다. 100일 동안 발송되는 메일을 하루도 빠짐없이 열어 보고 주어지는 주제에 따라 글을 쓰는 것이 당연히 가장 좋겠지만 어쩌다 바쁘거나 컨디션이 좋지 않으면 그냥 넘어가도 된다.

❖ **15~30분, 500~1,000자**

글을 쓰는 데 걸리는 시간은 15분에서 30분을 넘지 않도록 한다. 이 시간은 글을 쓰기 전 구상하는 시간을 포함해 글쓰기를 마치기까지 걸리는 시간이다. 마케팅 글쓰기는 '일'을 위한 것이다. 글 하나 쓰는 데 몇 시간씩 소비하느라 다른 일을 못 할 정도가 돼서는 안 된다. 때로 공을 들여야 하는 글은 몇 시간이 아니라 며칠 동안 구상하고, 쓰고, 다시 쓰고 하더라도 '매일 발행'의 의미를 가지는 블로그나 SNS의 글을 쓰기 위해 그렇게 많은 시간을 들이는 것은 곤란하다. 시간을 정해놓고 글을 쓰는 버릇을 들이면 글을 쓰기 위한 두뇌의 작용이 거기에 맞춰진다.

마케팅 글쓰기에서는 글 분량에 대한 감각도 중요하다. 너무 짧아도 곤란하고, 너무 길어도 안 된다. 연습하는 동안 글의 분량은 500자에서 1,000자 사이로 맞춰서 쓰도록 한다. 500자는 SNS에서 비교적 긴 글을 올릴 때 심리적으로 허용되는 분량의 최대치고, 1,000자는 블로그에 글을 올릴 때 내용이 있는 글로 판단할 수 있는 최소치다. 처음에는 아래아한글이나 MS워드에서 정확하게 분량을 재가며 글을 쓰는 것이 좋다. 그러다 보면 대략 이 정도 되면 몇 자가 되겠다는 나름대로의 기준이 세워진다.

> **Tip. 글자 수 파악하기**
>
> 아래아한글은 '파일 〉 문서정보 〉 문서통계'에서, MS워드는 '검토 〉 단어 개수'에서 글자 수를 확인한다. 둘 다 공백을 포함한 경우와 제외한 경우를 보여주는데 필자가 제시한 500~1,000자는 공백을 제외한 글자 수다.

❖ **뇌 속의 검색엔진**

　주제어를 보고 뭔가를 떠올리는 것을 과학적으로 설명하면, 주제어의 의미와 이미지가 연상 작용을 일으켜 뇌 안에 저장되어 있는 관련 이미지와 기억들을 찾아 끄집어내는 것이다. 글을 쓸 때 무엇을 어떻게 써야 할지 아무 것도 떠오르지 않는다거나, 두어 줄 쓰고 나면 더 이상 쓸 것이 생각나지 않는 건 그 주제에 대해 지식이 부족한 경우도 있다. 그러나 그보다는 뇌 속에 이미 형성되어 있는 이미지나 기억들을 필요할 때 즉각적으로 찾아서 끄집어내는 훈련이 덜 되어 있기 때문인 경우가 훨씬 많다.

뇌는 기억을 저장하는 창고이면서 외부의 자극에 따라 필요한 기억과 정보를 신속하게 찾아내는 기능을 한다. **일종의 검색엔진인 셈이다.** 글을 잘 쓰는 사람의 뇌는 글을 쓰는 데 필요한 정보와 기억을 그때그때 잘 찾아내서 신속하게 끄집어낸다. 글을 쓰려고 할 때마다 **막막한 사람들의 뇌는 필요한 기억을 찾는 데 시간이 걸리고,** 또 마땅한 정보를 쉽게 찾아내지 못하기도 한다. 글을 잘 쓰고 못 쓰고는 검색엔진의 성능에 크게 좌우된다. 검색엔진의 성능을 높이기 위해서는 이 기능을 **자주 사용해주는 것이 가장 좋은 방법**이다.

그날그날 주어지는 주제어를 보고 뭔가를 떠올리고 이를 확장시켜나가는 훈련은 뇌에 있는 검색엔진의 성능을 획기적으로 높이기 위한 운동이다.

얼추 완성된 형태와 내용의 글을 쓸 수 있는 경우라도 30분을 넘기지 않는 것을 원칙으로 하는 것이 좋다. 매일매일 글쓰기는 특별한 목적을 가지고 마음먹고 글을 쓰는 것이 아니다. 따라서 부담 없이 쓰고, 부담 없이 손을 떼는 것이 좋다. 완성도가 갖춰져 있지 않더라도 30분 내에 글쓰기를 마무리하기를 계속하다 보면 마음먹고 쓰는 글도 30분 내외에 완성할 수 있는 능력이 생긴다.

❖ 과거의 이야기 떠올려보기

어떤 주제를 보았을 때 가장 먼저 떠오르는 것은 주제어와 관련된 과거의 기억이나 경험이다. 어떤 주제어와 관련해서 어떤 기억이나 경험을 떠올리는 것은 스토리텔링의 가장 기본적인 능력이다.

우리의 뇌는 단편적인 정보보다는 스토리 형태의 정보를 훨씬 더 잘 기억하고 쉽게 찾아낸다. 뇌에 저장된 기억의 형태는 대부분 이미지나 스토리 형태로 되어 있다. 그러므로 어떤 주제어를 보았을 때 스토리 형태로 된 과거의 기억과 경험이 먼저 떠오르는 것은 지극히 당연한 것이다.

글을 읽는 사람도 어떤 정보를 접했을 때 스토리 형태의 정보를 훨씬 더 쉽게 받아들이고 오래 기억한다. 이것이 스토리텔링이 중요한 이유이다. 스토리텔링을 구사하는 가장 기초적인 방법은 전달하고 싶은 정보에 자신의 경험과 기억을 결합하는 것이다. 그러기 위해서는 뇌에 저장되어 있는 이런저런 스토리를 자유자재로 기억해낼 수 있어야 한다.

   매일매일 글쓰기는 기본적으로 주제어와 관련된 자신의 기억을 꺼내서 글로 옮기는 것으로 생각하는 것이 좋다.

▶ **주제어 '자전거'의 예문**

   아래의 글은 100일 동안 매일매일 글쓰기 프로그램 중에서 '자전거'라는 주제에 대한 예문이다. 이 주제를 보고 아래 세 개의 내용을 정리했다. 본문은 이 내용들을 그냥 순차적으로 풀어 쓴 것이다.

1. 내가 뒤늦게 자전거를 배울 때 있었던 일
2. 우리 아이가 처음 두발 자전거를 타게 됐을 때의 일
3. 자전거를 훔쳐가는 아이들 때문에 툭하면 자전거를 잃어버렸던 일

제목 : 자전거

나는 자전거를 늦게 배웠다. 고등학교 때, 친구들이 자전거로 남한산성을 다녀오기로 했다. 그때 우리 학교는 어린이대공원 앞. 요즘 기준으로 차로 가면 한 시간이 채 안 걸리는 거리이니 자전거로는 반나절 정도 걸렸을 것이다. 나는 자전거를 못 탔지만 그 대열에서 빠질 자유가 없었다. 친구들은 내 몫으로 빌려놓은 자전거를 나에게 던져놓고 남한산성으로 떠났다.
혼자서 낑낑대며 겨우 타는 법을 익히고 어린이대공원 정문 앞에서 군자동 사거리를 겨우 돌아나갈 무렵 친구들은 벌써 남한

산성을 찍고 돌아오고 있었다.
우리 하연이는 자전거를 잘 탔다. 보조바퀴를 떼고 처음으로 제대로 타던 날, 뒤를 잡고 "출발!" 하는데 잡아줄 틈도 없이 저 혼자 휙 달려 나갔다. 하연이의 기억에 따르면 "아빠, 잡고 있지? 잡고 있지?"라고 소리치면서 가고 있는데 느닷없이 아빠가 활짝 웃는 얼굴로 두 손을 펼쳐 보이며 옆에서 달리고 있더란다. 내가 오랫동안 살고 있는 목동은 자전거의 천국이면서 지옥이다. 하연이는 자전거를 통째로 잃어버린 것도 몇 개 되고 안장을 잃어버린 것은 10번도 넘는다. 그럴 때마다 나는 새로 사줄 수밖에 없었는데 그것 때문에 아무 생각 없이 돈을 함부로 쓴다고 아버지에게 수시로 야단을 맞아야 했다.

❖ 검색으로 글의 실마리 찾기

아무리 생각해봐도 떠오르는 단어도, 기억나는 이야기도 없을 때가 있다. 최대한 폭넓게 주제어를 선정한다고는 하지만 공교롭게도 주어진 주제들 모두 아는 것도 없고, 관심도 없고, 따라서 거기에 얽힌 경험도 없을 때가 있을 수 있다.

이럴 때는 검색을 해서 쓸 수 있는 내용을 찾아본다. 백과사전이나 지식백과와 같은 메뉴에서 좋은 내용을 찾을 수 있다. 혹은 다른 블로거들이 쓴 글에서도 좋은 내용이 있을 수 있다. 다른 글을 참고할 때는 그대로 옮겨서는 안 되고 반드시 최대한 수정해야 한다. 블로그의 경우 다른 곳에 있는 글을 그대로 옮겨 놓으면 유사문서로 분류되는 문제도 있지만 내용을 고쳐서 쓰는 것도 훌륭한 글쓰기 훈련이 된다. 검색을 해보면 잊고 있었던 일이 떠오를 수도 있고 몰랐던 사실이지만 그것을 실마리로 좋은 생각이 떠오를 수도 있다.

글쓰기에 있어서 검색은 매우 중요하다. 사실 글쓰기의 상당 부분이 검색을 통해서 이루어지기 때문이다. 기자든 작가든 오로지 자기 머리에서 떠오르는 것만을 가지고 글을 쓰는 사람은 아무도 없다. 검색 능력, 즉 다른 사람의 써놓은 글과 자료를 찾아서 참고하는 능력은 자기 머릿속에 있는 것만 가지고 글을 쓰는 능력보다 훨씬 더 중요하다.

> **Tip.** 네이버 블로그의 '블로그씨 질문'
>
> 매일 글쓰기 훈련을 위해서는 네이버 블로그에서 제공하는 '블로그씨 질문'이라는 서비스를 이용하는 것도 좋다. 네이버 '블로그씨 질문'은 네이버가 매일매일 다른 질문을 블로거들에게 주면 그에 대한 답변으로 포스팅하는 것이다. 때론 너무 황당하거나 도저히 답할 수 없는 질문이 있는 것이 흠이긴 하지만 부담 없이 그날그날 글쓰기 연습을 하기에 아주 편리한 서비스이다. 또한 블로그씨 질문에 답글을 올려 채택되면 엄청난 방문자 유입을 기대할 수 있으므로 적극적으로 활용해보도록 하자.

4. 좋은 글 베껴 쓰기

　동서고금을 막론하고 베껴 쓰기는 최고의 글쓰기 훈련이다. 누구를 예로 들 것도 없이 우리가 아는 동서양의 모든 훌륭한 작가들은 다른 사람의 작품을 베껴 쓰는 것으로 필력의 기초를 닦았다. 베껴 쓰기는 글쓰기에 필요한 모든 부분을 한꺼번에 배울 수 있는 방법이기 때문이다.

　문법과 어법, 그리고 맞춤법 등은 올바른 글쓰기에 있어 매우 중요한 부분이다. 표현과 어휘는 글쓰기의 요소 중에서도 가장 필수적인 요소이다. 그러나 우리는 이들을 따로 공부할 여유가 없다.

　이 모든 것들을 한꺼번에 차근차근 공부할 수 있는 방법이 바로 베껴 쓰기다. 문학작품이나 신문 칼럼은 문법과 어법, 맞춤법 등이 정확하게 지켜져 있는 것은 물론, 적절한 표현과 어휘를 정제하여 쓴 글이다. 좋은 글을 베껴 쓰다 보면 수험생들이 수능 공부하듯이 달달 외우지 않아도 알게 모르게 이들이 우리 몸과 머리에 배어든다.

　글쓰기 훈련으로서의 베껴 쓰기로 얻을 수 있는 좀 더 근본적인 효과는 머릿속에 있는 것을 손을 움직여 글자로 옮겨 적는 것이라는 물리적 의미의 글쓰기를 몸에 익히게 하는 것이다.

　야구 선수가 공을 칠 때 공이 오는 속도와 각도, 그리고 배트의 궤적과 속도를 일일이 머릿속에서 계산해서 배트를 휘두르지 않는다. 반복적인 연습을 통해 미리 설정되고 계산된 상황에서 그에 맞는 물리적인 동작을 몸에 익힌 다음, 실제 상황에서는 공을 보는 순간 아무런 계산 없이 반사신경과 근육을 움직여 배트를 내민다.

베껴 쓰기는 글쓰기의 반사신경과 근육을 익히는 훈련이다. 실력 있고 능력 있는 작가들의 글 속에 담겨 있는 문법과 어법, 표현과 어휘, 그리고 흐름과 호흡을 그대로 머릿속에 넣고 곧바로 손을 통해 글자로 뱉어낸다. 이것이 머리와 손에 익게 되면 글을 쓸 때 머리와 몸이 반사적으로 움직이게 된다.

베껴 쓰기의 대상이 되는 원문은 어떤 종류의 글이라도 좋다. 그러나 대표적으로는 신문 칼럼과 문학작품이 가장 적합하다. 특히 신문 칼럼은 일정한 분량에 말하고자 하는 내용을 압축하여 서술한 것이 가장 큰 장점이다. 마케팅 메시지는 일정한 분량을 지켜야 하므로 분량에 대한 감각을 익히기에도 적당하다.

그러나 최근의 신문 칼럼은 매체마다 정치적 편향성이 너무나 두드려져서 평온한 느낌으로 글쓰기 훈련을 하는 데 오히려 방해를 줄 우려가 있다. 우리나라의 주요 일간지에서 베껴 쓰기 훈련을 하기에 적당한 칼럼은 경향신문 〈여적〉(1,000자), 서울신문 〈길섶에서〉(500자), 조선일보 〈아침 편지〉(1,300자), 중앙일보 〈분수대〉(1,200자), 한겨레신문 〈유레카〉(1,000자), 한국일보 〈길 위의 이야기〉(700자) 등이다.

문학작품은 더할 나위 없이 훌륭한 베껴 쓰기 교재다. 실용문을 위한 훈련을 할 때 문학작품을 베껴 쓰는 것이 의미가 없다는 주장도 있지만 글쓰기 훈련의 목적이 실용문이든, 수필이든, 창작물이든 깊이 있는 글쓰기 훈련을 위해서는 문학작품을 교재로 삼는 것이 가장 좋다.

필자가 운영하는 카페에서는 신문 칼럼과 기사, 문학작품이나 실용문 중에서 베껴 쓰기에 좋은 문장들을 골라 〈좋은 글 뜯어보기〉라는 제목으로 매주 1~2편씩 올리고 있다. 연습할 수 있는 칼럼이나 문장을 찾기가 번거롭다면 이 메뉴를 활용할 것을 권한다.

[실전 TIP] 맞춤법 검사기 사용법

맞춤법은 글쓰기에서 대단히 중요한 부분이다. 맞춤법은 원래 정확한 의사소통을 위해 어법에 맞는 표기법을 정한 것이다. 하지만 우리말의 어법이나 띄어쓰기 등이 매우 까다로운 점이 많고 예외도 많아서 잘 지켜지지 않는 경향이 있었고 특히 인터넷 글쓰기에서는 완전히 무시되는 분위기마저 있었다.

더 나아가 스마트폰의 문자서비스나 메신저에서는 맞춤법을 무시하는 정도가 아니라 언어 파괴의 지경에 이르게 되어 이에 대한 반발로 맞춤법의 중요성이 날로 커지고 있다. 기업의 공식 문서나 제안서, 입사지원서 등에 파괴된 언어가 남발함으로써 정보 전달과 의사소통에 불편이 초래될 정도가 된 것이다.

맞춤법은 의사소통에 큰 문제가 없는 경우라 하더라도 글의 품격에 큰 영향을 미친다. 맞춤법에 대해 잘 모르거나 무시하는 사람들끼리는 의사소통에만 지장이 없다면야 서로 큰 문제가 없을 수 있지만, 읽는 이가 조금이라도 맞춤법을 의식하는 사람이라면 맞춤법에 어긋난 글은 엄청난 불편함을 불러일으킨다.

특히 고객의 신뢰를 얻는 것이 가장 중요한 목표인 마케팅 글쓰기에 있어서 맞춤법에 어긋난 글은 곧바로 신뢰의 하락으로 이어진다. 신뢰를 얻기 위해서는 내용도 중요하지만 외형적인 품격도 매우 중요한 것이다.

그렇다고 맞춤법을 갑자기 한 번에 익히는 것은 불가능하다. 한글 맞춤법 규정을 통독한다고 해도 모든 경우의 맞춤법을 다 살펴볼 수는 없기 때문이다. 평소에 글을 쓰면서 하나하나 의식하면서 맞춤법을 익히는 것이 가장 좋은 방법이다. 이때 '맞춤법 검사기'가 가장 훌륭한 도우미 역할을 할 수 있다.

맞춤법 검사기의 효시는 부산대학교 인공지능연구실에서 개발한 '한국어 맞춤법/문법 검사기'이다. 이후 네이버 맞춤법 검사기를 비롯하여 여러 종류의 소프트웨어가 개발되어 있지만 부산대학교 인공지능연구실의 검사기가 가장 충실하다.

맞춤법 검사기의 사용법은 간단하다. 화면 왼쪽의 공란에 검사하고 싶은 문장을 입력하고 검사하기 버튼을 누르면 오른쪽에 수정해야 할 부분에 대한 설명이 표시된다. 다른 입력기에 비해 부산대학교 인공지능연구실 검사기가 좋은 점은 수정 결과만 표시되는 것이 아니라 그에 대한 문법적 해설까지 자세히 제공하기 때문이다. 단순히 맞고 틀리고만 아는 것보다는 왜 맞고, 왜 틀리는지에 대해서까지 파악해야 맞춤법에 대한 감각을 빨리 익힐 수 있다. 궁금한 부분만 입력할 수도 있고 다수의 문장 전체를 입력할 수도 있다. 따라서 글 한 편을 완성한 뒤 글 전체를 입력해서 맞춤법을 검사해볼 수도 있다. 맞춤법 검사기에 한 번 입력할 수 있는 분량은 300어절이다.

이밖에 아래아한글이나 MS워드 같은 워드 프로세서에서 글을 작성하는 것도 쉽게 맞춤법을 지키고 익히는 좋은 방법이다. 워드 프로세서에서는 맞춤법이 틀린 문장이나 표현을 실시간으로 표시해준다. 그러나 맞춤법에 대한 지식이나 감각이 어느 정도 있을 때는 매우 편리하지만 맞춤법에 대해 전혀 모를 경우는 맞춤법이 틀린 것을 나타내는 빨간 줄이 나타나도 왜 틀렸는지, 뭐가 틀렸는지 바로 파악할 수 없으므로 맞춤법에 대해 어느 정도 익힌 다음에 활용하는 것이 좋다.

한국어 맞춤법/문법 검사기

온라인 검사기 사용법 | 의견 보내기

원문

총 979자 → 총 966자
다시 고칠 오류가 있습니다.

IMF 당시, 우리가 어려웠을 적에 어느 국가에서도 우리 돕기를 주저 하고, 비싼 금리를 준다고 하여도 선뜻 나서지 않고 있었을 당시, 독일의 거액의 자금을 지원 받아 외화 자금 부족의 어려움을 해소 한 적이 있었다.
당시 동 은행의 서울 지점장으로부터 우리를 지원한 사유를 듣게 되었는데, 우리가 몰랐거나 간과했던 예상치 못한 답을 듣게 되었다.
첫째는 우리나라의 학력 수준이 세계최고 라는 점이다.
웬만하면 대부분 대학을 다녔으니 세계 어느 나라도 그런 경우가 없다는 것이다. 그렇기에 지적 수준이 높다는 점.

두번째, 우리나라는 사계절의 기후를 가지고 있어, 강추위나 무더위에 신체가 단련 되어 극한 지역의 추운 지방에 가던, 더운 곳에 가던 세계의 어느 곳에 가더라도 견디어 낼 수 있는 적응력이 뛰어나 아무리 어려운 상황에서도 살아 남을 수 있는 육체적, 정신적힘이 강하다는 점.

셋째, 전 남성이 국방 의무를 마치었기 때문에 군사무기를 다루어 본 경험이 있어 최소 총 쏘는 것 정도는 아무 것도 아니며 이 또한 우리의 장점이라는 점

넷째, 세계 최대의 공장 시설을 보유 하고 있다는 점, 즉 조선,반도체, 자동차, 정유, 제철등 막대한 자금이 소요 되는 시설 들을 이미 갖추었다는 점

다섯째 우리나라 사람들은 어느 브랜드던지

교정표

입력 내용	주저 하고
대치어	주저하고
도움말	이 예의 '-하다'는 앞의 명사와 붙여야 합니다.
관련학습 사이트	띄어쓰기 관련
오류보고	대치어가 맞지 않으면 '보내기'를 눌러주세요. 가능하면 이유도 적어주세요.
	보내기

입력 내용	지원 받아
대치어	지원받아
도움말	서술성을 가지는 몇몇 명사 뒤에 쓰여 '피동'의 뜻을 더할 때는 접미사로 보아 붙여 씁니다.
관련학습 사이트	합성어 결합정보 접미사 결합정보
오류보고	대치어가 맞지 않으면 '보내기'를 눌러주세요. 가능하면 이유도 적어주세요.
	보내기

입력 내용	해소 한 적이
대치어	해소한 적이
도움말	이 예는 '하다'가 결합하여 한 단어가 되는 말이므로 붙여 씀이 바릅니다. '한'은 '하다'의 활용형입니다.

다시 쓰기 | 원문 복사 | 결과 복사 | 돌아가기

1. 확 꽂혀서 몰입하고 행동하게 하라

　마케팅 글쓰기는 모든 마케팅 과정에서 이루어지는 글쓰기를 말한다. 블로그와 SNS의 포스트에서부터 카페와 쇼핑몰의 자기소개, 회사소개, 공지사항, 메일, 상품설명에 이르기까지 모든 종류의 글쓰기가 모두 해당된다. 내용으로 볼 때도 상품 구매를 권유하는 글에서부터 블로그의 맛집 포스팅, 서평, 영화평, SNS의 일상적인 근황에 대한 글까지도 모두 마케팅 과정에서 각기 필요한 역할을 담당하고 있다.

　따라서 마케팅을 염두에 두고 마케팅 과정을 수행하기 위해 쓰이는 모든 글이 다 중요하다. 하지만 그중에서도 직접적으로, 그리고 적극적으로 구매를 권유하고 유도하는 글은 특히 더욱 중요하다. 마케팅의 궁극적인 목적을 달성하는 글이기 때문이다.

　구매를 권유하고 구매 행동을 실행시키기 위한 글을 세일즈 카피라고 한다. 마케팅을 위해 쓰이는 글 중에서 세일즈 카피를 제외한 다른 글은 모두 고객을 세일즈 카피로 유도하거나 세일즈 카피의 신뢰성과 신빙성, 호감도를 높이기 위한 글이다.

　세일즈 카피의 가장 중요한 기능과 목적은 구매를 완결 짓는 것이다. 세일즈 카피는 고객의 마음을 움직여 구매라는 행위를 이끌어내야 한다. 그러기 위해서는 고객과 제품에 대해 면밀한 파악이 이루어져야 하고 고객의 호감을 얻고 고객으로 하여금 제품과 서비스에 대해 충분히 이해하도록 하며 구매라는 결정을 내려 이를 행동에 옮길 수 있도록 체계적으로 접근해야 한다. 이를 위해 다양한 전략을 검토하고 수립해서 글쓰기에 적용해야 한다.

1) 세일즈 카피의 조건

처음부터 **확 꽂히게** 한다
몰입되어 **끝까지 읽게** 한다
행동하게 한다

세일즈 카피는 고객으로 하여금 처음부터 확 꽂히게 해야 한다. 그다음 몰입해서 끝까지 읽게 해야 한다. 그리고 가장 중요한 것이 고객으로 하여금 행동하게 해야 한다.

세일즈 카피는 구매 여부를 판단하기 위한 정보다. 그런데 이런 정보는 너무 많다. 그것이 광고 카피의 형태이든 SNS의 간단한 문장의 형태이든 고객이 보고 참고하고 판단할 수 있는 정보는 감당하기 어려울 만큼 흘러넘친다. 그래서 고객은 어느 하나의 정보에만 관심을 둘 수 없다. 합리적이고 현명한 구매를 위해서는 주어진 환경 속에서 최대한 많고 다양한 정보를 참고하여야 한다. 따라서 처음부터 꽂히지 않으면 고객의 시선과 관심은 즉각 다른 정보를 찾아 떠나게 된다. 마케팅 글쓰기의 첫 번째 사명은 넘쳐흐르는 정보들 가운데서 우선적으로 선택되는 것이다.

처음에는 관심을 가지고 글을 읽기 시작해도 고객은 다른 정보, 더 좋은 정보를 찾으러 떠나려는 경향을 여전히 가지고 있다. 비록 관심을 가지게 됐다고 해도 고객은 기본적으로 불신을 가지고 있다. 그래서 강력한 신뢰나 흥미를 주지 않으면 고객은 다른 정보로 눈길을 돌리고 만다. 또한 고객은 매우 바쁘다. 글 하나에 몰입할 여유가 없다. 그래서 세일즈 카피는 고객들이 시선을 돌리지 않고 계속 나의 글에 몰입할 수 있는 이유를 끊임없이 제공해야 한다.

세일즈 카피를 구성하는 모든 요소들의 가장 큰 의무는 고객의 시선과 관심을 계속 붙잡아 그 다음 문장으로 넘기는 것이다. 제목은 고객의 시선을 붙잡아 글의 도입부로 넘겨야 하고 첫 문장은 고객의 시선을 그 다음 문장으로 넘겨야 한다.

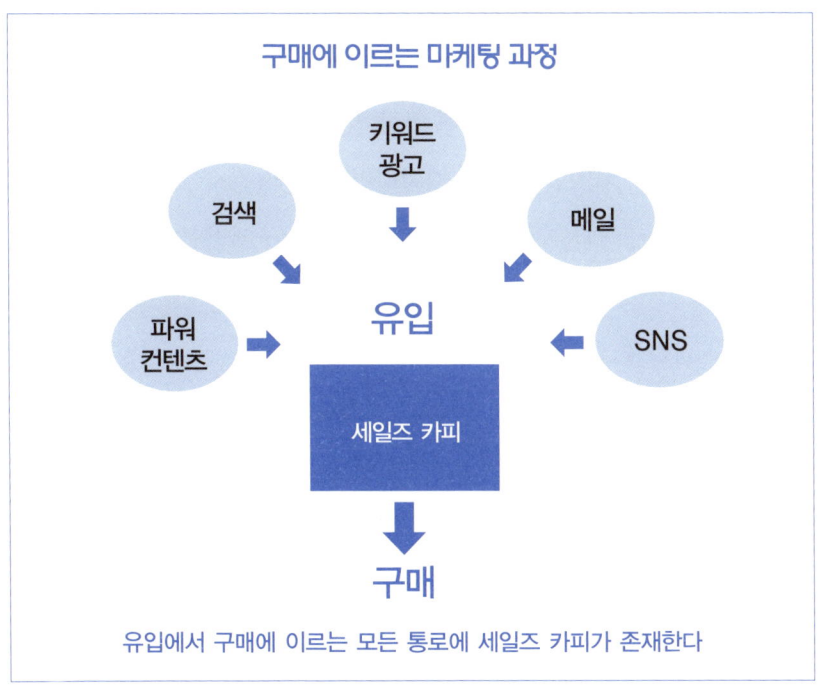

그리고 가장 중요한 것이 행동하게 하는 것이다. 구매는 결국 행동이다. 나의 글에 꽂혀서 관심을 가지고 끝까지 읽고 제품에 대해 깊이 이해하고 호감을 갖게 된다고 해도 구매라는 행동으로 완결되지 않으면 아무런 소용이 없다. 심지어 구매 결심을 굳혔다고 해도 그 결심을 곧바로 행동으로 옮기지 않는다면 그 결심은 결국 거품처럼 사라질 가능성이 크다.

고객은 수동적이다. 원래 모든 갑은 수동적이고 보수적이다. 판매자가 구매 버튼을 클릭하라거나 어디로 문의하라거나 하는 구체적인 행동을 제시하지 않으면 구매 방법을 굳이 스스로 찾아서 행동하지는 않는다. 더 나아가 구매를 위해 무엇을 어떻게 해야 하는지에 대해 알려주지 않는 판매자에 대해 불쾌감을 가지기도 한다.

반대로 판매자가 충분한 설득 뒤에 구체적인 행동을 제시하면 고객은 이에 쉽게 따른다. 더욱이 구매 결심이 확고하게 서 있지 않은 상태에서도 판매자가 구체적인 행동을 제시하면 이에 따라서 행동할 가능성이 높아진다. 마케팅 메시지에서 고객으로 하여금 구체적인 행동을 하도록 하는 것은 노출에서부터 시작하여 유입, 설득을 거쳐 구매에 이르게 하는 마케팅 과정을 완결하는 가장 중요한 조건이다.

2) 세일즈 카피가 쓰이는 곳

① 블로그

블로그에는 제품에 대한 정보뿐만 아니라 업체의 정보, 뉴스, 개인의 일상 등 다양한 포스트가 올라가지만 그중에서 구매를 목적으로 하는 글은 모두 세일즈 카피다. 블로그는 제품을 소개하고 제품에 대한 정보를 제공하여 구매를 권유하기 위한 최적의 매체다. 글의 길이와 분량, 문체, 이미지와의 적절한 조합 등의 특성 때문에 고객들은 구매를 위한 정보를 파악하고 판단의 근거를 찾기 위한 수단으로 블로그를 가장 많이 이용하고 참고한다. 따라서 블로그 포스트 중에서 구매를 직접적으로 권유하거나 쇼핑몰로 유도하는 글은 모두 세일즈 카피의 전략과 방법론을 바탕으로 작성해야 한다.

② SNS

SNS는 최근에 가장 각광받고 있으면서 가장 효과적인 마케팅 플랫폼이다. SNS는 비교적 장문으로 구성되는 블로그와는 달리 단문으로 작성되므로 제품에 대한 세세한 내용을 설명하는 데는 적합하지 않다고 생각할 수 있다. 그러나 짧은 글 안에서도 고객의 구매 욕구를 불러일으키고 적극적인 구매의사를 굳히게 할 수 있다.

SNS 안에서 구체적인 구매행위가 발생하지는 않지만 구매를 위해 쇼핑몰이나 블로그로 유도하는 효과는 매우 탁월하다. 이때 제품에 대한 관심과 신뢰, 그리고 욕구가 최대한 높아진 상태에서 구매를 위한 페이지나 플랫폼으로 넘어갈 수 있도록 해야 한다. 이러한 목표를 가지고 작성되는 SNS 포스트는 모두 세일즈 카피다.

③ 세일즈 메일

고객이 수신을 허락하는 전제 하에 발송되는 메일은 기본적인 신뢰

관계를 바탕으로 한 매우 강력한 마케팅 수단이다. 또한 메일은 수신을 허용한 고객의 입장에서 보면 정보성이 매우 높은 컨텐츠로 인식되므로 차분하고 냉정한 상태에서 읽혀지는 특징이 있다.

여기에서 소개하는 세일즈 카피의 전략과 방법론은 온라인 이전부터 오랜 역사를 가진 다이렉트 마케팅Direct Marketing: DM의 세일즈 레터를 바탕으로 하고 있다. 우리나라에서는 아직 메일을 통한 마케팅, 즉 메일 마케팅이 크게 활성화되어 있지 않지만 적절한 조건과 방법으로 이루어지는 메일 마케팅은 세일즈 카피를 활용하기에 가장 좋은 마케팅 전략이다.

④ 상품설명

고객은 구매의 최종 단계에서 쇼핑몰을 방문해 해당 상품의 상품설명 페이지에 이르게 된다. 상품설명은 텍스트가 주로 이미지로 되어 있다. 그러나 형태가 이미지로 되어 있다는 것이지, 상품설명은 모두 구매를 권유하고 유도하는 메시지로 이루어져 있다. 따라서 세일즈 카피에 요구되는 조건과 전략이 상품설명에 적절하게 적용되어야 제대로 구매가 이루어질 수 있다.

하지만 상품설명이 세일즈 카피라는 사실을 까맣게 잊어버리거나 아예 모르고 있는 경우가 태반이다. 상품설명을 어떤 로직이나 전략을 가지고 만드는 사업자는 거의 없다. 제품에 관한 모든 정보를 무작위로 마구 때려 넣거나, 심지어 똑같은 내용을 이미지만 달리하여 한 페이지 안에서 수도 없이 반복하는 경우도 흔히 볼 수 있다.

중구난방으로 이것저것 마구 집어넣고 나열만 해놓은 것도 문제지만, 내용이 빈약한 상품설명도 문제다. 심한 경우는 상품 포장에 법률에 따라 표기하게 되어 있는 상품 내용 요약을 그대로 상품설명에 옮겨놓기도 한다.

여러분도 고객의 입장에서 쇼핑몰에서 어떤 상품을 구매할 때 상품설명이 정말 깔끔하게 잘 정리되어 있다거나, 매력적이고 설득력이 있다거나, 상품설명을 보고서야 비로소 구매해야겠다는 결심이 섰다거나 하는 마음이 생기는가? 전혀 없지는 않겠지만 그리 많지도 않을 것이다.

우리가 마케팅에 들이는 노력을 생각한다면 쇼핑몰의 상품설명을 보고 있는 고객은 그야말로 천신만고 끝에 구매 직전의 단계까지 힘들게 모시고 온 손님이다. 이렇게 어렵게 모시고 온 고객에게 아무 개념 없이 만들어진 상품설명을 만들어 올리는 것은 고객에 대한 예의가 아닐뿐더러 마케팅의 기본 원리에도 어긋나는 일이다.

상품설명은 고객이 구매를 최종적으로 결심하고 결제 버튼을 클릭하느냐 마냐를 결정하는 단계이다. 어느 정도 결심을 굳히고 있는 고객이라도 상품설명이 엉망이고 도저히 이해하기 어려운 내용으로 되어 있어서 되돌아 나가는 경우도 있을 수 있고, 애매한 상태에서 상품설명 페이지까지 왔다가 상품설명의 내용을 보고 비로소 구매결심을 굳히는 경우도 있을 수 있다.

상품설명은 마치 제품 안내서처럼 상품의 내용을 일방적으로 보여주는 것에 멈춰서는 안 된다. 고객의 욕구를 파악하고 고객의 필요를 충족시켜 고객으로 하여금 최종적으로 구매 결심을 이끌어내야 하는 강력한 세일즈 카피로서의 역할을 해야 한다.

2. 눈길을 잡아끄는 매력적인 제목

제목은 고객과 판매자가 만나는 바로 첫 번째 지점에 있다. 제목으로 선택받지 못하면 고객과의 만남은 이루어지지 않는다. 읽어보기만 하면 안 사고는 못 베길 만큼 훌륭하고 매력적인 마케팅 메시지를 준비했다고 해도 제목으로 선택받지 못한다면 아무런 소용이 없다. 고객에게 보낸 메시지 혹은 포스트의 제목을 보고 클릭하는 순간부터 고객과 판매자와의 만남은 시작된다. 따라서 제목은 바로 판매자가 펼치고자 하는 모든 마케팅의 시작이다.

우리는 하루에도 수십, 수백 가지의 문서와 광고를 접하게 된다. 그중에서 실제로 내용을 파악해보기 위해 클릭하는 문서는 그리 많지 않다. 대부분은 그냥 무시하고 넘어간다. 그런데 우리가 무시하고 지나간 문서와 광고 중에는 우리에게 정말 필요하고 요긴한 정보와 제품의 소개가 있을지도 모른다.

고객은 인터넷, 신문, 방송, 벽보, 버스, 지하철 등에서 접하는 수백, 수천 건의 광고물과 기사들 중에서 어떤 것은 무시하고 어떤 것은 클릭해서 열어볼지를 판단한다. 그때 고객의 선택을 받는 수단은 딱 한 가지, 바로 제목이다. 고객은 오로지 제목 한 줄만 읽고 메시지를 열어볼 것인지 말 것인지를 결정한다.

고객의 선택은 순간적이다. 그리고 되돌리기 어렵다. 메시지를 선택하지 않은 고객이 또 다시 다른 경로를 통해 그 메시지를 접할 가능성은

제목의 4가지 기능

- **관심과 시선을 끈다**
- **첫 인상을 결정한다**
- **본문에 집중하고 몰입하게 한다**
- **의사결정을 하게 한다**

그리 크지 않다. 고객의 눈길을 만나는 순간 선택받지 못하면 고객에게는 그 메시지가 사실상 영원히 버려지는 것이 된다. 이렇게 수많은 메시지들이 경쟁하는 상황에서 고객의 선택을 받아 고객의 시선을 본문으로 이끌게 하는 것이 제목이 가지는 가장 중요한 기능이다.

제목의 또 다른 중요성은 바로 첫 인상에 있다. 마케팅은 기본적으로 사람과의 관계이다. 사람의 만남에서 가장 첫 번째 만들어지는 것이 첫 인상이다. 첫 인상은 첫 만남의 순간에만 중요한 것이 아니다. 그것이 매력이든 신뢰든 제목을 통해 만들어진 첫 인상은 고객과의 만남이 계속되는 동안 고객의 판단에 막대한 영향을 미친다.

제목은 고객으로 하여금 본문에 집중하고 몰입하게 만든다. 고객이 선택을 했다는 것은 제목을 보고 강력한 관심과 호기심, 그리고 스스로의 필요에 따른 절박함을 느꼈다는 것이다. 또한 나에게 호감을 가지게 되었다는 것, 그리고 최소한 나의 첫 인상이 나쁘지 않았다는 것을 의미한다. 호감과 관심을 가지고 본문으로 들어온 고객은 자연스럽게 본문의 내용에 집중하고 몰입한다. 따라서 제목은 첫 만남의 순간부터 관심과 호기심을 불러일으키고 고객이 필요로 하고 바라는 것을 환기시켜서 관심과 기대를 가지고 본문으로 들어올 수 있게 해야 한다.

심지어 제목만으로 중요한 의사결정이 내려지는 경우도 많다. 본문의 내용을 전혀 짐작할 수 없는, 오로지 관심과 시선만 이끌어내는 제목도 나름대로의 기능을 가지지만 핵심적인 내용과 정보가 표시된 제목은 고객으로 하여금 "아, 그래. 바로 이거야!!"라는 쾌감과 만족감, 그리고 필요한 정보를 찾았다는 안도감을 갖게 한다. 이때 고객은 단순히 관심과 흥미만 가지는 것이 아니라 자신의 필요와 기대를 이 글이 충족하고 해결할 수 있기를 기대하는 강력한 희망을 가진 채 본문을 읽게 된다. 이 경우 본문은 제목을 보고 이미 내려진 의사결정을 재확인하거나 보충하고 강화하는 정도에 그치게 된다. 또한 제목만 읽고 본문을 읽지 않은 경우라고 해도 제목에서 강한 인상을 받으면 발신자의 브랜드를 기억하게 되어 그 다음에 접하게 되는 메시지를 적극적으로 읽어보게 될 수도 있다.

3. 제목의 8가지 기본 패턴

고객의 관심과 시선을 끌고 강렬한 첫 인상을 심어주어 본문에 집중하고 몰입하게 하는 제목 또는 제목만으로 대체적인 의사결정을 하게 만드는 제목은 아래 8가지 패턴을 따른다. 이것이 제목의 기본 패턴이다.

1) 핵심부터 얘기하는 직접형 제목 Direct Headlines

제품의 특성이나 제안하고자 하는 내용을 직접적으로 제목에 표기하는 패턴이다. 표현이나 기교보다는 제안의 내용으로 승부를 거는 패턴이다. 내용이 독창적이고 매력적이라면 그것만으로도 고객의 시선과 관심을 끌 수 있다. 흥미나 호기심보다는 수요의 본질과 실질적인 조건에 관심이 많은 고객에게 어필할 수 있다.

- 여름 캠핑용품 50% 할인 판매. 오늘부터 3일간
- 루어낚시 3종 세트, 95,000원
- OO 블루니트 가디건 69,300원

2) 편안하게 부드럽게, 간접형 제목 Indirect Headlines

직접형 제목을 제외한 나머지 모든 형태의 제목이 간접형 제목이다. 즉, 제품과 제안의 본질적인 부분을 제시하지 않고 둘러서 표현함으로써 고객으로 하여금 궁금증과 호기심을 느끼게 한다. 직접형 제목보다는 좀 더 전략적이고 효과적이며 기교와 수사가 많이 사용된다.

- 이제 여러분의 피부도 쉬게 해주세요.
- 여름 앞에 당당하다. 더울수록 시원해지는 고기능섬유
- 방풍재킷의 가치는 가격이 아니라 기술에서 결정됩니다.

3) 신선함을 강조하는 뉴스형 제목 News Headlines

새로운 소식을 전하는 형태의 패턴이다. 신상품 개발 및 출시, 할인 행사, 수상, 인증, 특허 등 뉴스로 인식될 수 있는 내용에 대해 신문기사의 제목 형식으로 작성하는 패턴이다. 뉴스형 제목은 좋다, 나쁘다는 식의 가치판단이 개입되어 있지 않고 중립적이고 객관적인 정보라는 인상을 주어 고객이 우선적으로 신뢰하며 본문을 대하게 된다.

- 2014 대한민국 신기술으뜸상 대상 수상
- 3세대 공기청정기 OOO 출시
- 70%~50%, 가을 정기세일 9월 5일부터

4) 정보로 승부하는 방법형 제목 How-to Headlines

'~하는 방법'은 제목 만들기에 있어서 마법과도 같은 효과를 가져다주는 표현이다. 고객들도 이미 익숙해져 있는 패턴이지만 여전히 언제 어떤 상황에서 쓰더라도 강력한 효과를 발휘한다. '~하는 방법'이라는 패턴은 실용적인 정보와 유용한 조언, 그리고 어떤 문제에 대한 속 시원한 해결책을 제시해줄 것 같은 기대를 가지게 한다.

- 한 달 3만 원으로 최고의 남편, 최고의 아빠가 되는 방법
- 간편하게 팔자주름 없애는 방법
- 3천만 원으로 강남 아파트를 내 집으로 만드는 방법

5) 그것을 아시나요? 질문형 제목 Question Headlines

가장 보편적이면서도 가장 효과적으로 사용할 수 있는 제목의 패턴이다. 어떤 내용이건 질문형을 사용하면 고객의 관심을 쉽게 끌 수 있다. 질문형 제목은 두 가지 종류가 있다. 이것은 질문의 종류에 두 가지가 있는 것과 같다. 하나는 동의를 구하는 질문이고 하나는 답변을 구하는 질문이다. "푹푹 찌는 무더위, 에어컨 전기료 때문에 걱정이시죠?"라는 질문은 "그렇다"는 동의를 구하는 질문이다. "무더운 여름철, 고객님의 가장 큰 걱정은 무엇인가요?"라는 질문은 답변을 구하는 질문이다.

- 어떻게 연예인들은 하나같이 출산 후에도 바로 예전 몸매로 돌아갈까요?
- 다리가 자주 무겁고 피로한가요?
- 발목이 종종 붓고 밤마다 불편한가요?
- 카제인과 우유가 뭐가 다르죠?

6) 강력하게 호소하는 명령형 제목 Command Headlines

고객에게 구체적인 행동을 요구하는 제목이다. "지금 바로 구매하세요"와 같은 패턴이다. 고객은 최대한 꼼꼼하게 이것저것을 알아보고 확인한 다음 구매하는 것이 보통이지만 때로는 너무나 많은 정보와 선택에 지쳐 누군가 확신을 가지고 자기에게 제품을 추천해주기를 바라게 된다. 이럴 경우 고객은 믿을 만한 사람이 "이걸로 사!!"라고 강하게 권유해주기를 바란다. 이것이 명령형 제목이 가지고 있는 힘이다.

- 지금까지의 고칼슘 우유는 잊으세요.
- 50% 할인 판매 오늘이 마지막 날입니다. 서두르세요.
- 상처 치료, 이젠 붙이기만 하세요.

7) 논리로 접근하는 이유형 제목 Reason-Why Headlines

판매자는 고객이 제품을 선택해야 할 이유 몇 가지를 정리해 제시하고 싶을 때가 있다. 이럴 때 사용하는 패턴이 이유형 제목이다. 이유형 제목은 고객이 필요하고 궁금한 정보의 핵심이 일목요연하게 잘 정리되어 있을 것 같은 기대를 갖게 한다. 고객은 언제나 한눈에 알아볼 수 있는 정보를 원한다. 판매자는 고객에게 잘 정리된 정보를 제공해야 하고 정리가 잘된 내용이 있을 때 그것을 제목으로 표현해주는 것이다.

- 22,000명의 고객이 ○○○을 선택한 5가지 이유
- 전원주택이 강남 아파트보다 좋은 10가지 이유
- 당신이 이 제품을 구매해야 할 7가지 이유

8) 성공고객이 추천하는 사례형 제목 Testimonial Headlines

마케팅을 위한 모든 노력 가운데 사례는 가장 강력한 효과를 발휘한다. 사례를 제목으로 제시하면 강력한 흡인력을 발휘한다. 특히 단발성의 카피라이팅이 아닌 블로그 포스팅이나 메일 마케팅을 할 경우에는 사례형 제목을 일정 비율로 정기적으로 활용해 실제 사례가 지속적으로 생겨나는 제품이라는 인식을 주게 되면 더 큰 신뢰를 얻을 수 있다.

- 1년차 주부 박하나 씨, 시부모님에게 폭풍 칭찬을 들은 사연은?
- 결혼 10년 만에 이룬 내 집 마련의 꿈
- 에어 프레쉬, 정말 달라요.

4. 매력적인 제목의 21가지 모델

1) 눈길을 끄는 단어

이들은 이미 그 효과가 입증된 단어와 표현들이다. 어느 날 열어본 메일박스가 여기에서 언급된 단어와 표현의 제목으로 가득 차 있어도, 그리고 날이면 날마다 이런 메일로 넘쳐나더라도 언제나 이 단어와 표현들은 고객의 눈길을 사로잡는다. 독창적이지는 않더라도 일정 수준 이상의 오픈율을 보장하는 안전한 표현들이라고 할 수 있다.

> 마법 기적 경악 충격 폭로 최초의 마지막 놀라운 독점 환상적인 매혹적인 공짜 보장 믿을 수 없는 향상된 사랑스러운 한정 제안 강력한 경이적인 혁명적인 혁신적인 수퍼 울트라 긴급 서두르십시오 독창적인 독보적인 진보 소개 어떻게? 공짜 혁명적인 새로운 놀라운 ~하는 법 갑자기 지금 제안 알림 신속한 소개 쉬운 바로 여기! 도전 중요한 발전 ~에 대한 조언 ~에 관한 진실 특가품 비교 서두르세요 마지막 기회

2) 분명한 타깃 선정

타깃의 범주를 분명히 하면 그 범주 안의 고객은 반드시 메일을 열어 보게 된다. 오픈율보다 클릭률을 중요하게 생각하고 더 깊고 적극적인 관심을 가진 고객을 유치하고자 할 때 유용한 표현이다.

- 5천만 원으로 신혼집을 찾으시는 분을 위한 품격 있는 OO빌라
- 출퇴근에 시달리는 40대 직장인 가정을 위한 주택정보
- 초등학생 아이를 가진 30대 주부를 위한 확실한 부업 아이템

3) 기간, 인원, 수량 한정

기간, 인원, 수량 등을 한정하면 고객에게 다급한 마음을 가지게 할 수 있다. 이벤트성 판매에 적합하다. 그러나 너무 남발하면 신뢰를 잃을 수 있으므로 말 그대로 특별하게 사용해야 할 방법이다.

- O월말까지 신청하시는 분께 동반 자녀 1인 무료 서비스 제공
- 선착순 100명! 70% 특별할인!
- 트렌드에 민감한 150분에게만 무료로 드립니다.

4) 구체적인 숫자 강조

숫자는 어떤 용도로 사용되든 가장 강력하고 기억에 깊이 박히는 표현 수단이다. 이때 숫자는 한글 숫자가 아니라 아라비아 숫자로 표현하는 것이 훨씬 강력하고 그중에서도 단 단위, 즉 2,457 등과 같이 끝자리까지 표현하는 것이 더욱 구체적인 임팩트를 주게 된다.

- 2주 만에 5kg 감량, 성공 못하면 전액 환불
- 스피커만 917종류, 우리나라의 A/V 기기는 여기에 다 있습니다.
- 2,120번의 바느질, 35번의 다림질

5) 편익을 얻는 데 걸리는 시간 제시

숫자 사용 방법의 일종이다. 구매 후 실제로 편익을 얻는 데 걸리는 시간은 매우 중요한 구매 포인트이다. 아무리 좋은 제품이라도 효과를 보는 데 1년 넘게 걸린다면 관심을 얻기 어렵다. 이 표현의 가장 고전적인 성공 사례는 "컴퓨터, 1주일만 하면 전유성만큼 한다"이다.

- 시술 후 곧바로 휴가를 떠날 수 있는 스마일 라식
- 10년 고생, 사흘이면 끝!
- 불과 3시간 후, 당신은 전혀 다른 세상을 만나게 됩니다.

6) 금전적인 이익을 구체적으로 제시

역시 숫자 사용의 일종이다. 숫자 중에서도 금액, 즉 돈과 관련된 숫자가 구매에 있어서 가장 강력한 영향을 미친다. 또한 에둘러 표현하는 것이 아닌 가장 중요한 것을 있는 그대로 직설적으로 표현한다는 점에서 솔직한 느낌을 준다.

- 120,000원짜리 선글라스를 30,000원에 드립니다.
- 하루 24시간 사용해도 1달 유지비는 3,900원
- 프라다 100불에 사는 법

7) '방법, 노하우' 정보

'방법, 노하우'는 고객의 관심을 끌 수 있는 가장 효과적인 수단이다. 제품에 대한 관심과 구매의사의 정도가 높든 낮든 어느정도 관심을 가진 고객이라면 누구나 '방법, 노하우'에 눈길이 간다. 구매 여부와 관계 없으므로 부담이 적고, 사람들은 누구나 정보와 지식에 대한 욕구가 있기 때문이다.

- 저비용으로 우수 고객을 확보하는 방법
- 청소 경력 9년 전문가의 청소 창업 노하우
- 중고차 저렴하게 구매하기 위한 5가지 노하우

8) '실패하지 않는 방법' 제시

앞의 '방법, 노하우'와 같은 맥락이지만 일반적으로 방법과 노하우를 제시하는 것이 더 잘하고 싶은 욕구, 더 잘 알고 싶은 욕구에 호소하는 것이라면 실패하지 않는 방법은 실패에 대한 두려움에 호소하는 것이다. 따라서 좀 더 적극적인 고객을 유치할 수 있다.

- 부동산 투자에 실패하지 않는 10가지 전략
- 바닥 난방 시공, 부실공사를 피하는 방법
- 실패하지 않는 마케팅, 거절당하지 않는 영업

9) 비결, 이유, 비밀, 진실

이 또한 '방법, 노하우'에 속한다. 관심은 더욱 집중적인 반면 관심을 끌 수 있는 대상층은 더 넓어지는 효과가 있다. 비결, 이유, 비밀, 진실은 방법이나 노하우보다 더 강력한 유인 효과가 있어 그 분야에 관계 없는 사람의 관심까지도 끌어들일 수 있기 때문이다.

- 서울대 358명 합격시킨 신명문학원의 비밀
- 만년 대리 김 대리가 갑자기 승진한 이유는?
- 미백화장품의 진실, 꼭 알고 사용하십시오.

10) 불안요소 강조

좀 더 겁나게 공포 호소 혹은 공포 소구라는 용어로 불리고 있는 기법이다. 주로 보험업계에서 많이 이용하고 있다. 인간은 누구나 공포심, 불안감, 불확실성을 두려워한다. 두려움을 느끼면 각성 수준이 올라가서 구체적인 행동의 동기가 높아진다.

- 초저금리 시대, 노후자금 계획은 준비되셨나요?
- 아이들의 진로 지도, 늦어지면 후회합니다.
- 치열한 경쟁사회, 자격증으로 이겨야 합니다.

11) 손해, 위험을 강조

공포 호소의 일종이다. 그런데 사회적, 신체적 위협을 느끼게 하는 것이 아니라 경제적 손실이나 기회비용으로 인한 손실을 강조하는 방법이다. 경제적 손실이나 기회비용 손실의 위협은 심리적으로 더 큰 행동의 동기를 유발한다.

- 피해를 본 사람들의 12.5%는 OOO을 하지 않으신 분들입니다.
- 당신은 지금도 하루 5만 5천 원씩 손해를 보고 있습니다.
- 모르는 게 약이라고요? 모르면 당신만 손해봅니다.

12) 무료, 선물 증정, 할인을 강조

무료 증정은 구매 관련 행동을 유발하는 데 가장 강력한 효과를 발휘한다. 작건 크건 경제적 이익을 얻는 데 있어서 자신의 개인정보를 제공하는 것 외에는 그 어떤 위험도 없기 때문이다. 단, 무료라고 해도 충분한 가치를 느낄 수 있을 만큼의 품질과 효용이 확보되어 있어야 한다.

- 중소기업 경영자에게 무료 OOO 제공
- 응모자 전원에게 OOO 증정
- 매주 목요일은 모든 메뉴가 반값인 '하프데이'

13) 사례 제시

사례를 헤드라인으로 사용하는 것은 매우 높은 유인 효과와 함께 높은 신뢰를 얻을 수 있는 방법이다. 가격, 품질, 효용을 얻는 데 걸리는 기간 등 모든 요소들이 구매에 영향을 미치지만 고객으로 하여금 최종적으로 구매를 결정하게 하는 것은 실제 구매자들의 사례다. 따라서 사례를 제목으로 사용하게 되면 높은 관심을 끄는 것은 물론 처음부터 신뢰를 가지고 이후의 과정을 진행할 수 있다.

- 글 하나로 매출이 5배나 늘어난 사연
- 초보 카페에서 1주일에 100만 원씩 매출을 올리게 한 마케팅 글쓰기
- 고일석 님의 첨삭지도는 마치 엑스레이, CT촬영 같아요.

14) 의문문 사용

의문문은 독자의 의구심을 잠시 덮어버리고 주제에 몰두하게 만드는 효과가 있다. 그리고 의문의 해답을 구하게 됐을 때는 다른 어떤 것보다 높은 쾌감과 만족감을 얻게 된다. 제목에 의문문을 사용한 다음, 본문에 그 의문에 대한 만족스러운 해답 혹은 기대 이상의 대안이 제시되면 제품에 대한 관심과 신뢰는 더욱 크게 증폭된다.

- 알고 계셨습니까? 여드름 고민을 근본적으로 없애버릴 새로운 치료제를
- 오늘 점심 메뉴 결정하셨나요?
- 하루 10분씩 일주일이면 치아가 하얗게 되는 방법, 들어보셨습니까?

15) 자체 보증을 강조

환불 보증은 효과가 명확하게 입증된 방법이다. 미국 다이렉트마케팅 협회의 조사에 따르면 이 방법을 사용했을 때 실제로 환불 요구가 일어난 경우는 5% 미만이라고 한다. 물론 품질에 자신이 있어야 한다.

- 효과 없으면 100% 환불
- 30일간 무료 사용
- 사용자 100인의 증언

16) 대외기관의 인증으로 어필

믿을 만한 대외기관의 인증이 있는 경우 이를 제목으로 사용해도 큰 효과를 얻을 수 있다. 고객이 가장 필요로 하는 것은 제품을 신뢰할 수 있는 근거다. 자체적인 인증이나 보증보다도 공인된 기관의 인증은 더 없이 높은 신뢰를 얻을 수 있다.

- ○○○○ 협회 인증
- ○○○○ 협회 추천
- ○○○○ 소비자보험 가입

17) 반복된 단어 및 문장 사용

반복은 동서고금의 광고에서 가장 많이 사용되는 기법이다. 반복은 표현하고자 하는 대상을 머릿속에 확실하게 각인시키는 효과가 있다. 같은 단어를 여러 번 되풀이하여 쓰는 것도 반복이지만 일정한 형태의 대구(對句)를 여러 번 쓰는 것도 같은 효과를 준다.

- 싸다! 싸다! 싸다!
- 아버지도 대만족, 어머니도 대만족!
- 의사가 개발하고, 10대가 확인했으며, 어머니들이 인정했습니다.

18) 2인칭 사용

2인칭은 읽는 이로 하여금 자신을 콕 집어 쓴 편지라는 느낌을 갖게 한다. 불특정 다수를 대상으로 보내는 대량메일임이 분명해 보이는 메일보다 자신을 위해서 쓴 특별한 메일이라는 느낌을 주면 더 적극적으로 메일을 열어보게 된다.

- 영어공포증에서 탈출하고 싶은 당신에게
- 글로벌 기업을 꿈꾸는 당신에게
- 모태솔로 20년, 언제나 짝사랑만 하는 당신을 위한 연애 성공법

19) 말끝 흐리기

말끝을 흐리는 기법은 1960년대 미국의 기념비적인 광고로부터 비롯된 기법이다. 이 광고에는 "내가 피아노 앞에 섰을 때 모두들 나를 비웃었다. 하지만 내가 연주를 시작하자(They laughed When I Sat Down at the Piano, but When I Started to Play)…"라는 헤드카피를 사용했다. 이 기법은 생각보다 엄청난 효과가 있다.

- 뱃살을 없애는 쉽고 빠른 방법, 그것은 바로…
- 꼴지를 전교 1등으로 이끈 학습법은 바로…
- 주식투자의 결정판, 그것은 바로…

20) 집단심리 자극

공포 호소와 함께 홈쇼핑에서 기본적으로 사용하는 기법이다. 다른 특별한 증거를 제시하지 않아도 이미 많은 사람들이 샀거나 지금 이 시점에도 많은 사람들이 구매하고 있다는 사실은 그 집단에 소속되고 싶은 심리를 자극한다.

- 일주일 만에 2,580개가 팔렸습니다.
- 이미 1,825명이 주문해주셨습니다.
- 서울시민 12만 2천 명이 선택한 ○○○○

21) 부정적, 단정적인 표현

메일이나 포스팅의 제목은 보통 긍정적인 표현으로 이루어진다. 그런데 부정적이면서도 단정적인 표현이 사용되면 뜻밖이라는 의외성을 느끼게 된다. 이러한 의외성은 강력한 흡인력을 가지면서 그런 표현에 대한 궁금증과 호기심을 유발한다. 또한 단정적인 표현에서 강한 자신감을 느끼게 한다.

- 편강탕은 만병통치약이 아닙니다.
- 다른 건 몰라도 건어물은 마트에서 사지 마세요.
- 이 리포트를 읽기 전에는 해외여행 떠나지 마세요.

5. 고객을 몰입시키는 11가지 기법

세일즈 카피의 세 가지 과제는 고객으로 하여금 처음부터 확 꽂혀서, 몰입해서 끝까지 읽고 행동하게 하는 것이다. 앞에서 알아본 제목의 가장 중요한 기능은 처음부터 확 꽂히게 하는 것이다. 두 번째 과제인 몰입해서 끝까지 읽게 하는 것은 확 꽂힌 상태를 끝까지 유지하여 행동 요구의 단계까지 고객의 관심과 시선이 떠나지 않도록 하는 것이다.

확 꽂힌 상태와 몰입된 상태는 본질적으로 다르지 않다. 그러나 세일즈 카피의 본문은 제목이나 글의 첫 머리 부분에 비해 긴 설명이 들어가는 부분이므로 고객의 관심을 붙잡고 있기 위해서는 좀 더 다양하고 적극적인 기법이 필요하다.

고객으로 하여금 처음부터 확 꽂혀서 몰입하게 만들어야 하는 가장 큰 이유는 고객이 가지고 있는 분별심을 없애거나 누그러뜨리기 위한 것이다. 분별심이란 어떤 글이나 말에 대해 그것이 과연 맞는 것인지, 얼마나 믿을 만한 것인지를 따져보고자 하는 마음을 말한다. 고객은 이미 견고한 신뢰를 갖고 있는 업체가 아니라면 분별심을 가지고 마케팅 메시지를 읽기 시작한다. 이 분별심을 해소한 다음에 적극적으로 고객의 호감을 얻고 이해를 구하는 과정을 진행해야 한다.

고객을 몰입시키는 기법은 크게 공감, 호기심, 선언으로 나눌 수 있다.

공감은 고객으로 하여금 "Yes"라는 반응을 이끌어내는 것이다. 마음속으로 "Yes"라고 생각하는 순간 고객의 분별심은 사라지고 계속 "Yes"

라는 대답을 할 준비가 이루어진다.

<u>호기심</u>은 고객의 관심을 순간적으로 다른 곳으로 돌려서 분별심을 사라지게 하는 것이다. 판매자가 무슨 말을 하는지 신경을 곤두세우고 있다가도 호기심을 불러일으키는 다른 주제가 떠오르면 고객의 관심은 그쪽으로 돌아가 버린다.

<u>선언</u>은 권위와 자신감을 내세워 고객으로 하여금 강력한 신뢰를 느끼게 하는 방법이다. 고객이 판매자의 메시지를 보고 판단하고자 하는 것은 <u>스스로</u> 어떤 권위자로서 타인의 메시지가 옳은지 그른지, 충실한지 아닌지를 평가하려고 하는 것이 아니라 신뢰할 수 있는 근거를 찾으려는 것이다. 선언은 세세한 내용을 내세우기 전에 자신감 있는 태도와 메시지로 고객의 신뢰를 얻는 것이다.

지금 소개하는 '고객을 몰입시키는 11가지 기법'은 공감, 호기심, 선언의 3가지 요소를 더 세분화하거나 서로 결합시킨 것이다.

1) 공감

공감은 고객의 관심을 움직여 우리의 제품과 서비스에 호감을 갖게 하는 가장 강력한 심리적 작용이다. 공감은 상대방과 나와의 공통점을 확인하고 이에 대해 만족감을 느끼는 것이다. 공감은 여러 가지 다른 심리작용을 유발한다.

첫 번째는 유대감이다. 상대방과 나 사이에 공통점이 있다거나 같은 생각을 가지고 있다는 것을 확인하면 나와 같은 편이라는 유대감을 느끼게 된다. 우리는 아주 사소한 공통점만으로도 깊은 유대감을 느끼는 경험을 쉽게 할 수 있다. 일면식도 없고 친인척 관계도 아닌데도 불구하고 같은 지역 출신, 그것도 시, 군, 구, 읍, 면 단위가 아닌 광역자치단체 단위의 지역만 일치해도 동향이라는 유대감을 가지게 된다. 유대감은 곧 신뢰의 출발점이 된다. 동질감과 유대감을 가진 대상이 나를 해치거나 거짓 정보를 알려주지는 않을 것이라는 신뢰를 가지게 된다.

두 번째는 이해감이다. 내가 이해받고 있다는 느낌을 가지게 된다. 세일즈 카피의 기본 패턴은 고객이 문제를 제기하여 고객의 공감을 얻는 것으로 시작한다. 고객이 문제를 제시하면 우선 글쓴이가 나를 잘 이해하고 있다는 고마움을 느끼게 된다. 사람들은 누구나 타인으로부터 이해받고 싶어 하며 특히 문제를 가진 사람이라면 더욱 그렇다. 고객이 '이 사람은 나를 이해해주는 사람이구나' 라는 느낌을 가지게 되면 그 이후부터 판매자는 '나에게 물건을 팔기 위해 입에 발린 말을 할 사람' 이 아닌 '내 문제를 잘 이해하고 잘 해결해줄 수 있는 사람' 으로 받아들이기 때문에 마케팅 메시지를 적극적으로 받아들이게 된다.

이해받고 있다는 느낌은 자기가 느끼는 어려움과 필요성이 자신만의 문제가 아닌 같은 문제를 가진 사람이 많다는 안도감으로 연결된다. 이러한 안도감은 마케팅 메시지를 따져보고자 하는 분별심을 누그러뜨리고 편안한 마음에서 판매자의 말에 귀를 기울이게 한다.

고객으로 하여금 공감을 느끼게 하는 가장 기본적이면서도 강력한 방법은 고객이 느끼는 문제, 해결하고 싶어 하는 어려움을 먼저 얘기하는 것이다. 이것은 '세일즈 카피의 패턴' 부분에서 좀 더 자세하게 설명하게 된다.

2) 호기심과 궁금증

호기심과 궁금증을 유발시키는 것은 고객의 분별심을 없애는 데 대단히 효과적이다. 모두 성공적인 세일즈 카피에는 반느시 의문문이 있다. 사람들은 질문을 받으면 대답하고 싶어 한다. 답을 모르는 질문이라면 그 답을 찾고 싶어 하고 알고 싶어 한다. 질문은 세일즈 카피의 진실성을 따지려는 분별심을 답을 구하고 싶어 하는 호기심과 궁금증으로 돌려버린다.

아기가 울 때 손뼉을 치면 울음을 멈출 때가 있다. 우는 아기에게 손뼉을 치면 아기는 그 소리에 정신이 팔려 원래의 용건을 잊어버리고 울음을 그친다. 세일즈 카피에서 호기심은 그런 역할을 한다.

또한 호기심과 궁금증은 분별심을 없애는 것과는 별도로 적극적인 몰입효과를 가져온다. 호기심과 궁금증은 불안정한 상태로서 사람은 불안정한 상태를 안정된 상태로 복원시키려는 본능이 있다. 사람에 따라 정도의 차이는 있지만 궁금한 점이 생기면 그것이 해소될 때까지 그 질문에 몰입하게 된다. 답이 주어진 다음에는 무엇과도 비교할 수 없는 시원함과 만족감을 느끼는 효과를 얻을 수 있다.

앞에서 살펴본 제목의 8가지 기본 패턴 중에서 방법형, 질문형, 이유형, 사례형이 고객의 호기심과 궁금증을 불러일으키는 역할을 한다. 본문에서도 같은 성격의 내용과 기법을 사용하는 것이 좋다.

3) 선언

선언은 적극적이고 단정적인 어조로 구매를 권유하는 것이다. 고객을 압박하는 측면도 있다. 고객은 필요에 의해 제품을 탐색하지만 제품 정보를 알아보고, 살펴보고, 따져보고, 비교하는 일은 스트레스를 주는 일이다. 누구에게나 선택은 어려운 일이다. 마땅히 마음에 드는 것이 없는 것도 스트레스지만 마음에 드는 것이 너무 많아 선택하기 어려운 상황은 더 큰 스트레스다. 그래서 고객들은 누군가 믿을 만한 사람이 혹은 권위를 가진 사람이 정확한 방향만 정해주면 그대로 따르고 싶어 하는 욕구를 가진다.

어느 정도 신뢰할 수 있는 근거가 확보된 상태에서 판매자가 자신 있고 당당하게 구매를 권하면 고객은 못 이기는 척 그 권유에 따르고 싶은 마음이 생긴다. 혹은 그 자신만만함에 더 큰 신뢰를 느껴 적극적으로 믿고 구매하기도 한다.

기간이 한정되어 있거나 주문이 폭주하여 구매를 서두르라는 촉구의 메시지도 선언에 해당한다. 구매결정을 내리기 쉽지 않을 때 판매자가 적절하게 재촉하고 촉구하는 것은 고객이 수동적으로라도 구매를 결정하게 하는 중요한 동기를 제공해준다.

이미 많은 고객이 구매했다는 사실을 알리고 이 흐름에 동참하기를 압박하는 것도 선언의 일종이다. 이 메시지가 강하게 작용하면 갑과 을의 위치가 바뀌어 고객이 구매 여부를 결정하는 입장에서 다른 고객들의 흐름에 참여하지 못하거나 참여할 기회를 놓칠 것을 두려워하는 입장이 된다. 그러면 고객은 한편으로 조급한 마음을 가지면서 마케팅 메시지를 더욱 적극적으로 살피게 된다.

- 현명한 주부라면 선택은 분명합니다.
- 망설이지 마세요. 지금 바로 신청하십시오.
- 지난 3일간 32,560명의 고객이 구매하셨습니다.

4) 반박할 수 없는 명제

　마케팅 메시지는 결국 고객으로부터 "Yes"라는 답을 얻어내기 위한 글이다. 고객은 글을 읽기 시작하면서 혹은 글의 어떤 부분에서 "Yes"라고 답하게 되면 그 뒤로도 계속 "Yes"라고 대답하게 될 가능성이 높아진다.

　반박할 수 없는 명제는 공감기법의 일종으로 고객으로부터 "Yes"라는 반응을 이끌어내는 것이다. "지구는 둥글다"거나 "인간은 누구나 죽는다"거나 하는 너무나 당연하고 지당한 명제를 제시하면 고객은 당연히 마음속으로 "Yes"라고 반응하게 되고 일단 그렇게 되면 그 뒤에 나오는 모든 내용에 대해 쉽게 수긍하면서 큰 거부감 없이 능동적으로 읽어 내려갈 수 있게 된다.

- 보기 좋은 떡이 먹기도 좋습니다.
- 디자인은 단순한 겉치레가 아니라 품질 그 자체입니다.
  저희 OOO가 디자인에 심혈을 기울이는 이유입니다.

5) 페이싱-리딩 Pacing-Leading

페이싱-리딩은 상대방의 의견을 (거부하거나 부인하지 않고) 계속 받아들이고 의견을 같이 하면서 다른 한편으로는 내 사이드로 끌어오는 NLP 설득기법의 하나다. NLP Neuro-Linguistic Programing 는 언어가 뇌의 신경회로를 움직여 특정한 반응과 행동, 감정의 변화를 일으킨다는 이론을 바탕으로 상대를 설득시킬 수 있는 언어의 패턴과 방법을 얘기한다.

마케팅 메시지는 고객의 질문에 답하는 것이다. "당신 제품은 뭐가 좋은 거지?", "내가 당신을 어떻게 믿지?", "내가 왜 당신 제품을 사야 하는 거지?", "말만 번지르르하고 속은 엉망인 거 아냐?" 등이 고객이 던지는 질문이다. 판매자는 이 질문에 충실하게 답해야 하고 그 대답을 정리한 것이 세일즈 카피다. 그래서 세일즈 카피는 판매자의 진술만 담겨 있지만 사실은 고객과 판매자의 대화록이다. 단지 고객의 질문이 감춰져 있을 뿐이다.

고객의 문제와 필요, 관심과 욕구에는 관심이 없고 내 제품 얘기만 더 많이, 더 자세하게 하려는 판매자들의 일반적인 경향은 고객과의 대화에서도 자신의 입장을 더 내세우고자 하는 자세로 나타난다. 심한 경우는 고객을 눌러버리고 (이 제품에 관한 한) 내가 더 전문가라는 사실을 강조하고 과시하려 하기도 한다.

고객이 판매자에게 할 수 있는 질문에 대해 결코 "그것은 고객님이 잘 모르셔서 하는 말"이라거나 "고객님이 잘못 알고 있다"거나 하는 반응을 보이면 안 된다. 고객의 입장에서 판매자를 의심한다거나 품질의 과대 포장을 의심하는 것에 대해 "고객님이 그렇게 생각하시는 것은 당연하며,

나도 다른 제품을 살 때 똑같이 의심하고 걱정한다"는 느낌을 전달해야 한다.

그렇게 고객의 얘기를 충분히 들어주고, 수긍하고, 맞장구를 쳐준 다음 하고 싶은 얘기를 하면 고객은 내 얘기를 충실하게 들어준다. 심지어 판매자가 충실하게 들어준 고객의 불만과 내가 하고자 하는 얘기가 서로 논리적으로 상충하는 부분이 있는 경우라도 고객은 내 말에 쉽게 수긍한다. 자기 말을 잘 들어주고 잘 이해해주는 것이 고맙기 때문이다.

> 윤씨방 한복은 가격이 조금 나갑니다.
> 오픈몰에서 판매하는 저가 한복이나, 조금 가격이 나가는 윤씨방 한복이나 뭐 그리 큰 차이가 있을 것이냐는 의문을 가지시는 것도 당연합니다.
> 날이면 날마다 입을 옷도 아니고 결혼식이 끝나면 설 명절에나 가끔 입을 한복에 너무 많은 돈을 들이는 것이 망설여지기도 할 것입니다.
> 윤씨방 한복은 가격으로 따질 수 없는 정성과 품격이 담겨 있습니다.
> 그것은 슬쩍 눈으로 살펴만 보셔도, 살짝 몸에 걸쳐만 보셔도 바로 아실 수 있습니다.
> 윤씨방 한복은 특별한 날, 고객님을 더욱 특별하게 만들어드릴 특별한 한복입니다.

6) 부정선언

○○탕은 만병통치약이 아닙니다.

이것이 부정선언의 대표적인 형태이다. 이것은 "○○탕은 만병통치약입니다"라는 말보다 훨씬 강력한 효과를 가진다. 우선 거짓말이나 과장이 아닌 사실을 얘기하는 것이다. 고객은 곧바로 수긍하게 된다. 그리고 두루두루 모든 병에 대한 약이 아니고 전문적으로 개발되고 제조되었다는 점을 강조한다.

가장 중요한 것은 "만병통치약이 아니다"라고 말하는 순간 고객은 "사실 만병통치약이나 다름없는 훌륭한 약"이라는 인식을 하게 된다. 그저 그런 한약에서부터 만병통치약에 이르는 어떤 단계가 있다면 이 약은 만병통치약은 아니지만 만병통치약 바로 아래 단계쯤으로 포지셔닝 된다.

트라팰리스는 호텔이 아닙니다.

트라팰리스는 주상복합 아파트의 브랜드이다. 그러니까 당연히 호텔은 아니다. 그러나 고객은 "호텔이 아니다"라는 말을 읽으며 고급스럽고 품격 있는 호텔의 모습을 떠올리고 '호텔이나 다름없는 주상복합 아파트'라는 이미지를 받아들이게 된다. 그리고 호텔의 고급스러움을 계속 머릿속에 그리며 트라팰리스에 대한 설명을 살펴보게 된다.

7) 프레임 전환

고객은 구매 여부를 결정하기 위한 정보를 탐색하는 프레임으로 세일즈 카피를 읽게 된다. 그래서 판매자는 고객이 왜 자신의 제품을 사야 하는지 열심히 설명한다. 그런데 왜 제품을 사야 하는지에 대해 설명하는 것이 아니라 여러 종류의 제품을 제시하면서 각각에 대해 설명을 하면 고객의 프레임은 탐색 프레임에서 선택 프레임으로 바뀌게 된다.

프레임은 생각이나 대화를 하는 틀이지만 논의가 이루어지는 범주로 보는 것이 타당하다. 고객의 입장에서는 살까, 말까의 범주 안에서 세일즈 카피를 바라보고, 판매자는 살래요, 말래요의 범주 안에서 열심히 설명을 한다. 그런데 살까, 말까가 아니라 어느 것이 더 좋을까의 범주로 넘어가면 얘기가 전혀 달라진다.

즉, 세일즈 카피의 기조를 "내 물건이 이렇게 좋으니 꼭 구매하세요"가 아니라 "고객님께 꼭 필요한 3가지 모델"을 제시하는 형태로 하게 된다면 고객은 살 것인가 말 것인가의 프레임에서 어느 것을 살 것인가의 프레임으로 넘어가게 된다.

고객이 구매하고자 하는 일반적인 목표 대신에 다른 이점을 제시하는 것도 프레임 전환이다. 흔히 말하는 Needs필요와 Wants욕구도 프레임과 관련이 있다. 일반적으로 기능성에 관심이 모이는 제품에 대해 디자인적인 매력이나 주요 구매층의 사회적 지위를 강조하는 것은 Needs의 프레임을 Wants의 프레임으로 전환하는 것이다. 반대로 미적인 가치가 중점인 제품에 대해 용도와 활용법 혹은 금전적인 가치를 제시하는 것이 프레임 전환이다.

제품 구매가 사회 기부와 연동되어 있는 경우, 즉 매출의 일정액을 기부하기로 되어 있는 상품이 있다면 이것은 구매의 프레임에서 사회적 기여의 프레임으로 탈바꿈하게 된다. 선크림을 설명하면서 군인 아들과 골프를 즐기는 남성을 고객군으로 제시하면 여성용품의 프레임에서 남성용품의 프레임으로 전환하게 된다.

8) 눈에 보이듯, 손에 잡히듯

말과 글, 즉 언어는 기호에 불과하다. 사람의 기억 속에 저장되어 있는 정보는 모두 이미지로 되어 있다. 말하는 사람은 자신이 전달하고자 하는 이미지를 말과 글에 담고, 듣는 사람은 말과 글을 보고 거기에 걸맞는 이미지를 떠올려 뜻을 이해한 다음 받아들인다. 따라서 개념적인 단어로만 이루어진 표현보다는 이미지가 구체화되어 있는 표현이 훨씬 쉽게 받아들여진다. 보는 사람의 입장에서 단어와 걸맞은 이미지를 자신의 두뇌에서 찾아야 하는 노력이 줄어들기 때문이다.

사람의 두뇌는 받아들이기 쉬운 정보를 만나면 훨씬 활발하게 반응하고 적극적으로 받아들이게 된다. 그것이 관심이다. 사람이 깊은 관심을 가지는 것은 자기가 잘 아는 것들이다. 아무리 필요하고 중요한 것이라고 해도 자기가 잘 모르는 것에 대해서는 관심이 잘 가지 않는다. 그것은 뇌의 반응에 차이가 나기 때문이다. 뇌가 가장 좋아하는 것은 이미지, 더 구체적으로 말하면 움직임이 있는 모습이다.

• 어느 지역 상가에 두 개의 부동산 사무실이 이웃해 있습니다.
  한쪽은 잘되고 한쪽은 어렵습니다.
  그 차이는 무엇일까요?

이 글은 나쁜 글이 아니다. 때로는 모든 구체적인 내용을 과감하게 생략하고 간략하게 표현해야 할 경우도 있다. 그러나 두 사무실의 차이가 무엇인지에 대한 궁금증을 강하게 불러일으키는 데는 한계가 있다. "내가 알 게 뭐야?" 하면서 그냥 넘어갈 수도 있다.

어느 지역 상가에 두 개의 부동산 사무실이 이웃해 있습니다.
한 사무실은 아파트, 상가, 빌라, 매매, 전세, 월세 등 부동산의 모든 분야를 취급합니다.
마케팅도 열심히 합니다. 광고에, 현수막에, 블로그도 대여섯 개씩 운영합니다.
그래서 이 사무실에는 하루 종일 쉴 새 없이 문의전화가 옵니다.
그것이 가장 큰 자랑거리입니다.
전화 받느라 식사 때를 놓치는 경우도 많습니다.
그런데 정작 계약 건수는 하루에 한두 건을 넘기지 못합니다.
전화만 하면 그나마 다행일 텐데 그중 많은 고객은 직접 찾아오셔서 여기 저기 돌아보느라 한나절씩,
반나절씩 꼬박 시간을 쓰게 하고는
"다음에 올게요"라는 야속한 멘트만 남기고 돌아갑니다.

> 다른 한 사무실은 오로지 신축빌라만 취급합니다.
> 임대 말고 매매만 다룹니다.
> 마케팅도 블로그와 카페, 하나씩만 합니다.
> 그러다 보니 이웃한 사무실처럼 하루 온종일 전화가 폭주하거나 하지는 않습니다.
> 그런데 전화를 걸어오는 고객의 절반은 반드시 계약을 합니다.
> 그렇게 하루 대여섯 건씩은 꼭 계약이 이루어집니다.
> 그 차이는 무엇일까요?

이 글에서는 바쁘기만 하고 실속 없는 한 사무실과, 조용한 듯 보이지만 알차게 수익을 올리는 다른 사무실의 모습이 머릿속에 그려진다. 이렇게 되면 남는 것도 없이 그저 분주하고 고달프기만 한 자신의 모습이 투영되고 해야 할 일만 딱딱 하면서도 충분한 수익을 올리는 분명한 모습이 목표와 미래상으로 자리 잡는다. 그러면 이 두 사무실의 차이는 무엇인지, 조용하게 뚜렷한 성과를 낼 수 있는 비밀이 무엇인지 알고 싶은 욕구가 한없이 커져서 점점 더 글에 몰입하게 된다.

9) 비교와 대비

앞에서 두 개의 부동산 사무실을 비교하였다. 아래 두 글을 비교해보자.

A : 성공하는 부동산 사무실의 비결은 무엇일까요?

B : 엄청나게 열심히 하고 눈코 뜰 새 없이 바쁘지만 정작 수입은 변변치 않은 부동산 사무실이 있습니다. 그런데 그리 바쁘지도 않고 차분하기만 한데도 방문하는 고객의 절반 이상이 계약을 하는 사무실이 있습니다. 그 차이는 무엇일까요?

단편적으로 성공의 비결을 알려주겠다는 것보다는 잘 되는 쪽과 안 되는 쪽을 비교할 때 그 비결을 통해 얻게 될 것으로 기대되는 성공의 모습이 더욱 더 분명해지고 도드라진다. 따라서 그것을 얻고자 하는 욕구도 더욱 강렬해진다. 〈월스트리트저널〉의 광고를 예로 보자.

두 명의 친한 친구가 있었습니다. 한 학생은 재학 때부터 〈월스트리트저널〉을 꾸준히 구독했고 한 친구는 그러지 않았습니다. 10년 뒤 〈월스트리트저널〉을 정기 구독한 학생은 성공했고 한 학생은 어려움을 이기지 못했습니다.

만약 이것을 "월스트리트저널, 10년 뒤의 성공을 약속합니다"라는 식으로 얘기했다면 반드시 구독해야겠다는 필요성을 이끌어내기 어려웠을 것이다.

비교와 대비는 고객이 취해야 할 선택과 내가 제안하는 이익을 더욱 분명하게 나타내준다. 필요성은 더욱 절박해지고 해결책에 대한 궁금증과 욕구는 더욱 커진다. 그러면 고객은 내 제품에 대한 설명이 끝날 때까지 눈을 뗄 수가 없다.

10) 숫자의 사용

구매를 염두에 두고 정보를 살펴보는 고객의 심리에는 이성과 감성이 동시에 작용한다. 이성과 감성은 구체성과 정확성의 지점에서 교차한다. 이성적인 설득을 위해서 우리의 진술은 구체적이고 정확해야 한다. 우리의 설명이 구체적이고 정확하면 고객은 이성적으로 납득하면서 감성적으로는 안도하고 신뢰한다. 구체성과 정확성을 가장 쉽게 나타낼 수 있는 것이 바로 숫자다. 그래서 숫자는 가장 몰입도가 높은 메시지 수단이다. 구체적인 내용과는 별개로 메시지 안에 숫자가 들어 있으면 우선적으로 숫자에 눈길이 머물게 된다.

도미노피자는 '30분 이내 배달'을 약속했다. 우리나라에서 흔히 쓰는 '신속 배달'과 같은 표현이었다면 결코 관심을 끌 수 없었을 것이다. 30분이라는 구체적인 숫자를 제시한 것이 이 슬로건의 가장 큰 성공 요인이다.

영화배우 이시영 씨가 모델로 등장한 르까프 광고가 있다. 이 광고의 카피는 다섯 개의 문장으로 이루어져 있다.

나는 새벽의 달리기다.
나는 300번의 줄넘기다.
나는 거친 숨소리다.
나는 쉬지 않는 근육이다.
나는 거침없는 심장이다.

강의 시간에 학생들에게 이 동영상을 보여준 다음, 곧바로 어떤 카피가 떠오르는지 물어봤다. 절반 이상의 학생들이 가장 먼저 떠올린 것은 '300번의 줄넘기'였다. 물론 300번이라는 숫자를 구체적으로 기억한 경우보다는 '몇 번의 줄넘기라고 했던 그 부분'으로 기억한 경우가 더 많았지만 분명한 것은 숫자가 사용된 카피에 가장 깊이 몰입됐다는 사실이다.

11) 과부하 Overload

모든 글이 마찬가지지만 특히 세일즈 카피는 쉽게 써야 한다. 고객이 알아듣지도 못할 전문용어를 마구잡이로 쓰게 되면 이해도 되지 않을뿐더러 이를 불편해하는 고객이 있을 수도 있다.

그러나 무리하지 않는 선에서 가끔 전문용어를 사용하거나 어려워 보이는 얘기를 하는 것은 고객의 주의를 환기시키는 효과가 있다. 이것을 과부하 전략이라고 한다. 어떤 흐름에 익숙해져 있는 독자에게 약간의 긴장을 유발시켜 글에 더 집중하게 하는 것이다.

사람은 누구나 지식에 대한 욕구가 있다. 그리고 새로운 지식을 얻을 때 만족감을 느낀다. 그 지식을 실제로 활용할 수 있는지 여부와는 관계없이 어떤 지식을 얻게 되었다는 것만으로도 뭔가를 얻었다는 기쁨을 느끼게 된다.

또한 전문용어를 과도하게 사용하는 것은 민폐에 불과하지만 이를 적절하게 활용하는 것은 글쓴이, 즉 판매자의 전문성을 확인시키는 효과를 가질 수 있다. 믿을 수 있는 사람이라는 신뢰의 근거를 제공하는 것이다.

제품 개발 과정이나 기능 및 효능과 관련된 과학적 이론이나 실험사례 등을 제시하는 것이 그 예이다. 어려운 내용이 아니더라도 사람들이 잘 알지 못하는 사실들을 제시하면 글을 읽는 고객은 잠시 긴장하면서 만족감을 느끼게 된다.

1. 글쓰기를 위한 설계도

❖ 설득을 위한 말의 순서

글의 구조는 글감들을 효과적이고 전략적으로 배치하는 것을 말한다. 그런 구조 중에서 정형으로 자리 잡고 널리 반복적으로 사용되는 것을 패턴이라고 한다. 글을 쓸 때 어떤 사실이나 표현에 꽂혀서 그것을 중심으로 시작하여 글을 완성하는 경우도 많지만, 글을 쓰기 전에 먼저 작은 목차와 순서를 잡고 그 순서에 따라 내용을 채워 넣는 것이 훨씬 쉽다. 이때 작은 목차와 순서를 잡는 것이 구조다. 건물을 지을 때 설계도를 먼저 그리는 것, 그리고 어딘가를 갈 때 약도를 미리 그리는 것과 같다.

우리는 말을 할 때 아무 계획 없이 말을 하는 것 같지만 사실은 일정한 순서를 미리 염두에 두고 거기에 맞춰서 말을 한다. 특히 중요한 말을 할 때는 미리 그 순서를 깊이 생각하게 된다. 예를 들어 공부를 너무 안 하는 아이에게 공부 좀 하라고 타이르는 상황을 한번 생각해보자.

아이에게 이런 중요한 얘기를 할 때는 어떻게 얘기를 해야 아이가 내 말을 잘 알아듣고 내가 바라는 대로 할까 하는 생각을 하게 된다. 공부를 열심히 할 수 있도록, 최소한 열심히 하는 시늉이라도 할 수 있도록 설득하려면 어떤 얘기들을 어떻게 해야 할까? 우선 공부를 왜 해야 하는 건지에 대해 다음과 같이 얘기할 수 있다.

공부는 배운 것을 꼭 써먹기 위해서 하는 것도 있지만 생각하는 훈련, 두뇌를 활용하는 훈련이다

공부는 과제와 목표를 충실하게 수행하는 성실성과 책임감을 익히는 과정이다

공부 잘하면 인생이 편하고, 공부 안 하면 인생이 고단하다

그리고 아이가 공부를 왜 안 하는지 원인분석도 필요하다. 아이가 목표의식이 없어서 그런 건지, 부모가 신경을 안 써서 그런 건지, 환경에 문제가 있는 건지 등을 고민하게 된다. 공부를 열심히 하려면 뭘 어떻게 해야 하는 것인지에 대한 방법론도 얘기해야 한다. 또 공부를 열심히 하면 뭘 해주겠다는 격려와 보상을 제시할 수도 있다. 혹은 반대로 지금처럼 공부를 게을리 하면 용돈을 깎겠다든가 혼을 내주겠다든가 하는 식의 채찍질을 할 수도 있다.

지금까지 얘기한 것들이 모두 글의 소재에 해당한다. 이 소재들이 아무리 훌륭해도 그냥 생각나는 대로 중구난방으로 오락가락 말을 해버린다면 정신만 사납고 무슨 소리를 하려는지조차 알 수 없다.

그래서 공부를 왜 안 하는 것인지에 대한 원인분석부터 얘기할지, 공부를 잘하면 무엇이 좋은지를 먼저 얘기할지, 그 다음에는 무슨 얘기를 어떤 순서로 얘기해야 더 설득력이 높을지에 대해 생각하게 된다.

앞의 상황에서는 다음과 같은 순서로 얘기를 해야겠다고 계획할 수 있다.

이렇게 얘깃거리들에 순서를 주고 효과적으로 배치하는 것이 바로 구조다.

❖ 문단 나누기를 아시나요?

우리는 학창 시절, 국어 시간에 문단나누기를 배웠다. 문단 나누기는 전체의 글을 몇 개의 문단으로 나눈 다음 각 문단마다 요약된 내용을 적는 것이다. 이 과정은 글이 어떤 구조로 되어 있는지를 파악해서, 글을 쓸 때에도 그러한 형태로 구조를 갖춰 글을 쓸 수 있도록 만들어주는 훈련이다.

사실 우리가 국어 시간에 배운 것들은 하나도 빠짐없이 모두 글쓰기 훈련이다. 그중에서도 각 단원을 시작할 때 전체 줄거리, 문단 나누기, 주제와 소재 파악하기부터 시작했는데 이 과정이 바로 글의 구조를 파악하는 부분이다.

눈에 잘 들어오고 이해하기 쉬운 글은 구조가 잘 짜인 글이다. 신문기사가 눈에 잘 들어오는 이유도 오랜 기간 동안 다듬어져 정형화된 구조에 따라 쓰인 글이기 때문이다. 따라서 평소에 마음에 드는 글을 놓고 문단 나누기를 하고 요약을 해보면 구조에 대한 감각을 쉽게 키울 수 있다.

아래의 글은 서울시립대의 도시계획학자인 정석 교수가 쓴 『나는 튀는 도시보다 참한 도시가 좋다』라는 책의 한 부분이다. 이 글을 놓고 문단 나누기를 해보자.

보광동 언덕의 경관 변화

언덕과 구릉지의 경관 관리는 더욱 취약하다. 구릉지의 지형과 녹지, 경관을 보호하기 위한 장치가 치밀하지 못하기 때문이다. 일부 구릉지와 주변 지역이 고도지구나 자연경관지구로 지정돼 있을 뿐, 대부분의 언덕은 개발의 위협으로부터 거의 방치되어 있는 실정이다. 언덕 중에서도 특히 한강과 만나는 언덕의 경관 관리가 허술해 여러 곳이 자꾸만 망가져 간다. 응봉과 한강이 만나는 옥수동 일대가 그러하고 청담동과 흑석동, 망원동도 동일한 문제를 겪고 있다. 그중 가장 심각한 곳이 보광동이다.

언덕과 구릉지 관리의 어려움

한남대교 북단의 서쪽으로 남산 자락이 흘러내려와 한강과 만나는 지점에 언덕이 솟아 있다. 언덕 꼭대기에는 교회가 서 있고 그 아래에는 이슬람 사원이 보인다. 봉긋 솟은 언덕을 따라 나지막한 건물들이 촘촘히 들어섰다. 대부분의 건물들은 덩치도 크지 않고 키도 작아 뒤에 있는 건물의 시야를 가리지 않는다. 그늘도 드리우지 않는다. 다 함께 앞에 보이는 한강 조망을 누리고, 뒤로는 남산을 바라볼 수 있었다. 1990년대 보광동 언덕의 풍경이었다.

1990년대 보광동 언덕의 풍경

2002년 보광동 언덕 아래 현대하이페리온이 들어서면서 풍경은 완전히 바뀌었다. 구릉지나 언덕에 작은 건물을 지을 때는 지형을 크게 바꾸지 않아도 되지만, 덩치 큰 건물은 지형을 크게 바꾸어야 지을 수 있다. 한쪽은 땅을 잘라내야 하고, 반대편은 땅을 쌓아 평지를 만들어야 한다. 높은 쪽에도 낮은 쪽에도 거대한 옹벽이 세워지고, 그 사이에 덩치 큰 아파트가 자리하게 된다.

2002년 이후 보광동 언덕의 풍경

지형만 바뀐 게 아니다. 언덕 아래 한강 변에 키 크고 덩치 큰 아파트가 들어서게 되니, 뒤편의 작은 집에 거주하는 사람들은 한강을 보는 것은 고사하고 거의 온종일 그늘 속에 갇혀 살아야 한다. 키 큰 아파트에서 집이 다 내려다보이니 사생활 침해도 감수해야 한다.

지형의 변화에 따른 생활 환경의 변화

이게 웬일인가, 내 실속 다 챙기고 내뺀다는 이른바 먹튀 아닌가? 보광동 언덕의 '먹튀' 경관은 서울의 언덕과 구릉지 경관 관리의 필요성을 온몸으로 보여주고 있다. 우리 앞에 놓인 슬픈 언덕이다.

'먹튀' 경관의 대표적 사례

이 글은 도시 경관관리의 실패 사례 중 '먹튀 경관'에 대해 보광동 언덕의 경우를 사례로 제시한 글이다. 문단 나누기를 정리해보면 다음과 같은 순서로 작성된 것을 알 수 있다.

1. 언덕과 구릉지 관리의 어려움
2. 1990년대 보광동 언덕의 풍경
3. 2002년 이후 보광동 언덕의 풍경
4. 지형의 변화에 따른 생활환경의 변화
5. '먹튀 경관'의 대표적 사례

언덕과 구릉지 관리의 일반적인 어려움에 대해 설명한 다음, 대표적인 예로 보광동을 들고, 흔히 말하는 비포·애프터를 보여준 다음, 경관의 변화가 생활에 미치는 영향을 덧붙이고, 이것이 '믹뒤 경관'의 대표적인 예라는 것을 강조하는 것으로 마무리를 지었다.

이와 같이 할 얘기의 내용을 대략 순서를 잡아 미리 구상을 해놓고 거기에 살을 붙이는 식으로 글을 쓰면 글쓰기가 훨씬 쉬워지고 내용도 충실해진다. 읽는 사람의 입장에서도 훨씬 읽기 쉽고 이해하기 좋은 글이 된다. 이것이 구조의 역할이다.

2. 매출을 위한 세일즈 카피의 기본 패턴

❖ **매출을 위한 글쓰기의 구조**

글의 구조는 글을 쓰는 사람 마음대로 정하는 것이다. 그러나 목적을 가진 커뮤니케이션 행위가 탄생한 이래 수천 년 동안 연구되고 다듬어져 일정한 형태를 갖추고 있는 글의 구조가 있다.

우리가 가장 잘 알고 있는 글의 구조로는 서론-본론-결론의 3단 구조가 있다. 그 외에도 도입-전개-결론, 발단-경과-결말과 같은 형태의 구조도 있다. 기승전결도 대표적인 구조의 일종이다. 소설과 희곡의 5단계라고 불리는 발단-갈등-위기-정점-결말 역시 글의 구조다.

모든 글은 나름대로의 목적을 가지고 있지만 사상이나 의견, 미적 감각 등을 표현하고 전달하는 것이 주목적인 일반적인 글쓰기와는 달리 세일즈 카피는 설득과 매출이라는 매우 분명한 목적을 가지고 있는 기능적 글쓰기다. 따라서 보다 치열한 고민과 연구를 통해 만들어진 정형화된 글의 구조가 존재한다.

일반적인 글쓰기도 목적을 가지고 있지만 글쓰기의 결과로 목적을 얼마나 달성했는지는 크게 중요하지 않을 뿐만 아니라 측정하기도 어렵다. 그러나 세일즈 카피는 매출이라는 확실한 목적을 가지고 있다. 따라서 글쓰기라는 행위의 목적 달성 여부가 매우 중요하며 그 효과도 분명하게 드러난다.

지금 소개하는 세일즈 카피의 패턴들은 모두 미국에서 개발된 것들이다. 광고와 마케팅에 쓰이는 글이 주로 단문 형태의 헤드라인과 카피가 주종을 이루는 우리나라와는 달리 미국은 대중 광고를 기반으로 한 마케팅과 함께 DM(Direct Mail)이라고 부르는 우편을 통한 판매가 역사적으로 마케팅의 큰 축을 이루어왔다.

DM은 기본적으로 장문 텍스트를 기반으로 하고 있어 매출을 목표로 한 효과적인 글쓰기에 대한 연구가 지속적으로 이루어져 왔다. 또한 텍스트를 중요시하는 광고 문화로 인해 광고 마케팅 분야에서도 글쓰기에 대한 연구가 깊이 있게 이루어졌다.

이 중에서도 가장 기본적인 패턴으로 소개할 수 있는 것이 PS(Problem-Solution) 모델이다. PS 모델은 마케팅 개념의 변화가 잘 적용된 모델로서 카피라이팅과 웹 컨텐츠 등의 세일즈 카피에 가장 기본적으로 활용되고 있는 패턴이다. 이 패턴은 대단히 깊이 있는 이론적 배경을 가지고 있고 실전에서 가장 광범위하게 입증되어 있다.

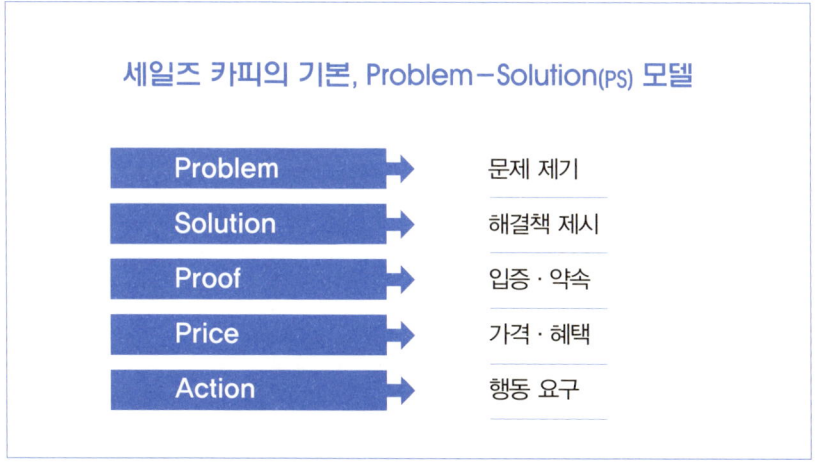

- **Problem – 문제 제기**

첫 번째는 고객이 느끼는 문제와 필요성을 제시한다. 고객은 현재 느끼고 있는 문제를 해결하고 필요를 충족시키기 위해 구매를 한다. 그래서 구매 행동의 출발이라고 할 수 있는 고객의 문제와 필요를 가장 먼저 제시한다.

- **Solution – 해결책 제시**

두 번째는 문제와 필요성에 대한 해결책을 제시한다. 해결책은 당연히 판매자의 제품과 서비스가 된다. 판매자의 제품과 서비스가 고객의 문제와 필요를 어떻게 해결하는지를 설명한다.

- **Proof – 입증·약속**

제품과 서비스가 고객의 문제와 필요를 해결할 수 있는 증거를 제시한다. 공인기관의 시험성적서와 같은 문서자료나 학술기관의 논문이 이에 해당한다. 그리고 특허나 제품에 적용된 신기술에 대한 내용도 포함된다. 그러나 가장 강력한 입증 수단은 고객 사례다.

약속은 두 가지다. 하나는 '100% 환불 보장'과 같이 입증과는 별도로 판매자가 어떤 보장을 하는 것이다. 그것으로 품질과 효용에 대해 입증을 하는 것이다. 또 하나는 구매를 하면 고객이 어떤 이익을 얻게 되고 어떤 성취를 얻게 되는지를 제시하는 것이다. 구매를 통해 1차적으로 문제를 해결한 다음, 그 결과로 고객이 문제 해결보다 더 높은 차원의 기쁨과 만족을 느낄 수 있다는 점을 보여준다.

- **Price - 가격 · 혜택**

 네 번째로 가격과 혜택을 제시한다. 3단계에 걸쳐서 필요성을 제시하고, 해결책을 제시하고, 입증과 약속을 하게 되면 어느 정도는 구매 결심을 굳히게 된다. 이 상태에서 구매에 있어서 가장 중요한 정보인 가격을 제시하여 구매 결심을 더욱 확고하게 다진다.

 혜택은 제품과 서비스의 기본적인 효용 외에 구매와 관련되어 고객에게 제공하는 이익을 말한다. 언제까지 구매하는 고객에게는 큰 폭으로 할인을 해주겠다거나 몇 명 한정으로 특별한 사은품을 주겠다거나 하는 내용이 여기에 해당되는데 구매 결심을 더욱 촉진하는 수단으로 제시된다.

- **Action - 행동 요구**

 다섯 번째로 행동을 요구한다. 고객의 행동은 궁극적으로는 구매다. 즉, 구매 버튼을 클릭하는 것이다. 그런데 구매 버튼뿐만 아니라 구매와 관련된 여러 가지 행동이 있다. 문의와 상담이 대표적이다. 문의 상담도 전화, 메일, 쪽지 등 여러 가지 행동이 있다.

 그리고 링크도 있다. 포스팅이나 세일즈 레터 안에 링크를 올려놓을 수도 있고 블로그의 위젯이나 배너, 그리고 어떤 게시물이나 웹페이지로 이동하게 할 수도 있다. 자료를 신청한다거나 이벤트 참여를 신청하는 것도 구매와 관련된 행동이다.

❖ 기본 패턴의 이론적 배경

　문제 제기, 해결책 제시, 입증·약속, 가격·혜택, 행동 요구 등 다섯 가지 요소로 이루어진 세일즈 카피의 기본 패턴은 두 가지 줄기의 이론적 배경을 가지고 있다. 하나는 먼로의 동기유발 시퀀스이고, 또 다른 하나는 왓츠의 솔루션 셀링이다.

　먼로의 동기유발 시퀀스는 설득을 목적으로 하는 커뮤니케이션의 방법론으로 연구됐고 왓츠의 솔루션 셀링은 마케팅을 고객의 문제를 해결하는 과정으로 인식한 새로운 마케팅 시스템이다. 설득 커뮤니케이션의 이론과 새로운 마케팅 기법이 결합하여 세일즈 카피의 기본적인 전형으로 자리 잡게 된 것이 바로 앞서 소개한 세일즈 카피의 기본 패턴이다.

① 먼로의 동기유발 시퀀스 Motivated Sequence

　1930년대 미국 퍼듀대학교 앨런 먼로 Alan Monroe 교수가 동기유발 시퀀스라는 커뮤니케이션 방법론을 개발했다. 이 방법론은 사람들의 행동을 이끌어낼 수 있는 설득적 스피치의 기술로 개발됐다. 이 모델은 다음과 같은 순서로 구성되어 있다.

살펴보면 PS 모델과 매우 유사하다는 것을 알 수 있다. 구체적인 내용을 예문을 들어서 알아보자.

1. Attention(주의집중)
여기를 보세요.
여러분은 어떤 문제를
가지고 있어요.

2. Need(필요 제시)
그 문제가 뭔지
설명해 드릴게요.

3. Satisfaction(만족)
그런데 제가
그 문제를 풀 수 있는
해결책을 가지고 있어요.

4. Visualization(가시화)
제가 말씀드리는 해결책을
실행하면 이런 일이
벌어집니다.
이 해결책을 실행하지 않는다면
아마 저런 일이 벌어질 거예요.

5. Action(행동)
지금 바로
문제 해결에
나서십시오.

먼로 교수의 동기유발 순서 모델은 세일즈 카피의 패턴으로 활용해도 좋을 만큼 효과적이고 완성도가 높다. 이 모델은 연설과 프레젠테이션의 기초적인 기법으로 현재도 활발하고 광범위하게 활용되고 있다.

② 왓츠의 솔루션 셀링Solution Selling

먼로의 동기유발 시퀀스 모델이 세일즈 카피, 즉 상업 카피라이팅의 기본 패턴으로 본격적으로 자리 잡기 시작한 것은 1980년대 솔루션 셀링이라는 마케팅 기법의 개념이 나오면서부터이다.

이 방법론은 1970년대 미국의 왕Wang 연구소의 연구원이었던 프랭크 왓츠Frank Watts가 개발한 것인데 1980년대 초반에 제록스사로 자리를 옮긴 뒤 실제 마케팅에 본격적으로 적용하여 대단한 성공을 거두었다. 그의 제록스 동료였던 마이크 보스워스Mike Bosworth는 1983년에 독립적인 회사를 차려서 이 기법을 미국 전역으로 확산시키기도 했다.

솔루션 셀링은 제품 기능의 장점만을 강조하던 기존 마케팅 프로세스를 문제Problem-해결Solution의 모델로 변화시켰다. 즉, 제품의 판매를 기능과 효용을 제공하는 것으로 봤던 기존의 사고와는 달리 고객의 문제를 발견하고 이를 해결하는 과정으로 인식했던 것이다.

이런 인식을 바탕으로 프랭크 왓츠는 고객이 느끼고 있는 문제를 파악하여 고객과 판매자가 문제에 대해 공동 인식을 가지고 서로 간에 이익이 될 수 있는 해결책을 모색하는 것이 판매 과정의 출발이라고 주장했다.

고객과 판매자 간에 합의된 문제를 풀기 위한 해결책으로 제시된 제품과 서비스가 제시되고, 이에 대해 입증과 비용 대비 효과 분석을 거쳐 가치를 부여한다. 판매가 이루어진 뒤에도 향후에 고객의 성공을 위해 지속적으로 노력하는 것이 마케팅의 완성이라고 봤다.

이 방법론의 영향으로 제품의 기능과 장점만을 부각하던 카피라이팅의 경향이 고객의 상황과 환경을 먼저 파악하는 방향으로 바뀌었다. 마케팅의 개념도 제품을 판매하기 위한 일련의 과정이 아니라 고객의 문제와 필요를 해결해주는 과정으로 전환되었다. 이로 인해 판매 자체보다는 고객과의 관계를 형성하고 유지하는 것이 마케팅의 가장 중요한 개념으로 자리 잡게 되었다.

3. 패턴을 활용해 글의 구조 짜기

세일즈 카피의 패턴은 글의 구조를 미리 정해놓고 패턴의 요소들을 채워나가면서 글을 완성하는 방식으로 활용하고 있다. 고객 특정, 한 줄 요약, 내용 확장 순으로 패턴을 활용하여 글을 완성한다.

> **세일즈 카피 작성 순서**
> 고객 특정 → 한 줄 요약 → 내용 확장

1) 고객 특정

글을 쓰기 전에 가장 먼저, 글을 보여줄 고객을 특정해야 한다. 고객의 실체가 분명해야 고객이 느끼는 필요성과 문제도 분명해지고 그것에 대한 해결책도 명확해진다. 이것을 타기팅targeting이라고 한다.

타깃target이 구체적이어야 글의 내용이 충실해질 수 있다. 타깃이 애매하면 애매한 글밖에 나올 수 없다. 타깃이 구체적이면 고객의 필요와 욕구에 부합하는 내용이 나올 수 있다. 따라서 타깃이 구체적이고 세밀할수록 몰입효과가 더 커진다.

또한 타깃이 구체적이어야 내용이 다양해진다. 포괄적인 타깃을 대상으로 한 글도 있을 수 있고 필요할 수도 있다. 포스팅이나 세일즈 레터나 광고나 마케팅 카피를 딱 한 번 쓰고 말 것 같으면 타깃을 마냥 포괄적으로 잡아도 관계없다. 그러나 고객과의 접촉을 위해 끊임없이 다양한 글을 써내야 한다는 것이 우리의 과제라면 다양하게 글이 나올 수 있어야 한다. 그러기 위해서는 타깃을 다양하게, 그리고 세부적이고 구체적으로 설정해야 한다.

2) 한 줄 요약

한 줄 요약은 패턴을 구성하는 요소의 내용을 간략하게 정리하여 글의 얼개를 잡는 것이다. 아래의 예에서는 난방조건이 열악하여 전기매트의 사용이 필요하고 건강도 함께 챙기려는 40대 가장과 주부로 고객을 특정해보자.

가장 기본적인 패턴인 PS 모델의 경우 문제 제기, 해결책 제시, 입증과 약속의 내용을 먼저 정리한다.

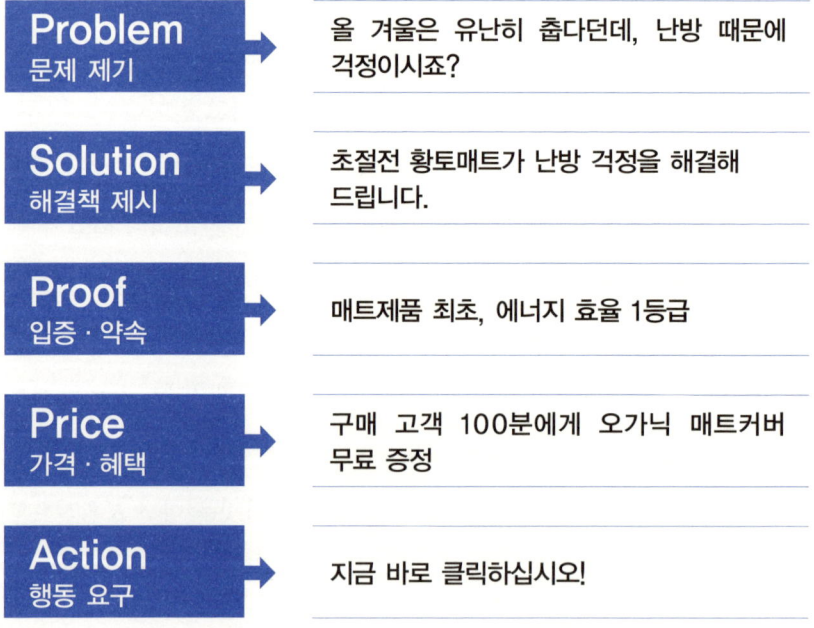

3) 내용 확장

한 줄로 요약된 내용을 구체적으로 풀어 쓰고 상세한 사항을 추가한다.

올 겨울은 유난히 춥다면네, 난방 때문에 걱정이시죠? (문제 제기)

'올 겨울이 유난히 춥다'는 내용을 확인시켜주기 위해 일기예보와 관련된 내용이 들어갈 수 있을 것이다. 세계 기후 예측도 관련 자료가 된다. 지구 온난화 문제도 겨울 추위와 깊은 관련이 있다.

기상청 자료에 따르면 최근 10년간 겨울의 평균 기온이 그전 10년에 비해 3도 정도가 낮아졌다고 합니다. 지구 온난화의 영향으로 봄, 가을이 짧아지고 여름과 겨울은 길어져서 여름은 더욱 더워지고 겨울은 더욱 추워지는 이상 기후가 계속되고 있습니다.

그런데 뭐니 뭐니 해도 난방 걱정 중 가장 큰 걱정은 전기료이다. 난로나 매트를 샀는데 따뜻하지도 않고 미지근할까 봐 걱정할 일은 사실 없을 것이다. 어느 정도의 전기가 소모되는지가 난방 제품에서는 가장 중요한 조건이다. 이 부분에서 전기담요, 전기난로, 전기장판으로 전기료 폭탄을 맞은 사연 등의 사례를 소개해주면 좋다.

겨울이 길어지고 더 추워지면서 서민들이 느끼는 가장 큰 문제는 역시 전기료입니다. 이번 겨울에는 전기료가 또 인상됐습니다. 제가 아는 분은 아무 생각 없이 원적외선 난로를 샀다가 한 달 전기료가 100만 원이 나온 적이 있었다고 합니다. 한전 직원이 전기 검침하러 왔다가 쫓아와서는 집에서 무슨 기계 돌리냐고 묻더라는군요.

문제로 제기한 것에 대한 상세설명이 끝나면 첫 부분에서 제시한 문제점들에 대해 하나하나 구체적인 해결책을 제시한다. 즉, 제품이 고객의 문제를 어떻게 해결하는지에 대해 설명한다.

초절전 황토매트가 난방 걱정을 해결해드립니다.(해결책 제시)
황토매트는 황토의 원적외선이 열을 방사합니다. 그래서 같은 전기 용량으로 훨씬 더 많은 열을 발산할 수 있습니다. 온도 1도를 올리는 데 필요한 전기량이 전기난로의 ○분의 1, 전기장판의 ○분의 1에 불과합니다.
누진제를 감안해도 30평형 아파트에서 하루 5시간씩 한 달간 사용할 경우 추가되는 전기요금은 ○○○원에 불과합니다.

다음에는 해결책 부분에서 제시된 사항들을 입증하는 내용이다. 정부공인기관이나 연구기관의 에너지효율이나 난방효율 시험성적서 등을 제시하면 된다. 논문이 있으면 그 내용을 언급해도 좋다.

매트제품 최초, 에너지 효율 1등급(입증·약속)
○○황토매트는 매트제품 최초로 에너지관리공단에서 실시하는 에너지 효율등급 검사에서 1등급을 차지했습니다. 황토매트가 소속되는 ○○분야의 1등급 기준은 ○○○○로서 ○○황토매트는 그 기준을 충족시켜 1등급 인증을 받았습니다.

그러나 가장 강력한 입증 수단은 사례이다. 앞에서 예를 든 전기요금의 경우 실제 ○○평 아파트에서 생활하는 고객의 전기요금 영수증을 제시할 수 있다면 공신력 있는 기관의 시험성적서보다 더 높은 신뢰를 얻을 수 있다.

○○○ 씨는 작년 겨울 부모님께 ○○황토매트를 선물했습니다. 연로하신 부모님이 좀 더 건강하게 겨울을 보내시게 하기 위해서였습니다. 그러나 연금으로 생활하시는 부모님은 전기료 걱정이 이만저만이 아니었습니다. 하지만 최근 10년 동안 가장 혹독한 추위를 기록했던 작년 겨울을 ○○황토매트 덕에 더없이 따뜻하게 보내고도 부모님 댁의 전기료는 큰 차이가 없었습니다.(고지서 혹은 영수증 첨부)

약속은 또한 과학적 근거나 공식적인 자료 혹은 사례를 제시하는 것과는 별도로 판매자가 어떤 보장을 하는 것이다. 만족하지 않으면 100% 환불한다거나 판매자의 말이 사실이 아니면 10배로 보상하겠다든가 하는 약속을 한다면 품질에 그만큼 자신이 있다는 뜻이고 그런 자신감으로써 품질을 입증하는 것이다.

입증과 약속의 단계를 마치면 구매에서 가장 중요한 정보인 가격을 표시한다. 동종의 다른 제품과의 가격비교도 좋다. 또한 복수로 구매할 경우 할인을 하거나 사은품을 제공하는 전략을 세워서 제시해도 좋다.

혜택은 할인이나 사은품을 제공하는 것을 말한다. 그리고 수량이나 기간을 한정해서 판매하는 것도 혜택에 속하며 이벤트와 같은 특별한 기회를 제공하는 것도 특혜에 포함된다.
 제품에 따라 가격을 표시하기 어려운 경우가 있다. 그런 경우는 특히 혜택에 해당하는 전략을 세워서 제시해야 한다.

구매 고객 100분에게 오가닉 매트 커버 무료 증정(가격 · 혜택)
오늘(○○일)부터 구매하시는 고객들께는 황토매트의 안락함을 더해주는 오가닉 매트커버(○○○○원)를 무료로 드립니다. 오가닉 매트커버는 유기농 원단으로 만들어져서 갓난아기의 피부에도 안전합니다.

 가격과 혜택을 제시하는 것은 구매 의향을 구매 결심으로 굳히는 역할을 한다. 필요성이나 해결책을 제시하는 단계에서는 고객의 자세가 관찰자에 머물러 있지만 가격과 혜택을 제시하면 고객이 글을 읽게 된 원래의 목적인 구매에 대한 인식이 분명해진다. 이에 따라 구매의사가 강한 경우에는 구매 결심으로 굳어지게 되고 구매의사가 강하지 않은 경우라도 구매 여부에 대해 진지하게 생각하게 된다.
 혜택을 제공하면 구매의사가 확고하지 않은 경우라도 구매에 대해 호의적인 자세로 유도할 수 있다. 구매의사가 강한 경우에는 구매 결심을 촉진하는 역할을 한다. 사람들은 본질적인 이유에는 잘 움직이지 않다가 비본질적인 이유에 의해 중요한 결정을 하는 경우가 많다. 문제나 필요성, 그리고 가격은 구매행위에 있어서 본질적인 부분이고 혜택은 비본질적인 부분이다. 본질적인 부분에 의해서 높은 호감을 가지게 되었어도 선뜻 결심이 서지 않다가도 혜택이라는 비본질적인 부분에 의해 결심이 굳어지게 된다.

지금 바로 클릭하십시오! (행동 요구)

세일즈 카피에 있어서 행동 요구는 매우 중요하다. 제품 설명을 열심히 해놓고 정작 "지금 구매하세요"라든가 "클릭하세요"라는 말을 왠지 너무 노골적인 것 같고 지나치게 상업적인 것 같은 느낌이 든다는 이유로 쓰지 않는 경우가 많기 때문이다.

그러나 구매를 위한 구체적인 행동을 제시하지 않을 경우 고객은 구매 의향을 행동으로 옮기지 않을 가능성이 높다. 구매 결심을 매우 확고하게 굳힌 경우라도 구매 방법에 대한 안내가 없다면 구매를 미룰 수 있다. 반대로 구매 결심이 확고하지 않은 상태라고 해도 행동에 대한 구체적인 안내와 요구가 있다면 고객은 행동에 옮길 가능성이 높아진다.

지금까지 내용 확장을 통해 완성된 세일즈 카피를 정리해보면 다음과 같다.

> **올 겨울은 유난히 춥다던데, 난방 때문에 걱정이시죠?**
> 기상청 자료에 따르면 최근 10년간 겨울의 평균 기온이 그전 10년에 비해 3도 정도가 낮아졌다고 합니다. 지구 온난화의 영향으로 봄, 가을이 짧아지고 여름과 겨울은 길어져서 여름은 더욱 더워지고 겨울은 더욱 추워지는 이상기후가 계속되고 있습니다.

겨울이 길어지고 더 추워지면서 서민들의 가장 큰 문제는 역시 전기료입니다. 이번 겨울에는 전기료가 또 인상됐습니다.
제가 아는 분은 아무 생각 없이 원적외선 난로를 샀다가 한 달 전기료가 100만 원이 나온 적이 있었다고 합니다. 한전 직원이 전기 검침하러 왔다가 쫓아와서는 집에서 무슨 기계 돌리냐고 묻더라는군요.

초절전 황토매트가 난방 걱정을 해결해드립니다.

황토매트는 황토의 원적외선이 열을 방사합니다. 그래서 같은 전기 용량으로 훨씬 더 많은 열을 발산할 수 있습니다. 온도 1도를 올리는 데 필요한 전기량이 전기난로의 ○분의 1, 전기장판의 ○분의 1에 불과합니다.
누진제를 감안해도 30평형 아파트에서 하루 5시간씩 한 달간 사용할 경우 추가되는 전기요금은 ○○○원 정도입니다.

매트제품 최초, 에너지 효율 1등급

○○황토매트는 매트제품 최초로 에너지관리공단에서 실시하는 에너지 효율등급 검사에서 1등급을 차지했습니다. 황토매트가 소속되는 ○○분야의 1등급 기준은 ○○○○로서 ○○황토매트는 그 기준을 충족시켜 1등급 인증을 받았습니다.
○○○ 씨는 작년 겨울 부모님께 ○○황토매트를 선물했습니다. 연로하신 부모님이 좀 더 건강하게 겨울을 보내시게 하기 위해

서였습니다. 그러나 연금으로 생활하시는 부모님은 전기료 걱정이 이만저만이 아니었습니다. 하지만 최근 10년 동안 가장 혹독한 추위를 기록했던 작년 겨울을 ○○황토매트 덕에 더없이 따뜻하게 보내고도 부모님 댁의 전기료는 큰 차이가 없었습니다.

구매 고객 100분에게 오가닉 매트커버 무료 증정

오늘(○○일)부터 구매하시는 고객들께는 황토매트의 안락함을 더해주는 오가닉 매트커버(○○○○원)를 무료로 드립니다. 오가닉 매트커버는 유기농 원단으로 만들어져서 갓난아기의 피부에도 안전합니다.

지금 바로 클릭하십시오!

4. 내용 확장으로 글 완성하기

글쓰기의 어려움은 무엇을 어떤 순서로 써야 하나라는 문제와, 어떻게 써야 하나의 문제로 크게 나눠진다. 패턴은 이 둘 중에서 무엇을 어떤 순서로 써야 하나라는 문제를 해결해준다. 한 줄로 요약된 내용을 구체적으로 풀어 쓰고 상세한 사항을 추가하는 것은 실제로 우리가 글을 쓴다고 할 때 얘기하는 그 글쓰기의 단계이다. 이 내용 확장의 단계에서 어떻게 써야 하나의 문제에 부딪치게 된다.

글쓰기의 어려움을 얘기할 때 "한두 줄 써놓고 나면 더 쓸 게 없어요"라고 호소하는 경우가 가장 많다. 이것은 쓰고 싶은 주제 혹은 써야 할 주제와 대체적인 내용은 한 줄 요약의 형태로 나왔는데 그 다음 과정인 내용 확장에 어려움을 겪는 경우다. 한 줄 요약을 풀어서 내용을 확장하기 위한 방법은 네 가지가 있다.

남해안의 양식한 멍게(우렁쉥이)를 주문에 따라 수확하자마자 당일로 배송하는 업체가 있다. 이 업체를 예로 들어 내용 확장의 경로를 알아보자. 여기서는 〈문제 제기〉, 〈해결책 제시〉, 〈입증·약속〉의 세 단계만 살펴보기로 한다.

• 고객

싱싱한 멍게를 먹고 싶은 고객

• 한 줄 요약

〈문제 제기〉
- 갓 잡은 멍게를 먹어본 적이 있는데 그 맛을 못 잊으신다면

〈해결책 제시〉
- 오늘 갓 잡은 싱싱한 멍게를 당일에 배송해드립니다.

〈입증·약속〉
- 수확에서 배송까지 모든 과정을 스마트폰으로 찍어 실시간으로 전송합니다.

• 내용 확장

　싱싱한 멍게를 찾는 고객을 타깃으로 잡았는데 사실 타깃이라고 하기 어려운 측면이 있다. 멍게를 찾는 고객이 싱싱한 것을 찾

는 것은 너무나 당연한 일이기 때문이다. 그러나 이 멍게는 시장에서 파는 것이 아니라 양식지에서 곧바로 배송하는 것을 특징으로 하고 있다. 따라서 '싱싱한 멍게를 찾는 고객'이란 그냥 시장에서 쉽게 살 수 있는 것이 아니라 싱싱함이 확실하게 보장되는 '특별히 싱싱한 멍게'를 찾는 고객으로 생각할 수 있다.

대형마트나 재래시장, 그리고 조금 더 부지런을 떨면 수산시장에서도 어렵지 않게 살 수 있는 멍게에 만족하지 못하고 굳이 유별나게 싱싱한 멍게를 찾는 고객이라면 남다른 이유가 있을 것이다. 우선 생각할 수 있는 건 예전에 정말 싱싱한 멍게를 먹어봐서 그 신선한 맛을 다시 경험하고 싶은 고객이다. 또는 신선하지 않은 멍게를 먹고 탈이 났거나 불쾌했던 경험이 있는 고객도 있을 수 있다. 여기서는 신선한 멍게의 맛을 잊지 못하는 고객을 타깃으로 하여 생각해보자.

예전에 정말 싱싱한 멍게를 먹어봐서 그 신선한 맛을 잊지 못하는 경험은 어떤 것일까? 참고로 나는 기자 시절 통영 바다를 취재하다가 우연히 멍게 양식장에서 갓 건져 올린 멍게를 그 자리에서 먹어본 적이 있다. 그것은 멍게라고 할 수 없었다. 상큼한 향취가 순간적으로 입 안을 가득 채우는, 그때까지 내가 알고 있던 멍게와는 전혀 다른 신비의 생물체였다. 정말 지금도 그 맛을 잊지 못한다. 그러나 이것은 너무나 특별하고 개별적인 경험이므로 세일즈 카피에 쓰기에는 적당하지 않다. 일반적으로는 제주도만 가도 해변에서 갓 잡은 멍게의 싱싱한 맛을 경험할 수 있다. **(상황 설정)**

해변에서 갓 잡은 싱싱한 멍게의 맛, 지금도 잊지 못하시죠?
제주도 신혼여행이나 남해안 휴가 때 해녀가 갓 잡아 올린 멍게를 먹어보신 분은 그 신선한 맛을 평생 잊지 못합니다. 한 조각 넘자마자 입안으로 확 번지는 멍게의 신선한 향취, 혀처럼 녹아드는 부드럽고도 쫄깃한 육질!

단순히 '싱싱한 멍게를 먹고 싶다'는 바람을 고객이 겪고 있는 문제라고 할 수 없다. 문제는 그 맛을 느끼기 위해 다시 제주도나 남해안으로 갈 수 없다는 점이다.

그러나 해변에서 맛보던 그 신선한 멍게를 가정에서 다시 맛보기란 여간 어려운 일이 아닙니다. 양식장에서 수확한 멍게가 수산시장이나 마트까지 유통되는 데는 적어도 하루나 이틀이 걸립니다. 갓 들어온 멍게를 구입할 수 있다면 그나마 다행이겠지만, 겉으로만 봐서는 오늘 들어온 것인지, 어제 들어온 것인지, 아니면 며칠 동안 박스에 담겨져 있던 것인지 알 수가 없습니다.

제주도나 남해안으로 다시 가지는 못하지만 그래도 시장에서 파는 것은 싫고 굳이 특별한 멍게를 찾는 것에 대해서도 이유를 찾아 설명해야 한다. 그래야 '특별한 멍게'의 욕구가 더 소중해지기 때문이다. 그래서 시장이나 마트에서 파는 멍게의 걱정스러운 점들을 찾아 열거했다. **(상세 설명)**

> 신선한 멍게를 맛보기 위해 굳이 제주도로, 남해안으로 직접 가실 필요는 없습니다.
> 경남 통영시 ○○ 해변에 있는 ○○양식장에서 오늘 아침 갓 잡은 멍게를 당일에 배송해드립니다. 동녘이 어슴푸레 밝아오는 새벽, 바다에서 갓 잡아 올린 멍게를 그 자리에서 깨끗하게 손질하고 포장해서 그 신선한 향취를 그대로 담아 그날로 배송해드립니다. 당일 배송해드리는 저희의 멍게는 바닷가 바위 위에 걸터앉아 행복 가득한 표정으로 맛보던 바로 그 맛입니다.

'경남 통영시 ○○ 해변에 있는 ○○양식장에서 오늘 아침 갓 잡은 멍게를 당일에 배송' 한다는 것은 단순한 사실 제시이다. 여기에 '싱싱한 느낌'을 주기 위해 '새벽'이라는 시점을 부여했다. 사실 멍게 수확을 새벽에만 하는 것은 아니다. 그리고 현장감을 주기 위해 갓 잡아 올려서 포장하기까지의 과정을 (간략하나마) 서술했다. 〈내용 확장〉과는 다른 주제이지만 '현장감'은 세일즈 카피에서 매우 중요한 요소다. 어부가 바다에서 밧줄을 끌어올려 멍게를 건져 올리고 거기에서 하나씩 떼어낸 멍게를 씻고 손질하는 모습이 머릿속에 그려지면 고객의 구매 욕구가 극적으로 커지게 된다. 시장에서 파는 멍게는 그냥 멍게다. 그러나 어부가 건져 올려서 떼어내고 손질해서 포장하는 과정이 동영상처럼 떠오르는 멍게는 그냥 멍게와는 다른 '특별한 멍게'가 된다.

내용 확장의 사례를 하나 더 살펴보자. 이번 제품은 건강식품인 발효 현미버섯으로, 타깃 고객은 부정맥을 앓고 있는 환자로 설정했다.

• 고객

특정한 주기 없이 심장소리가 들려오는 부정맥을 앓고 있고, 부정맥을 치료하기 위해 좋다는 약은 다 찾아먹고 좋다는 병원은 다 가봤지만 호전되지 않은, 가정이 있는 40대 남성

• 내용 요약

〈문제 제기〉

- 언제 들려올지 모르는 심장소리와 고통, 부정맥 증상에 대한 두려움
- 부정맥 때문에 술이나 커피 등을 마음 놓고 마시지 못하는 불편함
- 아이들과 같이 운동하고 싶어도 부정맥 때문에 마음껏 놀아주지 못하는 불편함
- 광고 글이 아닌 부정맥이 개선되는 데 진짜 도움이 되는 자료와 방법에 대한 구분이 어려운 불안함
- 언제 갑작스럽게 부정맥이 심해져 죽을지도 모른다는 두려움
- 내 몸을 수술이나 기계, 약물에 의존해야 한다는 불편함과 두려움

〈해결책 제시〉

- 발효현미버섯이 심장박동에 영향을 미치는 심장근육의 신경세포와 심장혈관의 상태를 호전시킴
- 식사 때 한 숟가락 발효현미버섯을 먹는 것으로 호전
- 풍부한 영양섭취를 통해 지치지 않고 에너지가 더욱 넘치는 상태가 됨

혈중 콜레스테롤이나 독소 등을 제거하여 혈액을 맑게 만들어 심장혈관의 순환을 정상화함

〈입증 · 약속〉
- 국가기관의 혈액 정화효과 인증
- 주요 성분인 베타글루칸의 효능 연구자료
- 40대 남성분의 부정맥 치료 사례

• 내용 확장

이 경우는 한 줄 요약의 단계를 생략하고 곧바로 상세 내용으로 기초적인 구상이 준비됐다. 한 줄 요약 후 내용 확장을 한다는 것은 그런 과정을 거치는 것이 편하기 때문에 권하는 것이지 반드시 그렇게 해야 하는 것은 아니다. 실제로 한 줄로 요약하는 것이 더 어려울 정도로 구상 단계에서부터 구체적인 내용이 떠오르는 경우도 많다. 그럴 때는 굳이 한 줄 요약 과정을 거칠 필요가 없다.

이 글은 구상 단계에서 설정된 상황들을 사례 제시 형태로 바꾸어 서술했다.(상황 설정 · 사례 제시)

그런데 내용이 다양해서 두 명의 사례로 만들어 카피를 작성했다. 해결책 이후의 부분은 구상 단계에서 제시된 내용을 단순하게 엮는 것만으로 충분한 글이 완성될 수 있으므로 여기서는 문제 제기 부분만 함께 살펴보기로 한다. 문제 제기의 내용 요약 부분을

다시 옮겨보자.

- 언제 들려올지 모르는 심장소리와 고통, 부정맥 증상에 대한 두려움
- 부정맥 때문에 술이나 커피 등을 마음 놓고 마시지 못하는 불편함
- 아이들과 같이 운동하고 싶어도 부정맥 때문에 마음껏 놀아주지 못하는 불편함
- 광고 글이 아닌 부정맥이 개선되는 데 진짜 도움이 되는 자료와 방법에 대한 구분이 어려운 불안함
- 언제 갑작스럽게 부정맥이 심해져 죽을지도 모른다는 두려움
- 내 몸을 수술이나 기계, 약물에 의존해야 한다는 불편함과 두려움

    내용이 구체적이기도 하지만 부정맥을 앓고 있는 고객의 상황이 잘 설명되어 있다. 문제 제기는 고객이 겪고 있는 어려움이나 불편함, 해결하고자 하는 과제를 제시하는 것이다. 이때 중요한 것은 문제의 내용을 단순하게 제시하는 것이 아니라 문제 때문에 고객이 겪고 있는 상황을 눈에 보이듯이 묘사하는 것이 중요하다.

    이 요약 내용에서는 고객의 상황이 매우 구체적이고 현실감 있게 설명되어 있다. '특정한 주기 없이 심장소리가 들려온다'는 부분에서 '심장 소리가 들린다'는 것은 부정맥 환자만이 겪는 독특한 상황이다. '부정맥을

치료하기 위해 좋다는 약은 다 찾아먹고 좋다는 병원은 다 가봤지만 호전되지 않은' 이란 부분도 건강식품의 잠재고객들이 흔히 겪는, 가장 짜증나는 상황이다. 이 내용을 모아서 카피를 작성하면 아래와 같다.

> 언제나 심장소리를 느끼는 김○○ 씨
> 건강하신 분들은 가슴에 손을 대거나 일부러 의식하지 않는다면 심장소리를 느끼지 못합니다.
> 그러나 김○○ 씨(45)는 늘 심장 소리에 신경을 곤두세웁니다.
> 심장이 때로는 급하게 뛰었다가 또 갑자기 느려지기도 하는 부정맥 증상을 겪고 있기 때문입니다.
> 심장이 급하게 뛸 때는 시도 때도 없이 두근거리는 가슴에 가쁜 숨을 몰아쉽니다. 그러다 심장 박동이 갑자기 느려지면 이러다 무슨 일이 생기는 것 아닌가 하는 불안에 일손을 잡을 수 없습니다.
> 좋다는 약은 다 먹어보고 좋다는 병원은 다 다녀봤지만 부정맥 증상이 호전될 기미는 전혀 보이지 않습니다. 인터넷에는 부정맥에 대한 정보가 넘쳐나지만 정말 도움이 되는 자료와 광고를 분간할 수 없어 그저 혼란스럽기만 합니다.

'아이들과 같이 운동하고 싶어도 부정맥 때문에 마음껏 놀아주지 못하는 불편함' 은 특히 훌륭한 내용이다. 질병을 앓고 있는 고객의 불편함을 설명할 때 흔히 증상을 주로 얘기하게 된다. 그러나 증상 자체보다는 그 증상 때문에 발생하는 또 다른 상황이 더욱 중요하다. 부정맥 때문에 운동이 자유롭지 못한 것은 1차적인 상황이고 그것으로 인해 발생하는 2차적인 상황은 아이들과 마음껏 놀아주지 못하는 불편함이다. 그것은 한창 뛰어노는 아이를 가진 40대 남성이 좋은 아빠가 되어주지 못한다는 자괴심을 갖게 한다. 개인적인 고통이 사회적 관계로까지 확장되는 것이다. 건강에 문제가 있는 고객은 그 증상 자체도 중요하지만 그것으로 인해 파생되는 생활의 문제가 더 크고 무겁게 느껴진다.

'술이나 커피를 마음 놓고 마시지 못하는 불편함'은 아래와 같은 경로로 내용을 확장했다.

술이나 커피를 마음 놓고 마시지 못한다→ 왜?→ 알코올과 카페인은 부정맥에 가장 치명적인 물질이기 때문이다 → 그래서? → 친구와의 술자리도, 직장 동료와의 커피 한 잔도 마음 편하게 즐기지 못했다

'언제 갑작스럽게 부정맥이 심해져 죽을지도 모른다는 두려움'이라는 부분은 너무 부정적인 내용이라서 본문에서는 언급하지 않았고, '내 몸을 수술이나 기계, 약물에 의존해야 한다는 불편함과 두려움'을 포인트로 해서 아래와 같이 확장시켰다.

활력이 넘쳐야 할 40대 → 그런데? → 내 몸을 수술이나 기계, 약물에 의존해야 한다는 불편함과 두려움 → 그래서? → 박 씨는 행복하지 않다 → 그래서? → 박 씨에게 활력과 행복을 되찾아주고 싶다 → (해결책 제시로 넘어감)

좋은 아빠가 되어주고 싶은 박○○ 씨

부정맥 증상을 앓고 있는 박○○ 씨(42)는 좋은 아빠가 되어주지 못하는 것이 늘 미안합니다. 심장 박동이 어떻게 될지 모르는 불안감에 개구쟁이 두 아들과 마음껏 놀아줄 수 없기 때문입니다.

박○○ 씨는 친구와의 술자리도, 직장 동료와의 커피 한 잔도 마음 편하게 즐기지 못합니다. 알코올과 카페인은 부정맥에 가장 치명적인 물질이기 때문입니다.

활력이 넘쳐야 할 40대, 그러나 자칫하면 내 몸을 수술이나 기계, 약물에 의존하게 될지도 모른다는 두려움으로 박○○ 씨는 전혀 행복하지 않습니다.

박○○ 씨에게 활력과 행복을 되찾아줄 방법은 없을까요?

5. 세일즈 카피의 다른 패턴들

1) 기본패턴의 변형 모델

① PAS 모델

　PS 패턴의 Problem과 Solution 사이에 Agitation를 삽입한 모델이다. 가격 정보와 구매 행동 유도의 내용이 빠져 있어서 완전한 모델이라고 할 수는 없지만 문제점Problem을 지적한 다음 문제에 대한 인식을 더욱 깊게 하는 과정Agitation을 거쳐 해결책Solution을 제시하면 구매의사가 확고해진다는 시각을 담은 소 모델이라고 할 수 있다.

　Agitation은 마음을 흔든다 혹은 (아픈 곳을) 살살 긁는다는 뜻으로 필요성을 느끼는 고객에게는 그 필요성을 더욱 절실하게 느끼게 하고 불편함이나 두려움을 느끼는 고객에게는 그 느낌을 더욱 가혹하게 만드는 것을 말한다. 고객이 느끼고 있는 필요성, 불편함, 두려움의 정도가 5라면 그것이 10쯤 되는 상황이나 사례를 제시하여, 고객으로 하여금 상황이 더

악화되거나 심화되기 전에 빨리 구매를 통해 문제를 해결해야겠다는 심리를 갖게 한다.

또한 지금 구매하지 않았을 때 일어날 상황을 설명하여 고객으로 하여금 시급하게 구매를 해야 할 새로운 필요성을 깨닫게 한다.

- 기미는 피부병입니다. 지금 치료를 받지 않으면 돌이킬 수 없을 만큼 악화될 수도 있습니다.
- 지금 망설이면 3년 안에 5억 원을 벌 수 있는 기회를 놓치고 맙니다.
- 초등학교 4학년. 지금 공부하는 습관을 들이지 않으면 중학교, 고등학교에 가서 후회해도 소용없습니다.

② PASoNA 모델

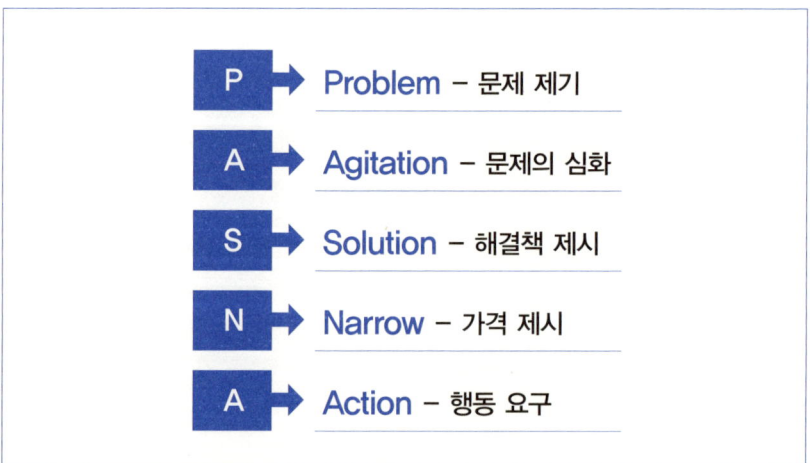

일본에서 특히 많이 사용되고 있는 패턴으로 내용상 기본 모델과 동일하고 PAS 모델에 Narrow와 Action이 붙은 것이 PASoNA 모델이다. Narrow는 기본 모델의 가격·혜택 부분 혹은 제품의 구체적인 내용에 해당한다. 특별한 연관성이 없는 좁은이라는 뜻의 Narrow가 사용된 것을 보면 일본의 유명 전자업체인 PASONA라는 브랜드를 원용하여 기억하기 쉽게 만든 것으로 추측된다.

2) QUEST 모델

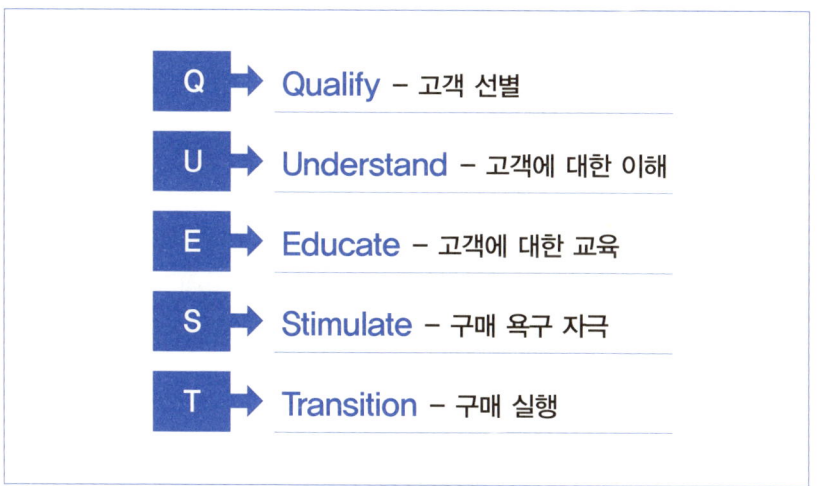

사실상의 내용은 기본 모델과 유사하지만 첫머리에 고객의 구분을 명확하게 제시하는 것과 고객에 대한 교육Education의 취지를 강조한 것이 특징이다.

- **Qualify – 고객 선별**

　Qualify는 자격을 부여한다는 의미이지만 이 경우 고객을 (어떤 자격에 따라) 분류한다는 뜻으로 사용된다. 즉, 카피의 대상으로 하는 고객층과 부류를 먼저 제시하는 것이다. 이것은 관련 고객의 관심을 처음부터 강력하게 집중시킬 수 있는 효과가 있다. 아울러 불필요한 고객이나 크게 도움이 되지 않는 고객을 사전에 배제하는 효과도 누릴 수 있다.

- ○○○을 찾는 분은 이 글을 꼭 읽어주십시오.
- 두 자녀를 가진 40대 가장을 위한 5년 안에 내 집 마련 플랜
- 아래 질문에 3개 이상 YES에 해당하신다면 이 제품이 꼭 필요합니다.

　이와 같은 형태로 타깃으로 하고 있는 고객군을 특정하여 이들이 가진 필요성과 목표를 분명하게 제시한다. 이 방식은 타깃이 되는 고객의 입장에서는 앞으로 제시될 제품 및 서비스에 대한 안내가 자신을 위한 것이라는 기대를 갖게 하고 마케터의 입장에서도 수용 가능성이 더욱 높은 구체적이고 현실적인 제안을 할 수 있게 한다.

- **Understand – 고객에 대한 이해**

　기본 모델의 〈문제 제기〉 부분에 해당한다. 그러나 특정된 고객군을 마케터가 얼마나 깊이 잘 이해하고 있는지에 대해 더욱 강조하여 서술한다. 고객이 처한 상황과 구매의 목적에 대해 자세히 알고 있고 그것에 깊이 공감하고 있다는 점을 설명한다.

그러면 고객은 누군가로부터 인정받고 이해받고 있다는 안도감과 함께 판매자에 대해 정서적인 동질감과 친밀감을 느끼게 된다. 이러한 감정은 앞으로 제시될 제품과 서비스에 대한 제안이 사신에 대한 이해와 공감을 바탕으로 한 것이라는 신뢰를 가지게 한다.

글을 쓰는 마케터 역시 고객에게 제안하려는 내용이 고객의 필요에 대한 철저한 분석과 이해를 토대로 하고 있다는 점을 부각할 수 있도록 고객의 상황에 대한 집중적이고 체계적인 관찰과 파악이 먼저 이루어져야 한다.

또한 판매자, 공급자이기 이전에 소비자로서의 경험을 함께 공유하고 제안하고자 하는 제품과 서비스가 이러한 소비자로서의 경험과 관점을 바탕으로 한 것이라는 점을 강조한다.

- Educate – 고객에 대한 교육

기본 모델의 〈해결책 제시〉에 해당하지만 해결책에 대한 정보를 전달하는 차원을 넘어서서 고객이 자신의 필요를 충족시키고 해소하는 방법론으로서의 해결책을 고객에게 충실히 이해시키고 교육시킨다는 측면을 더욱 강화하여 서술한다.

일반적으로 제품들은 여러 목적을 만족시킬 수 있는 다양한 효용을 가지고 있다. 고객은 그중 일부에 해당하는 특정한 목적을 위해 제품을 구매한다. 제품을 알아보는 단계에서 고객은 자신이 필요로 하는 부분 이외에는 크게 관심을 기울이지 않지만 제품의 또 다른 효과와 효용을 알게 될 경우 구매의사는 더욱 강화된다.

또한 단순한 제품 정보를 넘어 올바른 구매 방법과 관련 정보와 함께 구매 이후에 제품의 활용도를 극대화하기 위한 자세한 안내도 병행한다. 고객이 원래 의도했던 제품의 효용 이외에 더욱 다양하면서도 차원 높은 가치를 인식하고 경험을 통해 확인할 수 있다면 제품의 구매 이후의 만족도가 극대화되어 고객의 충성도가 높아진다.

제품 관련 정보도 일방적으로 필요한 사항을 전달하는 것보다는 제품의 품질과 신뢰도를 확인하기 위한 조건과 기준을 알려주고 이에 부합하는 사항을 제시하는 방식으로 서술한다. 즉, 예를 들어 어떤 식품에 있어서 주요 성분의 필요 함량이 100mg 이상이라고 한다면 왜 100mg이 기준으로 정해진 것인지, 100mg의 함량이 어떤 의미를 가지는지부터 얘기한 다음, 해당 제품의 함량을 소개하는 방식이다.

따라서 Understand와 Educate의 단계를 충실히 서술하기 위해서는 고객과 제품에 대해서 매우 깊은 연구가 반드시 전제되어야 한다.

- Stimulate - 구매 욕구 자극

Q, U, E가 제품 판매의 설득을 위한 기초 단계였다면 Stimulate은 본격적인 판매 단계라고 할 수 있다. 이전 단계에서 이루어진 대화와 정보 전달을 통해 이미 구매의사가 구체화된 상태에서 구매결심을 더욱 굳힐 수 있도록 자극하는 단계이다.

가격 정보와 함께 특별 할인이나, 특별 사은품 제공, 수량 또는 기간 제한, 파격적인 보증 등의 제안이 이 단계에서 이루어진다. 이전 단계에서 사야 되는 이유에 대해 설명했다면 이 단계에서는 안 사면 안 되는 이유, 그리고 지금 바로 사야 되는 이유를 제시한다.

즉, 기본적인 효용을 얻기 위한 구매는 언제든지 할 수 있지만 지금 바로 구매하면 얻을 수 있는 혜택과 이익을 제시하여 구매를 다음 기회로 미루지 않고 곧바로 실행에 옮길 수 있도록 자극한다. 또한 고객이 원하는 기본적인 효용은 타사의 제품을 통해서 얻을 수 있다고 해도 우리 제품을 구매해야 얻을 수 있는 특별한 가치를 제시하여 같은 종류의 다른 제품으로 이동하는 것을 차단하고 더 이상의 망설임이나 고민 없이 우리 제품을 선택할 수 있는 근거를 제시한다.

경우에 따라서는 Educate 단계에서 제품의 특성에 대해 집중적으로 설명한 다음, Stimulate 단계에서 제품 구매로 얻을 수 있는 고객의 이익을 강조하여 설명할 수도 있다.

- **Transition - 구매 실행**

Transition은 기본 패턴의 Action과 동일하다. 구매결심을 굳힌 고객이 불편함 없이 그 결심을 즉시 실행할 수 있도록 구매를 위한 장치와 편의를 제공하고 구체적이고 실질적인 구매 방법을 제시한다.

1. 고객에게 보내는 러브레터

❖ **고객으로부터 사랑받는 방법**

마케팅과 사랑은 여러 면에서 닮아 있다. 사랑은 한 사람을 향한 것이고 마케팅은 여러 사람들을 대상으로 한다는 점만 다르다. 여러 사람들을 대상으로 한다고 해서 길에서 부딪히는 모든 사람들을 상대로 마케팅을 펼치지는 않는다. 마케팅은 검색을 통해서든 추천을 통해서든 최소한 판매자의 제품과 서비스에 관심을 가지고 있는 고객을 대상으로 하게 된다.

고객과 판매자의 첫 만남은 서로에 대해 어느 정도 관심을 가지고 있는 썸남썸녀의 만남과 같다. 고객은 판매자를 관심 있게 지켜보려 하고 판매자는 고객의 사랑을 얻고 싶어 한다. 첫 만남의 순간부터 내가 얼마나 잘난 사람인지를 떠들어대는 사람은 없다. 직장은 어디며, 연봉은 얼마고, 재산은 얼마나 되며, 학벌은 어떻고, 집안은 얼마나 대단한지 장황하게 늘어놓지 않는다. 그런 사람이 실제로 있을지도 모르겠다. 만약 그렇다면 백이면 백 모두 퇴짜를 맞을 수밖에 없을 것이다.

남자든 여자든 마찬가지지만 편의상 고객을 여성으로, 판매자를 남성으로 생각하자. 그녀에 대한 호감과 그녀로부터 사랑받고 싶은 바람이 크면 클수록 남성이 궁금해 하는 것은 어떻게 하면 그녀를 기쁘고 즐겁게 해주고 감동시킬 수 있을 것인가이다. 그래서 내 자랑을 늘어놓기 전에 그녀가 무엇을 좋아하고, 무엇을 즐기며, 무엇을 바라고, 무엇을 아쉬

위하는지를 먼저 물어보게 된다. 그런 연후에 나의 어떤 면이, 어떤 능력이 그녀를 기쁘게 해주고, 그녀가 바라는 것을 이루어주고, 그녀가 아쉬워하는 것을 만족시켜줄 수 있는지를 얘기한다.

남자에게 맹렬한 구애를 받고 있는 여성의 입장에서도 생각해보자. 그녀는 좋은 사람을 만나서 뿌듯한 사랑을 나누고 싶다. 한 사람은 내가 뭘 좋아하는지, 무엇을 바라는지 세심하게 챙기고, 내게 무엇을 해줄 수 있는지를 고민한다. 또 다른 사람은 그런 것에는 도통 관심이 없고 자기가 얼마나 잘난 사람인지만 침을 튀겨가며 장광설을 늘어놓는다. 어떤 사람은 내가 이탈리아 음식을 좋아한다는 말에 마침 잘 아는 선배가 유명한 이탈리안 레스토랑의 셰프라며 기뻐하고, 또 어떤 사람은 나한테 묻지도 않고 만날 설렁탕집만 끌고 다니며 설렁탕이 얼마나 훌륭한 전통 음식인지만 가르치려 든다. 무슨 얘기를 하던 잘 들어주고 나 몰래 뒷조사를 했나 의심이 갈 정도로 내 마음을 잘 읽어주는 사람이 있는가 하면, 만날 자다 봉창 두들기는 소리만 해서 사람 속 터지게 하더니 어렵사리 내가 바라는 걸 얘기하면 "그런 거 좋아했어? 진작 얘기하지 그랬어"라며 염장을 지르는 사람도 있다. 여러분은 어떤 사람의 사랑을 받고 싶은가? 어떤 사람을 당신의 사랑으로 선택하고 싶은가?

그녀의 사랑을 얻으려면 그녀를 행복하게 해줘야 하고, 그녀를 행복하게 해주려면 그녀가 무엇을 바라는지부터 알아야 한다. 마케팅 메시지는 고객에게 사랑을 애원하는 러브레터. 고객의 사랑을 얻고 고객의 선택을 받으려면 그를 기쁘게 해야 하고, 만족스럽게 해야 하고, 기대하게 해야 한다. 그러기 위해서는 키보드 앞에 앉아 내 제품이 얼마나 훌륭한 제품인지, 내가 얼마나 실력 있는 판매자인지를 늘어놓기 전에 고객이 기뻐하고, 고객이 공감하고, 고객이 나에게 더 깊은 관심을 가지게 할 수 있는 말이 무엇인지부터 고민해야 한다.

그러나 현실은 그렇지 않다. 많은 판매자들이 고객에게 보내는 메일이나 블로그, SNS에 올리는 포스팅은 자신의 제품이나 서비스에 대해 침이 마르도록 열변을 토하는 글이 대부분이다. 어쩌면 그것은 당연한 일이다. 그들의 목표는 오로지 하나다. 자기 제품을 고객에게 소개해서 잘 이해시키고 구매로 연결시키는 것이다. 그래서 다짜고짜 제품 얘기부터 시작해서 제품 얘기로 끝난다.

❖ 고객이 첫 번째다

세일즈 카피의 기본 패턴은 고객이 가지고 있는 문제와 필요성을 가장 먼저 언급하라고 얘기하고 있다. 즉, 고객의 얘기를 제일 먼저 꺼내는 것이다. 무슨 대단한 전략이나 기법이 아니다. 대화의 기본 중의 기본일 뿐이다. 사람은 누구나 자기에게 관심을 가져주고, 자기를 잘 이해하며, 자기 얘기를 잘 들어주는 사람과 얘기를 하고 싶어 한다.

마케팅은 고객과의 소통을 통해 고객이 어떤 사람이고, 무엇이 필요하고, 또 어떻게 필요한지에 대해 파악하고, 고객의 그런 필요를 내가 어떻게 해결해줄 수 있으며, 고객이 생각하고 있는 필요를 넘어서는 이익으로 어떤 것을 드릴 수 있는지에 대해 얘기를 주고받는 과정이다. 그런 과정을 통해 고객의 뜻과 판매자의 뜻이 일치하면 고객은 구매를 통해 자신의 필요를 해결하고 판매자는 그 결과로 수익을 얻는다.

마케팅의 첫 걸음은 고객과의 대화가 이루어지게 하는 것이다. 고객과의 대화가 이루어지려면 우선 고객이 아쉬워하고, 고객이 불편해하고, 고객이 필요로 하는 것이 무엇인가부터 살피고, 이에 대해서 먼저 얘기를 꺼내야 한다.

고객의 문제와 필요성을 가장 먼저 얘기하는 것은 '이 글은 바로 고객님을 위해 쓴 글입니다'라는 선언과 같다. "고객님, 이런 게 필요하시죠?", "고객님, 이런 점이 아쉽고 불편하신가요?"라고 얘기하면, 고객은 '아, 내 얘기를 하는 것이구나' 하는 느낌을 갖게 된다. 그리고 '아니, 그런 세세한 문제까지 알고 있다니' 하는 고마움을 가지고 "맞아요, 그래요"라고 대답하며 판매자의 얘기에 집중하게 된다. 상대방이 자기에게 시선을 맞추고 자기가 겪고 있는 어려움에 대해 얘기를 해주는데 귀 기울이지 않을 사람은 없다.

마케팅에 대해 수단과 방법을 가리지 않고 제품을 팔아넘기는 행위로 생각하기 쉽다. 즉, 고객의 심리를 파악하고 그것을 이용하여 고객을 설득하고, 믿게 만들고, 때로는 현혹시켜서 제품을 팔아 수익을 남기는 행위로 생각하는 것이다.

고객들은 이러한 잘못된 접근방식에 시달려왔다. 제품을 판매하는 데만 눈이 멀어 오로지 자기 제품 자랑만 하는 판매자들을 지겹도록 많이 만나왔고 더 나아가 허위 과장 광고로 피해를 보는 일도 허다했다. 그래서 고객들은 마케팅 메시지를 접할 때 속지 않으려고 정신을 집중시키고 눈을 부릅뜬 채 판매자의 말이 맞는지 틀린지, 믿을 만한지 아닌지를 살펴보게 된다.

이렇게 어떤 사실을 하나하나 세심하게 따져보는 마음을 분별심이라고 했다. 고객들이 마케팅 메시지를 접할 때 가장 처음 가지는 마음가짐이 바로 분별심이다. 고객으로 하여금 판매자의 말에 귀를 기울이게 하고 고객의 마음을 움직이기 위해서는 우선 고객들이 가지고 있는 분별심을 없애거나 최소한 누그러뜨려야 하는 것이 판매자의 첫 번째 과제다.

❖ 마케터는 고객의 필요를 충족시켜주는 사람

제품을 팔아야 하는 판매자는 마케팅에 대해 두 가지 중요한 사실을 반드시 명심해야 한다. 하나는 고객은 뭔가를 필요로 하는 사람이라는 것이고 다른 하나는 판매자는 그 필요를 충족시켜주는 사람이라는 것이다.

세일즈 카피의 여러 패턴들은 각기 특징들이 있지만 공통적으로 강조하고 있는 것이 행동$_{Action}$을 요구하는 것이다. 구매는 행동이다. 제품에 호감을 가지고 구매하겠다는 의사결정을 하더라도 구매 버튼을 클릭하든 전화나 메일을 하든 구매를 위한 구체적인 행동을 하지 않으면 아무런 소용이 없다. 행동 요구를 특별히 강조하는 것은 이런 중요성 때문이기도 하지만 일반적인 마케팅 메시지에서 가장 약한 부분이 바로 이 행동 요구이기 때문이기도 하다.

행동을 요구하는 내용은 사실 매우 간단하다. "클릭하세요!!" 한마디면 충분하다. 그런데 명백하게 구매를 권유하는 세일즈 카피 혹은 세일즈 레터, 광고 등에서 "클릭하세요!!" 또는 "구매하세요!!"라는 내용이 분명하게 들어가지 않은 글이 생각보다 많다. 심지어 콘택트 포인트$_{Contact Point}$라고 하는 전화번호나 이메일, 쇼핑몰 주소조차 표기되어 있지 않아 구매하려면 어떻게 해야 하는지 혼란스러워 하는 경우도 있다. 실수인 경우도 있겠지만 그보다는 전화번호나 URL을 대문짝만 하게 써놓는 것을 왠지 촌스럽다거나 속 보인다는 이유로 꺼리는 경향이 더 큰 문제다. 혹은 제품이 워낙 뛰어나니까 쇼핑몰 주소나 전화번호는 알아서 찾아볼 것이라는 근거 없는 자만심이 작용하기도 한다.

고객에게 구체적으로 행동을 요구하는 것에 개념이 없거나 더 나아가 꺼리기까지 하는 이유는 마케팅을 고객을 어르고 홀려서 주머니에서 돈을 빼앗아 오는 행위로 생각하기 때문이다. 이른바 판매에 대한 죄책감이다.

판매에 죄책감을 가지고 있으면 고객에게 판매하려는 의도를 숨기기에 급급하게 된다. 그래서 은연중에 "굳이 물건을 팔려는 건 아니에요. 저는 그냥 고객님께 도움이 될 만한 말을 하고 싶은 것뿐이에요. 저는 장사꾼이 아니거든요. 사고 말고는 고객님이 알아서 하세요"라는 분위기를 풍기고 싶어 한다. 이런 생각을 가지고 있으면 "지금 바로 구매하세요"라는 말은 죽었다 깨어나도 하지 못한다.

그러나 우리가 고객에게 제품을 판매하는 것은 내 이익만 챙기려는 이기적인 행위가 아니다. 고객은 어떤 문제를 가지고 있다. 그 문제를 해결할 필요가 있고 그 필요를 충족시키기 위해 제품을 찾고 있다. 그런데 마침 나에게 그 필요를 해결해줄 수 있는 능력이 있다. 그래서 나는 충실하게 고객의 문제를 해결해주고 필요를 충족시켜준다. 이런 과정이 만족스럽게 마무리되면 그 결과로 수익이 발생한다. 순서로 보나 중요성으로 보나 판매자가 수익을 올리는 것, 즉 고객의 주머니에서 돈을 꺼내오는 것보다는 판매자가 고객이 겪고 있는 문제를 해결하고 고객이 느끼고 있는 필요를 충족시키는 것이 먼저다.

    고객은 제품이나 서비스를 구매해야 문제를 해결할 수 있다. 판매자가 고객의 문제와 필요를 충분히, 그리고 적절하게 해결하고 충족시켜줄 자신만 있다면, 즉 제품이 불량이거나 폭리를 취하는 것이 아니라면 고객에게 제품을 구매하라고 당당하고 강력하게 얘기해야 한다. 그리고 구매를 행동에 옮길 수 있는 방법을 상세하게 제시해야 한다. 그것은 고객을 위한 것이다. 고객을 위하는 마음이 크면 클수록 "지금 바로 구매하세요"라는 메시지는 더욱 강렬하고 단호해진다.

2. 고객을 파악하기 위한 5단계 분류

❖ **고객 분류법, 고객의 5가지 단계**

마케팅 글쓰기는 고객을 이해하는 것으로부터 시작해야 한다. 그런데 고객은 너무나 많다. 남자도 있고, 여자도 있고, 수도권에 사는 사람도 있고, 농촌에 거주하는 사람도 있다. 그래서 어떤 식으로든 기준을 정해서 고객을 분류해보는 것이 필요하다. 우선 쉽게 성별, 연령별, 직업별, 지역별로 구분하는 방법을 떠올릴 수 있다.

그러나 이러한 구분과 관계없이 어떤 제품이건 공통적으로 적용할 수 있는 고객 분류법이 있다. 이것이 '고객의 5가지 단계' 이다.

이렇게 구분해서 살펴보면 모든 예상 고객을 포괄하면서 각기 다른 수요를 가지고 있는 구체적인 고객군으로 구분할 수 있다. 나와 같이 글을 쓰는 직업을 가진 30~40대 남성의 상황을 놓고 이 분류를 적용시킨 후 이에 따른 글쓰기 전략을 살펴보자.

① 필요한 고객이지만 스스로는 필요를 못 느끼는 고객

나처럼 책상에 오래 앉아 있는 사람들은 허리에 문제가 생길 수 있다. 그래서 내 딸아이는 매일 방석 하나 사서 깔고 앉으라고 성화인데 정작 나는 귀찮아서 그럴 생각이 전혀 없다.

방석이 정말 필요한 사람이지만 정작 그 필요를 잘 못 느낀다.

② 스스로 필요를 알고 있지만 별로 절실하지 않은 고객

그런데 문득 생각해보니 언젠가부터 작년 다르고 올해 다르고, 어제 다르고 오늘 다르다는 말이 실감나기 시작한다. 눈도 침침해지고 뒷목도 자주 뻐근하고 다음 차례는 허리가 될 것 같기도 하다. 그래도 '뭐 당장 뭔 일 있겠어?' 하는 마음이 더 크다.

이제 필요한 건 알겠는데 당장 급한 생각은 들지 않는다.

③ 절실한 필요를 느끼기 시작하는 고객

그러다가 갑자기 생각나는 게 있다. 나는 유독 성격이나 체질이 아버님을 닮았는데 나의 아버님은 지금의 나보다 젊은 40대 때부터 목 디스크와 허리 디스크에 결국 70세 무렵에 척추 수술을 받으신 적이 있다.

'이러다가 큰일 나겠다' 싶은 생각이 더럭 든다. '돈도 별로 안 드는데 어디서 편안한 방석 하나 사올까?' 하고 생각하기 시작한다.

필요를 느끼고 무엇을 살시 생각하기 시작한다.

④ 필요를 해결하기 위해 이리저리 알아보고 있는 고객

그렇게 생각해서 그런지 요즘 부쩍 일하다 말고 허리를 곧추세우고 몸을 이리저리 비트는 경우가 많아진 것 같다. 그냥 내버려둬서는 안 되겠다는 생각이 든다. 그래서 허리, 방석 등의 키워드로 이리저리 알아보기 시작한다. 그런데 허리 이상을 예방하기 위한 제품이 정말 많다는 걸 그때야 알게 된다.

무엇이 적당하고 좋을지, 궁금증을 해결하고 자료를 충분히 알아본다.

⑤ 필요가 너무 절실해서 당장 숨이 막힐 것 같은 고객

오늘 드디어 사단이 나고야 말았다. 아침에 물건을 들다가 허리가 삐끗한 것이다. 한 5분 정도 꼼짝을 할 수가 없었다. 엉금엉금 기다시피해서 동네 병원으로 가 응급처치를 받은 뒤 큰 정형외과에서 치료를 받았다. 디스크는 아니지만 앞으로는 허리를 심하게 다칠 수 있으므로 매사에 주의하라는 주의를 듣고 돌아왔다.

이제 정말 큰일 났다. 그냥 방석이 아니라 정말 허리에 좋은 방석을 사야겠다.

❖ 고객 분류에 따른 카피 작성

이 내용들은 실제로 내가 평소에 느끼고 있는 문제들이다. 직립생활을 하는 인간은 30대만 넘어가면 남녀노소를 불문하고 위의 다섯 가지 분류 어디엔가는 해당된다. 영원히 허리가 튼튼할 사람은 없기 때문이다. 그러면서 각기 다른 특징을 가지고 있다.

의학용 방석을 판매하는 사람이라면 위에서 살펴본 각 단계의 내용을 중심으로 아래와 같은 카피를 준비할 수 있다.

① 필요한 고객이지만 스스로는 필요를 못 느끼는 고객
- 지금 당신의 허리는 건강하시죠?
- 그러나 누구도 피해갈 수 없는 허리 통증
- 허리는 건강할 때 지켜야 합니다.

② 스스로 필요를 알고 있지만 별로 절실하지 않은 고객
- 당신의 허리는 건강하신가요?
- 병원을 찾을 때는 이미 늦습니다.
- 당신의 소중한 허리, 미리미리 보호하세요.

③ 절실한 필요를 느끼기 시작하는 고객
- 허리가 불편하신가요?
- 허리 건강을 지킬 수 있는 간단한 운동을 소개합니다.

④ 필요를 해결하기 위해 이리저리 알아보고 있는 고객
- 방석에도 종류가 있습니다.
- 허리 통증을 없애주는 방석은 따로 있습니다.
- 7일간 무료로 사용해보세요.

⑤ 필요가 너무 절실해서 당장 숨이 막힐 것 같은 고객
- 대한정형외과학회가 추천하는 의료용 방석
- 오늘 구매 고객은 30% 할인!

❖ 고객 단계별 특징

크게 나누어보면 1~3번은 움직이지 않는 고객이고 4~5번은 움직이는 고객이다. 검색을 통한 마케팅이 대부분인 온라인 마케팅에서 우리가 접할 수 있는 고객은 거의 4~5번 고객이다. 따라서 판매자는 무의식중에 4~5번 고객만을 우리의 고객으로 인식하고 모든 전략과 메시지를 4~5번 고객에 맞추고 있다.

만약 마케팅을 접촉에서 구매에 이르는 과정을 후딱후딱 해치워서 빨리 수익을 올리는 행위로 생각한다면 이런 마케팅의 타깃은 당연히 4~5번 고객이다. 그러나 마케팅을 고객만족을 통한 이익실현의 과정으로 정의한다면 1~3번 고객이 당연히 중요한 고객으로 인식되어야 한다.

오히려 4~5번 고객은 수요와 욕구가 큰 반면 검색과 조사를 통해 시장상황과 제품 현황을 잘 파악하고 있기 때문에 그야말로 확고한 경쟁우위와 고도의 인증이 없다면 제품에 눈길을 주지 않을 가능성이 더 높다.

판매자는 그들을 바라보고 있는데 정작 그들은 다른 판매자를 바라보고 있을 가능성이 높기 때문이다.

또한 4~5번 고객군은 이른바 레드오션이다. 보는 관련업체들이 이 고객군을 대상으로 타기팅을 하고 있기 때문에 경쟁이 치열하다. 고객들은 신뢰를 기반으로 구매를 하고 싶어 하지만 4~5번 고객군은 급한 고객이기 때문에 뒤늦게 접촉했을 경우는 신뢰를 구축할 만한 시간적, 물리적 여유가 부족하여 구매에서 이탈할 가능성이 높다.

반면에 1~3번 고객들은 당장의 수요와 욕구는 약하거나 거의 없지만 그들의 필요를 자각Awareness시킴으로써 양질의 고객관계를 창출할 수 있다. 또한 대부분의 업체들은 이 고객들을 자신들의 고객으로 인식하지 않기 때문에 보다 쉽게 접근하여 충분한 시간을 가지고 차별적인 신뢰를 구축할 수 있다.

신뢰를 기반으로 한 고객관계는 최상의 고객편익과 수익을 보장하는 가장 이상적인 마케팅 형태이다. 신뢰를 기반으로 이루어지는 구매는 가격 연관성이 그리 높지 않다. 즉, 우리가 매우 높은 수준의 신뢰를 확보한다면 경쟁업체에서 더 낮은 가격을 제시해도 고객은 쉽게 움직이지 않는다. 또한 지속적인 재구매 가능성이 획기적으로 높아진다.

또한 이 분류는 필요에 따른 분류이므로 상황에 따라 1번 고객이 곧바로 5번 고객으로 발전할 수도 있다. 이 경우 최소 비용으로 최상의 구매를 창출할 수 있다.

따라서 마케팅 글쓰기의 차원에서도 보통 눈여겨보지 않는 1~3번 고객이 매우 중요하다. 4~5번 고객에게 타기팅된 카피는 1~3번 고객에게 큰 영향을 주지 않을 수 있는 반면 1~3번 고객에게 타기팅된 카피는 4~5번 고객에게도 영향을 줄 수 있기 때문이다.

❖ 고객 단계별 글쓰기 전략

• 필요한 고객이지만 스스로는 필요를 못 느끼는 고객

필요와 수요를 일깨워주는 것이 중요하다. 그리고 첫 번째 접촉이라는 점을 감안해서 내용은 부드럽게, 모르고 있는 귀중한 것을 알려준다는 느낌으로 작성한다. 고객 본인은 필요를 못 느끼더라도 부모나 자녀 혹은 친척이나 지인들이 절실한 필요를 느끼는 간접수요가 많다. 이들의 수요를 유발시키는 것도 중요한 전략이다.

• 스스로 필요를 알고 있지만 별로 절실하지 않은 고객

자각하고 있는 필요를 더욱 강하게 부각시킬 필요가 있다. 필요에 대한 욕구를 강하게 자극하고 때로는 '지금 행동하지 않으면 후회한다' 는 식의 공포 소구도 활용한다.

1번 고객과 2번 고객은 구매에 이르기까지 시간과 노력이 많이 소요되지만 불필요한 정보에 오염되어 있지 않으므로 판매자가 제공하는 정보를 충실히 받아들이고 신뢰가 높은 고객으로 발전할 가능성이 높다.

• 절실한 필요를 느끼기 시작하는 고객

강한 필요를 느끼고 있지만 시장과 제품의 조사는 많이 진행하지 않

은 고객이다. 근거를 제시하면서 차분하게 설득하면 어렵지 않게 신뢰를 확보할 수 있다. 또한 행동을 요구하면 신속하게 행동에 옮길 가능성이 높다. 1~5번 고객군 중에 가장 관심을 기울여야 하는 고객군이다.

- **필요를 해결하기 위해 이리저리 알아보고 있는 고객**

수요는 강하지만 이미 다른 시장과 제품에 대한 조사를 상당히 많이 진행한 고객이다. 따라서 자신의 필요와 문제, 그리고 시장 상황과 관련 제품의 특성을 이미 잘 파악하고 있다.

대단히 높은 수준의 전략을 구사해야 하는 고객군이지만 반면에 고객의 필요와 신뢰 요건을 정확하게 갖추면 매우 빠른 결정과 높은 만족도를 얻을 수 있는 고객군이다. "그래, 바로 이게 내가 찾던 제품이야!"라는 느낌을 줄 수 있는 강력한 어필이 필요하다. 자기 제품의 경쟁우위와 구매를 통해 소비자가 얻게 될 편익을 정확하고 구체적으로 제시해야 한다.

- **필요가 너무 절실해서 당장 숨이 막힐 것 같은 고객**

수요가 가장 강력하여 제품을 제시하기만 하면 바로 구입할 수도 있는 고객이지만 4단계 고객군보다 더 넓고 깊은 지식을 가지고 있고 더 나아가 다른 제품을 사용한 경험이 있어서 관련 제품군에 대해 불신을 가지고 있을 수도 있다.

이 고객군은 경쟁우위를 강조하는 것보다는 고객이 바로 믿을 수 있는 확실한 근거를 제시하는 것이 좋다. 외부 기관의 인증이나 추천, 신뢰할 수 있는 근거와 장치를 확고하게 갖춘 사례를 제시하는 것이 그 방법이다. 또한 전문성을 바탕으로 한 강력한 자신감을 표출하는 것도 의심이 가장 많은 5단계 고객군을 안심시킬 수 있는 좋은 방법이다.

사례) 어린이를 대상으로 하는 아동극업체 ○○○○

독자적인 공연도 하지만 어린이집이나 유치원을 고객으로 하고 있고 최근에는 기업체의 문화 마케팅 수요도 개발하고 있다.

① 필요한 고객이지만 스스로는 필요를 못 느끼는 고객

㈜○○ 마케팅 담당자님, 지금은 문화마케팅이 대세입니다.
인형극, 버블쇼, 스토리텔링으로 귀사의 이미지를
가꾸어보세요.

② 스스로 필요를 알고 있지만 별로 절실하지 않은 고객

스토리텔링을 외면하고도 성공하는 마케팅은 없습니다.
15년 공연전문가가 알려주는 스토리텔링의 비밀
당신의 마케팅에 마법을 불어넣게 됩니다.

③ 절실한 필요를 느끼기 시작하는 고객

어린이집, 유치원 개원을 준비하시나요?
어린이 문화마케팅 기획사 초콜릿공장에서 1년간 문화행사 스케줄과 예산을 가장 효과적으로 편성할 수 있는 문화행사 마케팅 매뉴얼 키트를 무료로 드립니다.

④ 필요를 해결하기 위해 이리저리 알아보고 있는 고객

OOO 원장님, 문화공연은 퍼포먼스가 아닙니다. 마케팅입니다.
저희는 일회성 공연으로 만족히지 않습니다.
아이들이 오고 싶어 하는 어린이집, 엄마들이 맡기고 싶어 하는 어린이집, 지역에서 가장 인기 있는 어린이집으로 만들어드리는 어린이집 문화마케팅 솔루션을 함께 제공합니다.

⑤ 필요가 너무 절실해서 당장 숨이 막힐 것 같은 고객

"OOOO이 공연을 한 뒤에 원아들이 확 늘었어요."
"OOOO은 정확해요. 믿을 수 있어요."
인형극 1,272회, 버블쇼 782회 지난 10년간 OOOO이 쌓아온 성과입니다.

3. 고객이 구매하는 진짜 이유

1) 내가 자전거를 산 이유

자전거를 사야 된다. 혹은 자전거를 사고 싶다. 왜? 자전거를 누가 훔쳐갔다. 혹은 너무 낡아서 고장이 났다. 또는 자전거가 없었는데 지금부터 자전거를 타고 싶다. 가장 먼저 결정해야 할 일은 어디서 살 것인가이다. 어느 가게를 선택할 것인가는 구매에 있어 매우 중요한 요소지만 자전거를 사는 이유와는 관계가 없어보이므로 그냥 아무 가게나 가서 자전거를 둘러보는 것으로 하자. 어떤 자전거는 디자인이 예쁘고, 어떤 자전거는 무게가 가볍고, 어떤 자전거는 가격이 싸다. 또 어떤 자전거는 신형 기어를 장착해서 조금만 힘을 줘도 (과장해서 말하면) 시속 100km로 달릴 수 있다. 다른 자전거는 반으로 접을 수 있어서 소형차의 트렁크나 뒷좌석에도 쏙 들어간다. 이런 저런 고민을 하다가 그중에서 한 개를 산다.

지금 살펴본 과정 속에 내가 자전거를 산 이유가 있을까? 누가 자전거를 훔쳐가서? 쌀이 떨어졌다면 무조건 사야 되지만 자전거가 없어졌다고 반드시 새로 사야 되는 것은 아니다. 없어도 사는 데는 아무 지장이 없다. 그렇다면 디자인이 예뻐서 샀을까? 혹은 가격이 싸서? 이것은 수없이 많은 모델의 자전거 중에서 딱 이 자전거를 고른 이유는 되지만 자전거를 산 이유는 될 수 없다. 그럼 나는 도대체 자전거를 왜 샀지?

우리 동네 마트는 위치가 애매한 곳에 있다. 걸어가기는 멀고 차를 타고 가기는 너무 가깝다. 그래서 자전거로 가는 것이 가장 편리하다. 그런데 자전거가 없어졌다. 혹은 고장이 났다. 그래서 걸어가는 수고를 감수하거나 엎어지면 코 닿을 데 있는 마트를 가기 위해 리터당 천 몇 백 원씩 하는 기름을 소모해야 한다. 더 짜증나는 일은 양배추, 애호박, 청양고추 정도를 사려고 빈자리를 찾아 주차장을 몇 바퀴 돌아야 하는 것이다.

그렇다면 내가 자전거를 산 이유는 쇼핑을 하는 데 들어가는 수고와 경비를 줄이기 위한 것이다. 쇼핑하는 데 너무 수고가 들어가면 귀찮아서 식료품을 안 사게 되고 그러면 해 먹을 게 없어서 배달음식을 시켜 먹어야 한다. 건강에도 나쁘고 돈은 돈 대로 들어간다. 그리고 다달이 카드 명세서를 보면 몇 만원 단위로 들어가는 건 마트에서 먹을 것 사는 걸 빼고 나면 기름 값이 유일하다. 나는 그게 제일 아깝다.

결국 내가 자전거를 산 이유는 돈을 아끼기 위해서다. 아긴 돈으로 더 가치 있고, 보람 있고, 의미 있고, 재미있는 것을 하기 위해서다. 그리고 또 다른 한 편으로 전기료, 가스비 낼 돈이 없어서 전기 끊어지고 가스 끊어지던 시절로 돌아갈지도 모른다는 불안감도 있다. 그때로 돌아가지 않고 지금처럼 잘 먹고 잘 살려면 한 푼이라도 아껴야 한다. 그래서 나는 자전거를 반드시 사야 했다.

다른 이유도 있을 수 있다. 나는 자전거의 'ㅈ' 도 모르던 사람이었다. 그런데 어느 날 '자전거 열풍' 이라는 기사를 보게 됐다. 인기 드라마에서 주인공이 잠시 자전거를 타고 나왔던 게 최근 열풍의 도화선이 됐다고도 하고, 친환경 이미지도 한 몫 한다고 한다. 하지만 무엇보다 내 눈길을 끌었던 대목은 '남자에게는 사이클이 최고의 운동'이라는 부분이었다. 지금까지 운동이라고는 안 하고 살았는데 이제라도 슬슬 운동을 해야겠다는 생각이 들었다.

　재무설계사 친구가 있다. 그는 보는 사람까지 괜히 들뜨게 만들 만큼 에너지가 넘친다. 그러다 보니 그의 고객들은 몇 마디 안 해도 덥석덥석 그와 계약한다. 그리고 나와 같이 있으면 다들 나보다 서너 살 어린 동생으로 보는 통에 어딜 같이 가기가 겁이 난다. 그 친구는 자전거 마니아다. 주말이면 언제나 자전거를 타고 산으로 들로 날아다닌다. 그가 가진 에너지와 젊음의 원천은 자전거다. 나도 그것을 갖고 싶다. 그래서 건강한 남편, 능력 있는 아빠가 되고 싶다. 내가 자전거를 산 이유는 바로 이것이다.

2) 고객은 왜 구매할까?

　마케팅의 모든 이론과 전략, 그리고 방법론은 "고객이 왜 구매를 할까?"라는 근본적인 질문에서 출발한다. 고객이 구매하는 이유를 알고 그 이유에 맞게 제품을 만들어, 알리고 설득해야 제품을 판매할 수 있기 때문이다.

　이 책에서 제시하고 있는 세일즈 카피의 기본 패턴은 "고객은 문제를 가지고 있고 이 문제를 해결하기 위해 구매한다"는 철학을 바탕으로 하고 있다. 고객이 구매하는 이유는 '문제를 해결하고 필요를 충족시키기 위해서'이다.

　많은 사람들은 고객이 구매하는 이유를 '싼 가격'이라고 생각하고 어떻게 하면 가격이 싼 제품을 만들어 팔 수 있을지를 고민한다. 또 어떤 사람들은 '품질과 기능'이 구매의 가장 큰 이유라고 생각하고 최고 품질에 다양한 기능을 구현하기 위해 노력하고 이것을 고객에게 이해시키기 위해 애를 쓴다.

무엇을 원하고, 무엇을 필요로 하는 고객이든, 제품을 사는 이유를 캐고 들어가 보면 마지막에 만나게 되는 것이 있다. '뭔가 얻으려는 것', 혹은 '뭔가 잃지 않으려는 것'이다. 여기에서 그 '뭔가'가 바로 고객이 구매하는 진짜 이유다. 우리는 그것을 '가치'라고 부른다.

두 명의 내가 자전거를 통해 얻으려고 했던 것과 잃지 않으려고 했던 것, 즉 자전거를 산 진짜 이유는 돈, 건강, 에너지, 젊음, 칭찬과 같은 가치다. 가격, 성능, 디자인, 브랜드는 선택의 조건일 뿐이지 구매의 진짜 이유는 아니다.

자동차 도색의 기본 기능은 차체의 부식을 막아서 자동차의 수명이 더 오래가도록 하는 것이다. 그러나 단순히 그러한 기능만을 생각하며 도색을 맡기는 고객은 거의 없다. 고객은 자기 차를 반짝반짝하게 만들어서 사람들로부터 인정받고 싶은 것이다.

기업의 구매담당자는 회사의 필요에 따라 물품이나 장비를 구매한다. 하지만 그의 마음을 파고 들어가 보면 정말 딱 부러지는 제품을 싼 값에 구입해서 상사로부터 칭찬을 받고 더 나아가 승승장구할 수 있는 발판이 되기를 바라는 희망이 있다. 소극적으로 생각하면 구매 품목을 잘못 선정해서 상사에게 꾸지람을 듣거나, 심하면 징계를 받는 일은 없기를 강력하게 바란다. 그가 얻으려는 것은 칭찬과 승진이고, 잃지 않으려는 것은 지금의 자리이다.

세일즈 카피를 쓸 때는 이와 같이 고객이 구매하는 진짜 이유를 잘 살펴서 카피에 반영해야 한다. 기본 패턴을 기준으로 보면 〈문제 제기〉와 〈약속〉의 부분에서 이 문제를 다루어야 한다. 〈문제 제기〉에서 구매하려는 진짜 이유를 부각해야 하고, 〈약속〉 부분에서 그 이유가 충족된 미래의 결과를 보여주어야 한다.

대기업의 광고는 고객이 구매하는 진짜 이유를 철저하게 파고든다. 광고에서 보여주는 것은 제품의 탁월함이 아니다. 그 제품을 사용하는 멋진 남편과 매력적인 아내, 능력 있는 가장, 현명한 주부, 센스 있는 남친과 앙증맞은 여친이다. 광고가 고객으로부터 끌어내고 싶은 것은 제품의 성능과 품질에 대한 찬탄이 아니라 모델같이 매력적이고 이상적인 존재가 되고 싶은 욕구다.

돈을 아끼기 위해 자전거를 사려는 고객에게는 그런 알뜰함 덕분에 여유 있는 생활을 누리는 미래의 모습을 보여줘야 한다. 건강을 생각하는 고객에게는 자전거로 얻게 된 건강으로 늠름하게 가족들을 돌보는 믿음직한 가장의 모습을 그려줘야 한다.

자동차 도색을 생각하는 고객에게는 자동차의 멋진 변신으로 새 여자 친구를 얻게 된 고객의 사례를 보여주고, 기업의 구매담당자에게는 이 제품이 고객의 승진을 위한 결정적인 열쇠라는 점을 강조해야 한다.

3) 고객이 구매하는 진짜 이유

구매를 통해 얻고 싶은 것, 혹은 잃고 싶지 않은 것은 사람의 숫자만큼 많다. 돈, 호감, 칭찬, 감사, 인정, 명예, 능력, 성취, 안전, 매력, 안락, 두각, 행복, 재미, 지식, 건강, 호기심, 편리, 자유 등이 구매하는 진짜 이유에 해당된다. 같은 제품을 각양각색의 고객들이 구매하는 것처럼, 하나의 제품 안에는 지금 얘기한 다양한 가치가 복수로 동시에 공존한다. 또한 이 가치들은 서로 연결되어 있는 것들이 많아서 세품에서 하나의 가치를 확인하게 되면 자동적으로 다른 가치들도 해당이 되는 경우도 있을 수 있다.

판매자라면 당신의 제품과 서비스가 구현할 수 있는 가치가 어떤 것이 있는지 살펴서 그 가치를 세일즈 카피에 담아 고객에게 확인시키고 알려줘야 한다.

고객은 자기가 가지고 있는 구매 욕구가 가치를 기반으로 하고 있다는 사실을 잘 알지 못한다. 알고 있다고 해도 처음 생각했던 가치 이외에 다른 가치도 함께 얻을 수 있다는 사실은 모를 수 있다.

구매를 통해 단순히 필요만 해결하는 것이 아니라 가치를 얻을 수 있다는 것을 깨닫게 되면 구매 욕구가 강렬해진다. 혹은 경우에 따라 전혀 없던 구매 욕구가 생겨날 수도 있다. 더 나아가 하나의 제품을 구매해서 여러 가지 가치를 동시에 얻을 수 있다면 구매할 이유는 더 많아지고 구매 욕구는 더 커진다. 고객이 구매하는 다양한 이유들을 정리하면 4가지 범주로 구분할 수 있다.

돈

우리가 돈을 쓰는 대부분의 행위는 사실상 돈을 더 벌기 위한 것이거나 낭비나 손실을 줄이기 위한 것이다. 은행이나 보험, 세무 서비스, 그리고 마케팅 강의 등의 교육상품과 같이 돈과 직결된 것뿐만이 아니라 자전거를 사는 것도 돈을 아끼기 위한 구매일 수 있다. 그리고 돈이라는 가치는 위에서 얘기한 가치들과 직간접적으로 연결되어 있다.

명예, 능력, 칭찬, 안락 등등은 모두 돈을 벌어서 해결할 수 있는 것이거나, 돈을 벌기 위한 필수적인 조건들이기도 하다. 이 제품이 고객으로 하여금 돈을 벌게 해준다거나 돈을 획기적으로 아껴준다는 메시지는 (그것이 진실이라는 것을 전제로) 고객에게 가장 강력한 영향력을 행사한다.

자기보존

건강, 안전, 안락, 만족 등의 가치는 나와 가족을 보존하려는 욕구에서 나오는 가치들이다. 또한 위험, 고통, 질병, 죽음, 부상 등에 대한 두려움도 자기보존의 범주에 포함된다. 생물학적으로 모든 생물의 생존 이유는 개체 유지와 종족 번식이다. 내 몸 하나 잘 건사해서 생명을 부지하는 것과 자손을 낳아 종족을 번식시키는 것이다. 이 두 가지가 모두 자기보존 욕구에 해당한다. 사회를 구성하는 한 개인으로서 훌륭한 성품과 능력을 갖추고 생활하는 것은 개체 유지의 본능을 충족하는 것이고, 자녀를 잘 보살피고 자녀에게 좋은 영향을 주는 훌륭한 부모, 부모로서의 도리를 하는 것은 종족 번식의 본능을 충족시킨다. "이 제품으로 존경받는 아빠가 되세요", "이 제품을 구매한 당신, 이미 세상에서 가장 훌륭한 엄마입니다"라는 메시지가 이 욕구를 자극한다.

사랑

사랑은 성적인 매력, 즉 섹스어필을 얘기한다. 이는 구매의 진짜 이유 중에서 가장 치명적이고 즉각적인 관심을 불러일으킨다. TV 광고의 대부분은 어떤 형태이든 섹스어필을 강조하고 있다. 광고모델들처럼 섹시한 외모가 아니더라도 성적인 매력이 부각되는 요소는 많이 있다. 다이어리는 계획적이고 치밀한 성품을 가진 사람이 애호하는 것이며 이는 높은 성취가능성을 보장한다. 전략적인 계획에 따라 성취를 이루는 남성은 여성에게 매우 매력적으로 보인다. 즉, 다이어리라는 상품에서도 성적인 매력을 이끌어낼 수 있는 것이다. 현명하고 똑똑한 구매를 할 수 있는 능력도 성적 매력을 불러일으킨다. 남자든 여자든 능력 있는 사람은 누구나 성적으로 매력적이기 때문이다. 따라서 어떤 제품이든 제품의 뛰어난 점을 발견할 수 있는 관찰력과 통찰력, 그리고 판단력을 가진 고객은 모두 이성으로부터 사랑을 받을 자격이 있다. "오빠, 어떻게 이걸 살 생각을 다 했어?", "OO을 선물한 그녀, 사랑하지 않을 수가 없습니다"라는 카피가 모델이 될 수 있다.

인정

인간은 사회적 동물이다. 타인과의 관계를 잘 유지하지 않으면 생존 자체에 문제가 생길 수 있다. 타인과의 관계를 확인시켜주는 가치가 바로 인정이다. 사람들은 누구나 자기와 관계를 맺고 있는 사람들에게 중요한 사람으로 인정받고 싶어 한다. 이것은 돈, 자기보존, 사랑과 관계가 있을 수도 있지만 이들과 전혀 관계없이 오로지 인정을 받고 싶은 욕구만이 구매 욕구로 연결될 수도 있다.

B2B 거래에 있어서 구매를 담당하는 사람이 가장 크게 가지고 있는 욕구는 인정 욕구다. 스포츠 클라이밍을 하는 사람은 다이어트나 피트니스 운동을 하는 사람들 중에서도 더욱 모험적이고 도전적인 사람으로 인정받는다. 친환경을 표방하는 제품은 구매 자체로 환경을 생각하는 사람이라는 인정을 받게 한다.

4. 구매를 결정하는 심리적 방아쇠

1) 고객을 움직이는 결정적 한 방

• 고객은 품질과 가격만으로 결정하지 않는다

판매자는 고객이 무엇을 궁금해하는지, 무엇을 필요로 하는지 늘 알고 싶어 한다. 그런데 고객이 물어보는 것은 항상 일정하다. "품질은요?", "가격은요?", "배송은 내일 되나요?" 그래서 품질도 열심히 설명해주고, 가격도 고객이 최대한 만족할 수 있도록 적절하게 책정하고, 식사를 거를지언정 배송을 건너뛰지는 않는다고 다짐을 한다.

그런데 품질이든 가격이든 고객이 궁금해하고 필요로 하는 것들은 모두 해준 것 같고 고객도 충분히 마음에 들어 하는 것 같은데 정작 구매 버튼 누르기를 망설이다가 다음 기회로 미루거나 좀 더 생각해봐야겠다고 하는 것은 왜일까? 설명이 불충분한 것일까? 아니면 지금 당장 제품이 필요하지 않은 것일까?

물론 그럴 수도 있다. 어떤 제품의 소비자가 되어 구매를 할 때 이와 같은 경험을 하는 경우가 많다. 뭔가 필요해서 물건을 찾는데 품질도 마음에 들고 가격도 적당하다고 생각되어서 주문을 할까 말까 망설이다가 결국은 좀 더 살펴보겠다고 다른 쇼핑몰로 넘어가게 될 때가 있다. 또는 이와 반대로 품질도 잘 모르겠고 가격도 약간 부담스러운 것 같은데 지름신이 강림한 듯 덜컥 구매 버튼을 클릭할 때도 있다.

품질과 가격은 구매에 있어서 가장 중요한 필요조건이기는 하지만 구매의사를 구매 행동으로 완결시킬 수 있는 충분조건은 아닌 셈이다. 제품에 대한 호감을 주문이라는 행동으로 실행시키는 데는 뭔가 플러스 알파가 필요하다.

어떤 행동이나 변화는 조건들이 다 갖춰졌다고 해서 곧바로 일어나지 않는다. 그러다가 어떤 특별한 요인에 의해서, 때로는 너무나 엉뚱한 계기로 이전에 갖춰져 있던 조건들이 마구 작용해서 변화가 일어나기 시작한다. 우리는 이런 현상을 삶의 여러 분야에서 경험할 수 있다.

공부를 열심히 하려는 학생도 굳은 결심을 하고 계획도 짱짱하게 세우고, 책도 사고, 책상도 깔끔하게 정리하고, 할 수 있는 것은 다 했는데도 정작 빈둥빈둥 거릴 때가 있다. 그러다가 칭찬을 듣거나, 충격을 받거나, 성적이 오르기 전까지는 만나지 말자고 여자 친구와 손가락 걸고 약속을 하게 되면 그때부터 비로소 공부에 파묻히게 된다.

담배를 피우는 사람들의 가장 큰 소원은 담배를 끊는 일일 것이다. 담배를 왜 끊어야 하는지 그 이유도 잘 알고 있고 방법도 잘 알고 있다. 무엇보다 담배를 피우는 것이 싫다. 그런데도 못 끊는다. 그러다가 지하철에서 옆에 서 있던 예쁜 여성이 "어휴, 담배 냄새~" 하면서 코를 막고 자리를 피한다면 그때부터는 이를 악물고 금연 가도에 돌입하게 되기도 한다.

이와 같이 이미 갖추어져 있는 조건들이 어떤 외부적인 힘이나 요인에 의해서 작동되기 시작하여 변화와 행동이 이루어지는 것을 방아쇠 효과 Trigger Effect 라고 한다. 방아쇠는 총알을 날려 보내는 장치가 아니다. 총알이 날아가는 힘은 총알 스스로에게 있다. 방아쇠는 단지 총알의 뇌관을 탁! 하고 쳐주는 역할을 할 뿐이다.

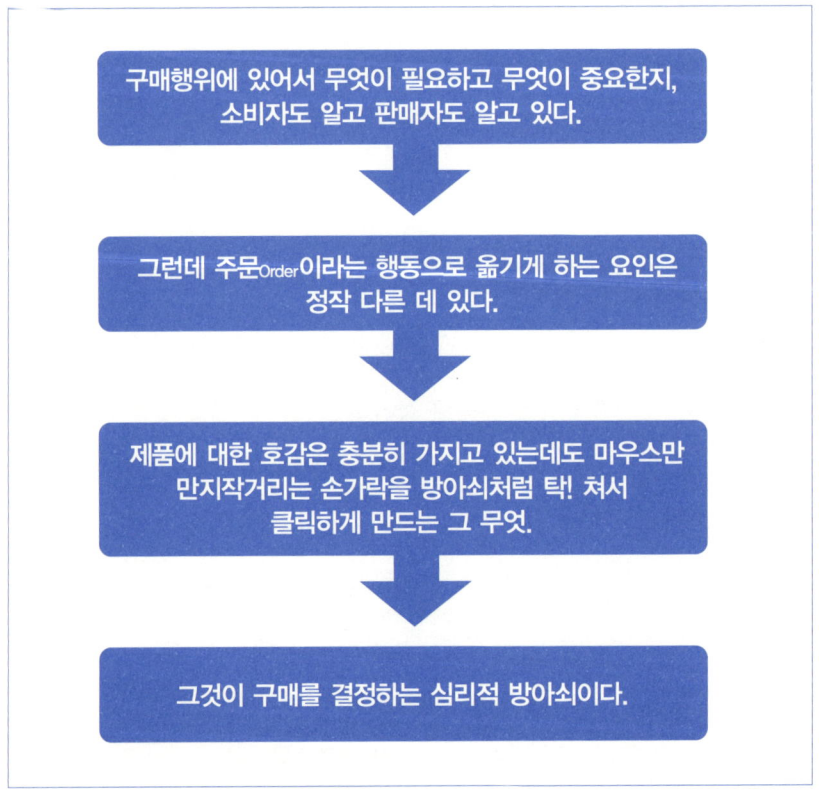

• 고객이 구매를 망설이는 이유

품질에 대한 설명이 만족스럽고 가격도 적절하다고 생각하면서도 고객이 구매를 망설이는 이유는 두 가지가 있다. 하나는 품질과 가격에 대해서 아직 전적으로 신뢰할 수 없기 때문이고, 또 다른 하나는 돈을 쓰는 일이 생각보다 엄청나게 큰 스트레스를 동반하는 것이기 때문이다.

마케터와 판매자가 아무리 성심성의껏 상품설명을 한다고 해도 고객은 그 제품의 품질을 100% 신뢰하지 못한다. 왜냐하면 어떤 제품이건 포장을 뜯고 직접 사용해보기 전까지는 품질을 확인할 수 없기 때문이다. 샘플을 제공하거나 무료로 시험사용 기간을 부여하는 것은 그런 신뢰를 얻을 수 있는 중요한 수단이지만 그것 역시 100% 신뢰를 얻기는 어렵다. 샘플과 실제의 제품이 정말 똑같을지도 의문이고 무료 사용 기간을 준다고 해도 그 기간이 지난 다음에 엉뚱한 하자가 발견될 수도 있기 때문이다.

고객이 구매의사를 행동에 옮기는 가장 큰 이유는 바로 신뢰다. 업체, 제품, 가격, 디자인 등 제품의 요소 중 무엇이든 신뢰하기 때문에 구입한다. 그러나 판매자의 설명만으로는 완전히 신뢰할 수 없다. 그래서 고객이 의존하는 것이 생산자와 판매자의 브랜드다.

품질과 가격이 적절하다고 판단될 때 그것이 브랜드 제품이라면 무조건 산다. 브랜드 제품의 품질은 사회적으로 입증되어 있기 때문이다. 그리고 백화점이나 마트에서 판매하는 제품은 큰 의심을 하지 않고 구매한다. 백화점은 고급이라는 이유로, 마트는 대형이라는 이유로 어련히 잘 알아서 좋은 걸 갖다놨을까 하고 믿는다.

품질도 좋고 가격도 싼 훌륭한 제품이라도 업체를 신뢰할 수 없으면 구매를 망설이게 된다. 반대로 품질도 잘 모르겠고 가격도 비싼 것 같은데도 업체를 신뢰하면 품질도 그럭저럭 할 것이고 가격도 비싸게 받을 만한 이유가 있을 것이라고 생각하고 쉽게 구매를 한다. 이렇게 본다면 구매 행동의 본질은 신뢰에 있고 품질과 가격은 오히려 부차적인 것이 될 수도 있다.

가격이 싼 제품을 구매할 때는 그 가격이 정말 싸다는 것을 신뢰해야 산다. 50% 할인을 해서 1만 원이라고 하는데 원래 가격도 1만 원일지도 모른다는 의심이 있으면 선뜻 구매하기 어렵다. 더욱이 50% 할인이 사실이라고 해도 품질이 그만큼의 값어치조차 있을지 의심이 가면 구매하지 않게 된다.

고객의 구매를 망설이게 하는 또 다른 이유는 돈을 쓰는 행위에 대한 스트레스와 부담이다. 고객이 지불하고자 하는 돈은 오로지 그 제품을 구입하기 위해서만 존재하는 것이 아니다. 다른 제품을 구매할 수도 있고, 여행을 갈 수도 있고, 투자를 할 수도 있고, 사람을 고용할 수도 있는 그런 돈이다. 따라서 품질과 가격, 생산자와 판매자의 신뢰, 모든 것이 갖추어져 있다고 하더라도 "내가 이 돈을 들여서 꼭 지금 구매를 해야 하는가?"에 대한 합리적 근거와 정당성을 따지게 된다.

돈이 많은 사람이든 적은 사람이든 돈은 누구에게나 소중한 것이다. 또한 돈은 사회적 자원으로서 사회적 정의와 규모에 맞게 소비해야 한다는 무형의 압력이 존재한다. 그래서 고객은 항상 이 돈을 다른 곳에 쓴다면 더 효과적이고 효율적일 수 있는 가능성을 염두에 두게 된다. 의식하건 의식하지 않건 지금의 소비가 합리적이고, 도덕적이며, 효율적인 것인지를 본능적으로 의식하게 된다. 따라서 이 부분에 대한 정당성을 부여하고 제시하게 되면 고객은 훨씬 더 편안한 마음으로 적극적으로 구매 의사를 행동에 옮기게 된다.

• 고객에게 구매의 정당성 부여

고객은 제품을 절대적으로 필요로 하는 사람이다. 제품에 대해 완벽한 신뢰가 가지 않더라도, 그리고 정당성에 대한 확신이 없더라도 반드시 제품을 구매해야 한다. 꼭 필요한 제품이기 때문에 고객은 이 제품을 신뢰할 수 있는 이유, 그리고 자신의 구매 행동을 정당화할 수 있는 근거를 맹렬히 찾게 된다. 그것이 망설임으로 나타난다. 심리적 방아쇠는 바로 고객이 맹렬하게 찾고 있는 근거를 찾아 제시하는 것이다.

신뢰할 수 있는 이유와 정당성의 근거를 찾는 것은 이성적인 판단 행위이지만 다른 한 편으로 보면 합리적인 인간으로 평가받고 싶은 감정적 욕구의 다른 표현이다. 사람들은 감정에 따라 제품을 구매하지만 이성으로 구매를 정당화한다. 즉, 고객의 구매 행동은 다분히 감정을 바탕으로 하고 있다는 것이다.

심지어 고객은 구매 행위를 정당화하기 위한 이성적인 근거를 찾을 겨를도 없이 오로지 감정에 휩쓸려서 구매를 하는 경우도 많다. 비록 이성적이지는 않더라도 감정적인 판단 역시 구매 행동을 정당화하는 근거가 된다. 감정은 구매의 원천적인 동기이기 때문이다.

고객의 입장에서 이 제품을 구매하는 것은 지극히 정당하며 현명한 일이라는 근거를 보여주면 이성적인 판단에 의한 것이든 감정적인 충동에 의한 것이든 어렵지 않게 구매를 행동에 옮기게 된다. 이렇게 고객에게 구매가 정당하고 합리적이며 현명한 판단이라는 근거를 제시하여 구매의사를 실제로 행동에 옮기게 하는 것이 바로 심리적 방아쇠다.

2) 고객을 클릭하게 하는 심리적 방아쇠

① 가상체험

고객이 구매를 결심하게 되는 순간은 그 제품이 바로 내 것이라는 느낌이 들 때이다. 구매를 할 때 제품에 대해 호감을 느끼게 되면 고객의 머릿속에는 새 제품에 대해 원했던 기능과 효용을 마음껏 누리는 모습이 머릿속에 그려진다. 또한 제품을 구매하기 이전에 가졌던 불편함과 아쉬움이 깨끗하게 사라진 상태를 마음속에 그린다.

고객이 직접 사용하면서 만족스러워하는 모습을 떠올리는 순간, 즉 제품을 직접 사용하는 가상체험을 하는 순간 그 제품은 바로 내가 직접 사용하는 내 물건이 된다. 그때부터는 제품을 살까 말까 망설이는 대상이 아니라 바로 비용을 지불하고 찾아와야 하는 내 물건이 되어버린다.

제품이 내 물건이라는 인식이 자리 잡으면 비용을 지출하는 데 따르는 부담은 순간적으로 사라진다. 빨리 제품을 내 것으로 만들어서 잘 사용하고 싶은 욕구가 더 커진다.

==구매하고자 하는 제품을 내 물건으로 생각하고 그 제품을 직접 사용하는 모습을 머리에 그리는 것이 바로 가상체험이다. 이것은 구매의사를 실행으로 옮기게 하는 심리적 방아쇠 중에 가장 중요하고 강력한 요소이다. 세일즈 카피는 고객으로 하여금 제품을 직접 사용하는 것 같은 느낌이 들 수 있어야 한다.==

고객은 마치 체크리스트를 들고 하나하나 확인하듯이 제품의 특징과 장점 등을 살펴본다. 고객의 의식에는 '이게 이렇구나, 저게 저렇구나'

하는 언어가 떠오르지만 그 순간 잠재의식은 각각의 사항들을 자신이 직접 경험하는 모습을 떠올리게 된다.

안경을 예로 들면 고객은 안경을 쓰고 주위도 살펴보고 시력검사판도 살펴본다. 안경이 가벼운지 무거운지도 가늠해보고 거울을 보면서 얼굴에 잘 어울리는지, 그리고 안경을 쓴 얼굴이 돋보이는지도 유심히 살펴본다. 그때 드는 생각은 '잘 보이는구나', '굉장히 가볍네', '잘 어울리는데?' 등이다.

고객이 '잘 보이는구나' 하는 판단을 하는 순간 잠재의식에는 눈을 찌푸리지 않고 편안하게 글자를 읽고 있는 모습, 멀리서 오는 친구를 그전보다 빨리 알아보는 상황, 그리고 늘 보아오던 정원의 꽃들이 더 선명하고 깨끗하게 보이는 순간이 떠오르게 된다.

'굉장히 가볍구나'라고 생각할 때는 하루 종일 안경을 끼고 있어도 콧잔등이 아프지 않고, 안경을 벗을 때 자국이 남지 않고, 안경이 흘러내릴 때마다 쓸어 올릴 일이 줄어든 모습을 떠올리게 된다.

고객이 '잘 어울리는데?' 라고 혼자서 되뇌는 동안 잠재의식에는 새 안경을 쓰고 학교에 갔을 때 친구들이 "안경, 완전 대박이다"라고 감탄을 하고, 보는 사람들마다 평소와는 다르게 멋진 안경을 쓴 자신을 호감 가득한 눈빛으로 바라보는 모습이 그려지는 것이다.

이때 고객의 잠재의식 속에 그려지는 모습이 바로 가상체험이다. 그것을 글로 표현해주면 고객의 가상체험은 더욱 강력해진다.

처음 안경을 쓰던 순간을 기억하시나요?

세상이 너무나 또렷하게 보여서 여기가 정말 내가 살던 곳이 맞나 싶었던 그때. ○○안경이 그때의 경이로움을 다시 한 번 느끼게 해드립니다. 미세한 빛의 비틀림과 번짐 현상을 완벽하게 보정한 ○○안경의 ○○○○렌즈. 더욱 파란 하늘, 더욱 푸른 나뭇잎이 한 걸음 더 가깝고 선명하게 다가옵니다.

○○안경은 ○○○○소재로 ○○g의 초경량 안경테를 실현했습니다.

마치 잠자리 날개처럼 가볍습니다. 어떤 고객님은 안경테가 너무 가벼워서 바람이 불면 날아가 버릴까 봐 겁이 날 정도라고 합니다. 하루 종일 쓰고 있어도 전혀 무게감이 느껴지지 않습니다. 이제 콧잔등의 안경 자국 걱정은 하지 않으셔도 됩니다.

○○안경은 국내 업체 중 가장 많은 모델을 생산하고 있습니다.

○○명의 최고 디자이너들이 매일 ○○종의 새로운 디자인을 만들어 냅니다. 뭔가 다른 스타일을 원하는 당신을 위해서입니다. ○○안경, 모든 사람들의 눈길을 한 곳에 모으는 독특하고 창조적인 패션의 시작입니다.

사용법을 미리 자세하게 알려주는 것도 고객에게 가상체험을 하게 한다. 이때 최대한 고객이 직접 사용하고 있는 모습이 그려지도록 해야 한다.

> 운동기구를 받으시면 곧바로 운동을 해보세요. 상단 부분을 받침에 얹어서 고정만 시키면 설치는 끝납니다. 그리고 기구 가운데에 있는 LED 조절판에서 목표하는 시간과 횟수를 설정하세요. 단 5분만 운동을 해도 헬스클럽에서 1시간 운동한 것과 같은 묵직함과 가벼움을 함께 느끼실 겁니다. 상단 부분과 받침을 분리하면 침대 밑이나 수납장 사이로 쏙 들어갑니다. 간수하기도 참 편리하죠?

② 정직함

정직함은 고객을 움직이는 가장 중요한 심리 요소 중 하나다. 마케팅 메시지는 정직하고 진실해야 한다. 마케팅을 하다 보면 장점은 최대한 드러내고 단점은 가능한 한 숨기고 싶은 것이 당연한 마음이다. 그러나 마케팅이 고객과의 소통이라는 점에서 본다면 지나치게 과장하거나 중요한 단점을 의도적으로 감추는 것보다 장점을 적절하게 강조하고 필요한 단점은 과감하게 공개하는 것이 훨씬 효과적이다.

글에는 신비한 힘이 있다. 글을 쓰는 사람의 마음과 면모가 그대로 드러난다. 정직한 마음으로 쓰면 정직함이 드러나고 불량한 마음으로 쓰면 불량함이 드러난다. 깊은 경륜과 실력을 바탕으로 쓰면 깊이와 무게가 느껴지고 얄팍한 지식으로 미사여구만 늘어놓으면 천박함과 가벼움이 그대로 느껴진다.

구매를 전제로 하는 세일즈 카피에서 이런 특성은 더욱 강하게 나타난다. 소비자는 냉정하고 현명하다. 특히 세일즈 카피는 한 개인이 보는 것이 아니라 다중의 고객이 함께 본다. 소비자는 집단일 때 더욱 현명하고 예민해진다. 메시지가 정직할수록 고객은 그 메시지를 순순히 받아들인다. 거짓 카피를 쓰면 숨기려고 했던 것을 그대로 알아차린다.

어느 제품이나 단점이 있다. 어떤 고객에게는 그것이 치명적인 단점일 수 있고 또 어떤 고객에게는 대수롭지 않은 문제일 수 있다. 단점을 공개하지 않을 경우 치명적인 고객에게는 대형사고가 발생하여 극도의 불신을 받게 되고 대수롭지 않은 고객 역시 판매자를 신뢰하지 않게 된다.

반대로 단점을 공개할 경우 치명적인 고객은 그 물건을 아예 구입하지 않아서 대형사고를 막을 수 있고, 대수롭지 않은 고객은 판매자에게 더욱 큰 신뢰를 가지고 구입할 수 있다. 따라서 어떤 경우에라도 단점을 공개하는 것이 효과적이며 더 큰 신뢰를 얻어 구매의사를 행동으로 옮기는 결정적인 방아쇠 역할을 할 수 있다.

○○주서기는 수동 제품으로 전동 주서기보다 저렴하고 유지비용도 전혀 들지 않지만 간혹 힘을 들여서 착즙을 해야 할 때가 있습니다. 사과, 바나나, 케일 등의 부드러운 재료는 문제가 없지만 당근과 같이 딱딱한 재료를 착즙할 때는 어려움을 겪을 수 있습니다. 이때는 재료를 좀 더 잘게 썰어서 넣어주면 한결 쉽게 착즙할 수 있습니다.

> 이 빌라는 완공된 지 10년이 넘은 빌라로 창틀과 문틀이 조금 낡아 있습니다. 그리고 베란다 벽에 결로 현상 때문에 곰팡이가 생기는데 1년에 두 번 곰팡이 처리 비용을 가옥주가 부담하기로 되어 있습니다.

③ 사회적 가치

어떤 기업이 부도덕한 행위를 저지르게 되면 소비자들은 그 업체의 제품을 구매하는 것을 꺼린다. 그러나 사회적으로 훌륭한 일을 했다는 것이 알려지면 그 업체의 제품을 구매하고 싶어 한다. 또한 이 제품을 구입하면 우리나라 농민들에게 도움이 된다든가, 어려운 사람이 혜택을 받는다든가 하는 관계가 있다면 굳이 필요가 없어도 구매를 하기도 한다.

이와 같이 나의 구매가 단순히 개인의 행위에 그치지 않고 어떤 식으로든 사회적으로 영향을 미친다는 의식이 구매 판단에 결정적인 역할을 하게 된다. 사회적 가치를 가지면 그 제품을 구매하는 것이 돈을 소비하는 차원에서 좋은 일에 기여하는 차원으로 바뀌게 된다. 구매 결심이 더욱 힘을 받게 된다.

판매액의 일부를 기부하는 업체들이 많이 있다. 이 업체들의 제품을 구매하면 자동적으로 착한 일을 하게 된다. 100% 국내산 원료를 강조하는 것은 품질을 입증하기 위한 목적이 크지만 우리나라에 함께 사는 사람들에게 도움을 주는 정당성도 함께 부여할 수 있다.

이런 개념을 토대로 착한 기업 마케팅이란 용어도 탄생했다. 기업이 사회공헌 활동을 활발하게 펼치면 굳이 매출액의 일부를 기부한다는 것을 내세울 필요 없이 제품을 구매하면 사회공헌 활동에 동참한다는 만족감을 얻을 수 있다. 이처럼 제품 판매에 사회적 가치를 부여하는 방법은 크게 두 가지가 있다.

첫 번째는 스스로 '착한 기업'이 되는 것이다.
불우이웃이나 장애우를 돕는 활동을 하거나 이런 일을 하는 사회단체의 활동에 동참하고 자세한 활동을 블로그나 페이스북에 올리는 것도 좋은 방법이다. '오른손이 하는 일을 왼손이 모르게 하라'는 성경 말씀에는 어긋나지만 고객과 함께 사회적 가치를 공유한다는 면에서 업체의 선행은 널리 알릴 필요가 있다.

특히 페이스북은 선행을 알리기에 좋은 매체다. 페이스북은 오른손이 하는 일을 왼손도 알게 하는 매체다. 페이스북은 확고한 실명제 원칙으로 인해 남들에게 비난받을 일은 이야기하기 어렵다는 특성이 있다. 그래서 페이스북을 열심히 하는 사람들은 (최소한 표면적으로는) 모두 다 훌륭하고, 착하고, 사회적 가치에 관심이 많은 사람들이다. 페이스북에 "저 오늘 착한 일 했어요"라고 올리는 것은 전혀 흠이 되는 일이 아니다.

두 번째는 제품의 특성을 사회적 가치와 연결시키는 것이다.
현지 생산 농민에게 적정 이윤을 보장하는 공정무역 커피와 초콜릿이 가장 대표적인 예이다. 커피와 초콜릿은 주로 제3세계 저개발국에서 극악한 노동 착취를 통해 생산되어 저가격을 유지하고 있는 제품들로, 공정무역에는 기존의 공정하지 못한 생산과 소비 구조를 바로잡아 생산과 소비로 발생하는 부가가치를 골고루 나눠 갖자는 의미가 담겨 있다.

2013년 여론조사에 따르면 공정무역 제품에 대해 '높은 가격이 부담된다'는 답변이 40%가 넘었지만 그럼에도 불구하고 '제품의 내용이 좋은 공정무역 제품의 구매를 희망한다'는 답변은 무려 68%에 이르렀다. 그만큼 사회적 가치가 구매결정에 크게 작용한다는 뜻이다. 이 조사의 결과에 비추어볼 때 우리 소비자들은 가격이 크게 부담되지 않는다면 사회적 가치를 지닌 제품을 적극적으로 구매할 뜻을 가지고 있다는 것을 알 수 있다.

그 외에 어떤 식품의 원료를 국산 유기농 농산품으로 만들었다든가, 부품을 친환경 소재로 만들었다든가, 자원낭비를 줄이기 위해 포장을 간소하게 했다든가 하는 것이 여기에 해당한다.

스스로 착한 기업이 되는 것은 정책에 관한 문제이지만 제품의 특성을 사회적 가치와 연결시키는 것은 마케팅과 카피라이팅의 문제이다. 기획과 개발 단계에서부터 사회적 가치를 염두에 두고 개발한 제품이라면 이를 크게 강조하여야 하고 만약 그렇지 않았다고 해도 제품의 특성에서 사회적 가치와 연결할 수 있는 부분을 찾아서 이를 부각시켜야 한다.

○○○○ 한 개를 구입할 때마다 225명 농민이 미소 짓습니다.

유기농법은 많은 노력과 시간, 그리고 인내가 필요합니다. 토양이 바뀌어야 하고 생태계가 바뀌어야 합니다. 그동안 농민들은 천연 퇴비를 만들어 수도 없이 땅을 갈아엎어야 하고 농약을

> 피해 달려드는 해충들과 싸워야 합니다.
> ○○○○은 모든 재료를 ○○군 ○○면에서 재배한 유기농 농산물로 만듭니다. 이 농산물에는 ○○군 ○○면 225명 농민의 피와 땀, 그리고 정성과 노력이 그대로 들어 있습니다. ○○○○을 선택하는 고객의 손길은 수년간 인내하며 유기농법을 지켜온 225명의 농민에게는 가장 큰 선물입니다.

④ 소속감

제품과는 전혀 관계 없어 보일 수도 있지만 구매에 결정적인 방아쇠 역할을 하는 것이 소속감이다. 사람은 누구나 어디엔가 소속되기를 원한다. 그것이 사회적 동물로서 가장 중요한 속성이다. 인간의 소속 욕구에는 외톨이가 되는 것을 극도로 두려워하는 수동적인 측면도 있고 공동체에 포함되어 사회적 관계를 유지하려 하고 그것을 자랑스러워하는 적극적인 측면도 있다.

패션, 즉 유행은 기본적으로 소속 욕구의 결과다. 또한 다수의 흐름에 따라 자신의 의견을 결정하는 밴드웨건 효과도 역시 소속 욕구를 바탕으로 하고 있다. 다수가 선택하는 흐름을 공유하지 않으면 소외될 우려가 있으며 그 흐름을 공유하면 더욱 폭넓고 긴밀한 관계를 유지할 수 있기 때문이다.

영화의 관객 수가 항상 관심의 대상이 되는 것은 그것이 영화의 품질의 척도이기도 하지만 인기 있는 영화를 본 사람들의 그룹에 소속되고 싶은 욕구가 있기 때문이다. 자주 만나는 친구들 중에 인기 영화를 본 사람이 많으면 동질감을 누리고 친구들 중에 인기 영화를 본 사람이 적으면 영화를 본 다수 그룹에 속해 있다는 자부심을 느끼게 된다.

나이키나 아디다스, 그리고 아이폰처럼 자랑스럽게 드러내 보이려고 하는 유명 브랜드와 자동차와 명품 브랜드 같은 고가품은 강력한 소속감을 부여한다. 브랜드는 품질을 보증하기도 하지만 같은 제품을 구매한 사용자 그룹의 표상과도 같다. 소비자들은 브랜드가 상징하는 계층과 취향을 가진 일정 그룹의 일원으로서의 소속감을 가지게 된다.

마케팅에 있어서 소속감의 효과는 두 가지 형태로 나타난다. 하나는 이미 형성되어 있는 사회적 가치와 성향, 그리고 지향점을 내세우고 이를 제품의 특성과 연결하는 것이다. '현명한 주부는 맛있는 식탁을 위해 항상 좋은 멸치를 준비합니다', '실속파 커플을 위한 4박5일 판타지 투어'라는 카피는 소비자로 하여금 '현명한 주부'와 '실속파 커플'의 부류에 소속되고 싶은 욕구를 불러일으킨다.

현명한 주부의 선택은 분명합니다.

새집 입주의 기쁨에 항상 따라붙는 새집증후군 걱정. 시공업체에 맡기면 32평형의 경우 최소 49만 원에서 최대 53만 원입니다. 그런데 피톤치드로 직접 제거하면 얼마나 들까요? 18평이면 6만 원, 32평이면 10만 원, 43평이면 15만 원이면 충분합니다. 시공업체에 맡기는 비용의 5분의 1이면 새집증후군 걱정에서 완전히 벗어날 수 있습니다.

현명한 주부라면 어느 쪽을 선택할까요? 선택은 분명합니다.

⑤ 승자와 패자

　승자와 패자는 크게 보면 소속감에 해당하지만 그보다는 좀 더 적극적이고 공격적인 마케팅 개념이다. 어떤 제품을 선택하는가 혹은 어떤 제품을 선택하지 않는가에 따라 성공과 실패, 승리와 패배가 갈라진다는 것이다. 고객들은 당연히 성공하고 승리하는 쪽을 선택하려고 한다.

　어떤 제품이건 사용 후에 나타나는 결과가 있다. 그중에서 그 결과가 장기적이고 큰 변화로 나타날 수 있는 제품의 경우에는 승자와 패자 구도를 활용하면 좋다. 제품과 서비스를 사용해서 효과를 거둔 사람과 사용하지 않아서 효과를 누리지 못한 사람을 비교하는 것이다.

　이 구도를 활용한 가장 유명한 카피는 '순간의 선택이 10년을 좌우한다'이다. 이 카피는 LG전자의 전신인 금성사의 대표 카피였다. 이 카피가 위세를 누리던 1980년대는 '전자제품은 금성사'라는 확고한 인식이 있었다. 또한 그 당시 전자제품은 편의성과 첨단성과 함께 오래 쓰는 내구성이 매우 중요한 선택 기준이었다. 당장의 차이는 크지 않을지 몰라도 10년 후가 되면 타사의 제품은 사용하기 어려운 반면에 자사 제품은 계속 튼튼하게 사용할 수 있다는 뜻이다.

5%와 95%, 당신은 어느 쪽에 속하고 싶으십니까?

이제 갓 사회생활을 시작하는 파릇파릇한 20대. 40년 뒤 이들은 어떻게 변할까요? 통계에 따르면 100명 중 36명은 사망하고, 54명은 죽지 못해 살아가게 됩니다. 나머지 10명 중 5명은 은퇴 후에도 쉬지 않고 일을 해야 합니다. 재정적인 어려움 없이 여생을 누릴 수 있는 사람은 불과 5명에 불과합니다. 5%는 행복하고 95%는 불행합니다. 5%는 성공하고 95%는 실패합니다. 5%와 95%의 차이는 단 하나. 5%는 20대부터 꼼꼼하게 재무설계를 했고, 95%는 그저 일만 열심히 했습니다. 지금 막 사회에 첫 발을 내디딘 당신, 5%와 95% 중 어느 쪽에 속하고 싶으십니까?

⑥ 절박감

판매자들이 가장 듣기 싫어하는 말은 "좀 더 생각해 볼게요", "다음에 또 올게요"이다. 이 말이 구매하기 싫다는 말의 우회적인 표현이라면 어쩔 수 없지만, 제품은 마음에 드는데 지금 당장 구매할 필요를 느끼지 못한다거나 결심을 굳힐 만한 계기가 없어서 다음 기회로 미루는 것이라면 마케팅에 문제가 있는 것이다.

특히 고객을 직접 대면하지 못하는 온라인 판매에서는 한 번에 선택을 받지 못하면 다음 기회란 사실상 없는 것이나 마찬가지다. 시간이 지나서 고객이 우리의 메시지를 다시 접할 수 있으리라는 보장도 없고 설사 우리의 메시지를 고객이 다시 살펴본다 해도 처음에 느꼈던 호감은 이미 사라진 상태일 것이기 때문이다.

당신의 제품이 고객에게 꼭 필요한 것이라면 고객이 당신 제품에 대해 자세히 알고 난 뒤에 바로 구매할 수 있도록 해야 한다. 이때 필요한 것이 절박감을 줄 수 있는 메시지다. 고객이 미루지 말고 지금 바로 구매해야 할 이유를 제공해야 한다.

판매자가 제공해야 할 절박한 이유는 고객이 스스로 느끼는 절박함과는 크게 관계가 없다. 제품이 절실하게 필요한 사람일수록 선택을 망설이는 경향이 높다. 그 절박함으로 인해 아무 것이나 쉽게 고를 수 없기 때문이다. 그러나 제품이 당장 절실히 필요하지 않은 고객일지라도 지금 사야 하는 절박한 이유에 공감한다면 곧바로 구매할 가능성이 높아진다.

고객으로 하여금 절박함을 느끼게 하는 전략으로는 수량 한정, 기간 한정, 자격 한정, 특별 할인, 공급 부족, 주문 폭주, 특별 배송 등이 있다.

이미 많은 고객이 구매했다는 것을 알려주는 것도 고객의 절박함을 이끌어낼 수 있다. 그 제품을 구매하는 것이 거대한 트렌드처럼 느끼게 되면 그 흐름에 뒤처지기 싫어서 빨리 구매해야겠다는 생각을 하게 된다.

소셜커머스에서 제품을 구입하는 소비자들 중 상당수는 지금 당장 필요 없는 물건인데도 서둘러서 산다. 언제 이 가격에 다시 살 수 있을지 알 수 없기 때문이다. 지금 사지 않으면 영영 기회를 놓쳐버릴 것 같은 두려움. 이것이 고객이 느끼는 절박감이다.

○○○○ 제품 특별 할인 이벤트를 18일에 종료합니다.
저희 쇼핑몰에서는 지난주부터 최근 6개월간 누적 구매금액 50만 원 이상 고객을 대상으로 ○○○○ 제품을 특별 할인가 ○○○○원(할인율 30%)에 판매하는 이벤트를 진행하고 있습니다. 이 이벤트는 당초 25일까지 진행할 예정이었으나, 예상 외로 주문이 폭주하여 오늘(16일) 현재 준비된 2,000개의 물량이 거의 소진되어 부득이하게 이벤트 마감일을 일주일 앞당

거 18일에 종료하게 되었습니다.

18일 24시까지 주문해주신 분께는 책임지고 배송해드릴 예정이지만 추가 물량 확보로 인해 마감에 임박하여 이루어진 주문에 대해서는 배송이 조금 늦어질 수도 있다는 점을 말씀드리고 미리 양해를 구하고자 합니다.

특별한 고객을 위한 특별한 이벤트!!
오늘부터 3일 남았습니다. 서둘러 주십시오.

⑦ 투자 대비 이익

고객이 제품이나 서비스를 구매하는 것을 일종의 투자로 볼 수 있다. 일정한 비용을 지불하고 그에 상응하는 편익과 가치를 얻는 것이기 때문이다. 이와 같이 비용을 지불하여 얻는 이익을 금액으로 표시해주면 고객은 투자 대비 이익의 개념으로 구매할 제품의 가치를 판단할 수 있다. 투자에 대비하여 얻게 되는 이익이 분명하면, 그리고 그 이익이 매우 높은 비율의 이익이라면 고객은 구매 결심을 더욱 굳힐 수 있다.

제품과 아이템에 따라서 구매의 결과로 금전적인 수익이 명확하게 발생하는 경우가 있다. 또한 직접적인 수익은 아니더라도 기존의 비용을 줄여주는 방식으로 간접적인 수익을 발생하는 경우도 있다. 더 나아가 도저히 금전으로 환산할 수 없는 것이라도 다른 수단으로 같은 편익과 가치를 얻는 것과 비교하여 금전적인 수익으로 나타낼 수 있다.

B2B 제품의 경우는 가치를 금전으로 환산하는 것이 비교적 쉽다. 장비나 기계의 경우 생산성 향상을 통해 어느 정도의 수익이 발생할 수 있는지 혹은 어느 정도의 비용을 절감할 수 있는지를 제시할 수 있다. 규제에 의해 강제로 설치해야 하는 장비라면 범칙금이나 과징금과 비교하여 불필요한 지출을 줄일 수 있는 부분을 금액으로 제시할 수 있다.

가령 가격이 100만 원인 장비가 발생시킬 수 있는 직간접적인 수익이 연간 500만 원이라면 연간 투자 대비 수익률은 500%가 된다. 투자로서는 최고 수익의 투자라고 할 수 있다.

교육상품의 경우도 투자 대비 수익을 제시할 수 있다. 교육비용이 총 100만 원이고 그 기술이나 지식을 활용하여 취업을 하거나 영업을 했을 때 얻을 수 있는 연봉이나 예상 수익이 연간 1천만 원이라면 이 역시 대단히 높은 수익률을 기록하는 투자라고 설명할 수 있다.

나만의 전담 변호사를 고용하는 비용, 월 2만 원

'법 없이도 사는 사람'이라는 말이 있습니다. 굳이 법을 들이댈 일 없이 곧고 바르게 살아가는 분들을 말합니다. 그렇습니다. 법이라는 것을 만날 일 없이 살 수 있다면 그것이야 말로 가장 행복한 삶일 것입니다.

그러나 우리의 삶이란 것이 그렇게 녹록하지 않습니다. 사업을 하다 보면 무슨 규제에 무슨 단속에, 생전 듣도 보도 못한 법의 그물에 걸려 허우적거릴 때가 있습니다. 자동차보험만 가입하면 사고가 나도 아무 걱정이 없을 줄 알았는데 웬걸! 보험은 있으나 마나 한 골치 아픈 상황이 생기기도 합니다. 혈기 왕성한 아이가 학교에서 싸움이 벌어졌는데 억울하게 가해자로 몰려서 원통 절통한데도 어디 하소연 할 데도 없습니다.

변호사를 만나려면 잠깐 만나주는 데만도 몇 십만 원에, 재판이건 합의건 일을 시키려면 몇 백만 원은 기본으로 들어갑니다. 그렇다고 법의 'ㅂ'자도 모르는 내가 뭘 어떻게 할 수 있는 것도 없습니다.

변호사는 이럴 때 필요한 것입니다. 상담에서 법률 수임까지 원스톱으로 처리해주는 전담 변호사를 고용하십시오. 한 번 부탁하는 데도 몇 백만 원인데 어떻게 전담 변호사를 두냐고요? 걱정하지 마십시오. ○○법률구조보험을 이용하시면 월 2만 원에 당신의 전담 변호사를 고용할 수 있습니다.

1. 제품 분석의 과제

이제 내 제품에 대해 세세하게 뜯어볼 차례다. 세일즈 카피의 기본 패턴에서 해결책과 입증에 해당하는 부분이다. 이 책을 읽는 많은 이들이 특히 이 장을 반길 것이다. 마케팅 글쓰기에 관심을 가진 이들이라면 누구나 내 제품을 효과적이고 적절하게 표현하고 알리는 것에 가장 큰 관심을 가지고 있을 것이기 때문이다. 그래서 어쩌면 처음부터 책이 절반이 넘어가는 순간까지도 오로지 고객만을 얘기하는 것에 대해 지루함을 느꼈을지도 모르겠다. 그런데 제품 분석에 대해 얘기하는 이 장에서도 줄기차게 고객 얘기만 하게 될 것이다.

모든 제품은 최소한 몇 가지 특징들을 가지고 있다. 보통은 하나의 글에 이 모든 특징을 한꺼번에 담으려고 한다. 이런 경향은 두 가지 문제를 낳는다. 하나는 특징들을 단순하게 나열하는 핵심 없는 글이 되어버리는 것이고 다른 하나는 이렇게 글을 쓰면 그 다음 쓸 글이 없어지는 것이다.

마케팅 글쓰기에 있어서 제품 소개는 필요로 하는 고객에게 필요한 내용을 보여드리는 것이다. 앞에서 '모두에게 말하는 것은 아무에게도 말하지 않는 것과 같다'는 얘기를 한 적이 있다. 제품이 가진 특징을 알파에서 오메가까지 쭉 나열하기만 하는 것은 그 누구의 관심도 끌 수 없다. 특정한 필요를 가진 고객에게, 그 필요를 충족시키는 특징을 집중적으로 설명해야 비로소 해당 고객을 만족시킬 수 있다. 그런 뒤에 나머지 특징들을 열거하는 것이 효과적이다.

마케팅 글쓰기에 대한 고민은 날이면 날마다 뭔가를 써야 하는 블로그와 SNS, 그리고 주기적으로 고객에게 새로운 소식을 전해야 하는 메일링에서 비롯된다. 그런데 하나의 글에 제품의 모든 특성을 때려 넣게 되면 다음에는 쓸 글이 없다. "포스팅 몇 번 하고 나면 더 이상 쓸 게 없어요"라는 고민은 제품의 모든 특징을 하나의 글에 몽땅 쓸어 담으려고 하는 경향 때문에 생겨난다.

자동차나 부동산처럼 제품의 종류도 다양하고 필연적으로 새로운 제품이 계속 쏟아져 나오는 품목은 비교적 이런 부담이 덜하다. 그렇다고 해도 하나의 제품에 쓸 수 있는 글이 딱 하나 뿐이라면 "이번에는 뭘 쓰지?" 하는 고민에서 헤어날 수 없다. 더구나 소규모 자영업자는 한 두 개 품목만을 취급하는 경우가 다반사다. 그런 상황에서 제품의 모든 특징을 글 하나에 몰아넣고 그 뒤로는 손을 놓고 있어야 한다면 마케팅이라고 부를 만한 일을 하는 것이 불가능해진다.

그래서 제품 분석의 과제는 두 가지가 된다. 하나는 특정한 필요를 가진 고객에게 그것을 충족할 수 있는 제품의 특성을 보여주는 것이고 또 하나는 하나의 제품에서 여러 가지 글감을 뽑아내는 것이다.

2. 고객 분석과 제품 분석

제품 분석은 1차적으로 제품을 구성하고 있는 요소와 특징을 분석하는 작업이다. 그러나 그것만으로는 제품 분석이 큰 의미를 가질 수 없다. **중요한 것은 내 제품의 특성으로 이익을 얻을 수 있는 고객이 누군가를 찾는 것이다. 즉, 제품 분석이란 내 제품의 특성과 고객의 필요를 이어주는 연결고리를 찾는 작업이다.**

고객 분석과 제품 분석은 마케팅 전체의 차원에서 매우 필수적인 과정이다. 그러나 이 둘은 결코 따로 떨어져 있지 않다. 고객 분석 따로 하고 제품 분석 따로 하는 것이 아니라는 말이다.

앞서 고객 분석에 대해 알아보면서 고객의 5단계 분류, 고객이 구매하는 진짜 이유, 구매를 결정하는 심리적 방아쇠 등을 알아봤다. 이들은 고객의 일반적인 성향을 먼저 염두에 두고 내 제품의 특성 중에서 고객이 좋아하고, 고객을 안심시키고, 고객을 만족시킬 수 있는 포인트를 찾기 위한 방법들이다.

이 장에서 소개하는 제품 분석의 방법은 내 제품의 특징에서 출발해 그 특성에서 최대한 이익을 얻을 수 있는 고객을 생각해내는 방법이다. 방향만 다를 뿐 고객과 제품을 연결한다는 점에서는 일치한다. 그러나 제품의 특성에 대한 세세한 분석에서 출발해 고객을 찾아가는 방법이 훨씬 본질적이고 효율적이다. 결국 제품 분석은 고객 분석을 위한 가장 효과적인 방법이 된다.

3. 제품 분석의 실제

선크림 제품을 분석해보면서 실제로 제품 분석을 어떻게 해야 하는지 알아보자. 이 제품은 M사의 제품이다. 이 제품의 특징들을 있는 대로 뽑아서 나열하면 아래와 같다.

- 비타민 E : 피부 항산화작용
- 보습성분 함유
- 피부 유연성분 함유
- 백색 로션 타입
- 펌프 용기
- 200명 연구진 30만 번의 테스트
- 아시아 여성 24~60대 157명 대상 임상실험 완료
- 출시 이후에도 테스트와 업그레이드 지속
- 미국 피부암재단 '추천인증서(Skin Cancer Foundation Seal)' 획득
  - 자외선 차단 기능 유효성
  - 피부외용제 안전성
  - 피부손상, 여드름 유발 안전
- 무향
- 오일프리
- 친수성으로 피부 흡수가 빠름
  - 허옇게 남는 현상 없음
  - 간단한 물 세안으로 제거 가능

어떤 제품이건 세세하게 살펴보면 이 정도로 많은 특징들을 뽑아낼 수 있다. 내 제품이 어떤 제품인지 보여주겠다는 의욕만 앞서면 이 특징들을 단순히 나열하는 것에 그치게 된다. 더 욕심을 부려서 각 항목을 세세하게 설명하게 되면 그 글은 복잡하고 뭐가 잔뜩 많이 들어 있기만 하고 임팩트는 전혀 줄 수 없는 글이 된다.

위에서 열거된 특징 중에서 몇 가지 중요한 특성을 뽑아서 타기팅을 하고 소재를 확장시켜 보자. 여기에서 꼭 알고 넘어가야 할 개념이 바로 FAB다.

FAB는 Feature일반적인 특성, Advantage장점, Benefit이득, 혜택의 약자이다. 제품이 가지고 있는 일반적인 특성은 장점을 가지고 있고 그 장점을 통해 고객은 원하는 (혹은 기대하지 않았던) 이익을 얻게 된다. 즉, 기본적인 특성이 어떤 장점을 가지고 있으며 그 장점은 소비자에게 어떤 이익을 주느냐로 생각을 확장해나가는 방식이 FAB다. 소비자는 특성 그 자체보다는 그것으로 얻게 되는 이익을 생각하고 구매한다.

여기에 육하원칙을 적용해서 각각의 특성이 지니는 장점과 이익, 그리고 누구에게 좋은지, 누가 필요한지, 언제 필요한지, 왜 필요한지와 같은 속성들을 추출한다.

이 제품이 가지고 있는 여러 가지 특성 가운데 우선 피부암재단 인증, 보습성분 함유, 친수성 등의 3가지 특성만을 가지고 분석해보자.

1) 미국 피부암재단 인증

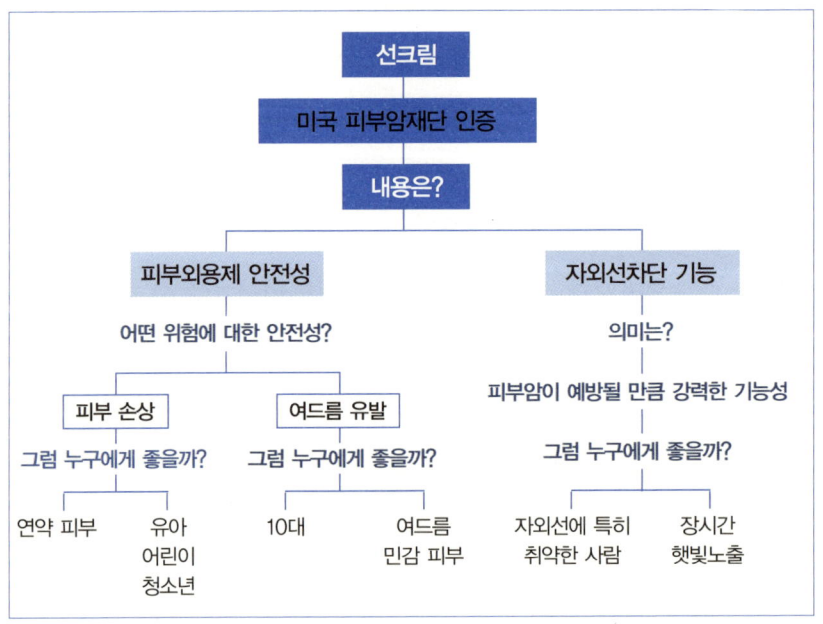

　미국 피부암재단이 인증한 내용은 피부외용제로서의 안전성과 자외선 차단 기능성이다. 그렇다면 피부외용제로서의 안전성은 '이런 안전성이 갖추어지지 않으면 어떤 위험을 유발한다' 는 전제가 있을 것이다. 그것은 피부 손상과 여드름 유발이다.

　피부 손상에서 안전하다면 어떤 고객에게 도움이 될까? 당연히 연약한 피부를 가진 고객이나 유아, 어린이, 청소년이 사용해도 괜찮을 것이다. 그리고 여드름 유발에 대해서 보면 여드름이 많이 생기는 10대와, 성인이 되어도 여드름 때문에 고생하는 여드름 민감 피부의 고객들에게 도움이 된다.

모처럼의 가족 여행

우리 돌배기 아기 피부가 걱정되시죠?
아기에게 발라도 안전한 선크림이
있습니다. 미국 피부암재단이
피부안전성을 인증한 선크림

오늘은 우리 아이 유치원 소풍 가는 날

어른들이 바르는 선크림을 발라줘도
괜찮을까요?
걱정 마세요. 아기가 발라도 안전한
선크림이 있습니다.

피부트러블 때문에 항상 조심스러운 당신

특히 화장할 때 가장 먼저 사용해야
하는 선크림은 더욱 신중해야합니다.
미국 피부암재단에서 안전성을 인증한
선크림을 한 번 써보세요.

여드름 때문에 외출도 무서워하는 우리 아이

선크림을 잘못 바르면 여드름이 더
심해질 수도 있다는데…
여기, 여드름에도 안전하게 사용할 수
있는 선크림이 있습니다.

일생에서 가장 예쁘고 아름다운 10대의 피부

그만큼 안전하게 잘 보호해야 합니다.
자외선에서 보호하는 것은 필수!
그런데 자외선을 차단하면서 여드름을
유발시키면 안 되겠죠?
자외선 차단과 여드름 보호를 동시에
할 수 있는 선크림

성인 여드름으로 고생하시는 분들은 화장품 선택이 항상 어렵습니다

여드름 치료제를 열심히 쓰고 있는데
화장품이 여드름을 부추긴다면?
그렇다고 선크림을 외면할 수는 없습니다.
자외선을 차단하면서 여드름에도
안전한 선크림

피부암재단은 이름 그대로 피부암을 예방하고 치료하는 것을 가장 중요한 가치로 활동하는 조직이다. 자외선은 피부암 발생의 가장 큰 원인이다. 따라서 피부암재단이 인증했다는 것은 그만큼 자외선 차단 효과가 뛰어나다는 것이 된다. 그렇다면 자외선에 특히 민감해서 10분만 햇볕을 쬐어도 얼굴이 타는 사람이나 장시간 햇빛에 노출되어야 하는 직업을 가진 고객에게 더욱 효과적으로 어필할 수 있을 것이다.

선크림을 한 웅큼 발라도
마음이 놓이지 않으시나요?
세계에서 자외선을
가장 싫어하는 미국 피부암재단에서
인증한 선크림이 있습니다.

어쩔 수 없이 하루 종일
따가운 햇살 아래서 일을
해야 하시는 분들이 있습니다.
시간마다 선크림을 발라줄 수도 없고
자외선 차단 효과에 관한 한
세계 최고 기관의 인증을 받은
선크림이 있습니다.

2) 보습성분 함유

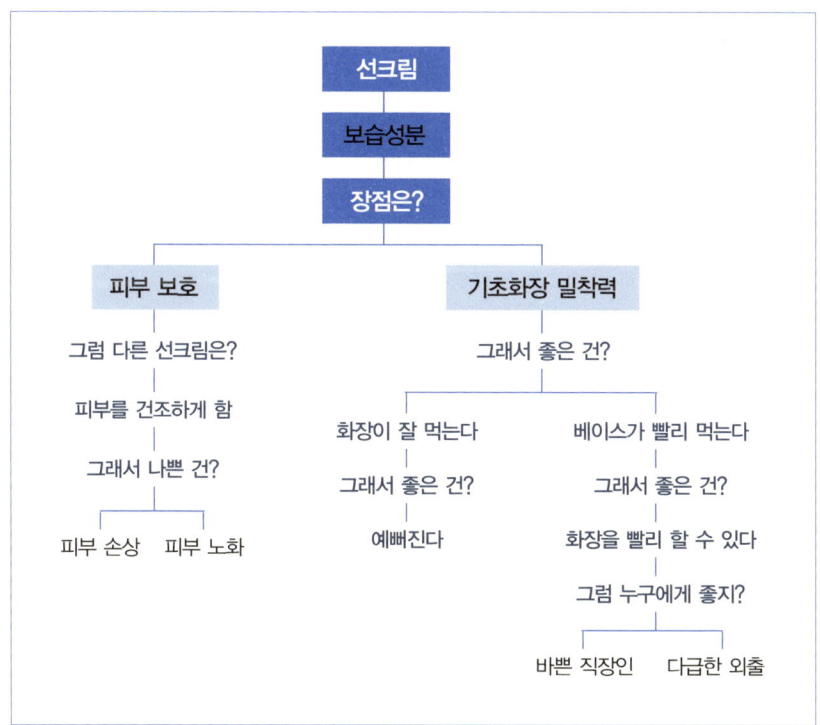

　보습성분이 가지고 있는 장점은 피부를 보호한다는 것이다. 그렇다면 보습성분이 없는 선크림과 비교하는 것이 효과적이다. 보습성분이 없는 선크림은 당연히 피부를 건조하게 한다. 그러면 당연히 피부가 손상되고 노화된다. 선크림의 가장 중요한 기능

피부손상을 막아주는 고기능 선크림

자외선은 피부 노화의 주범. 그런데 자외선을 막아주는 선크림이 피부 노화를 부추긴다면?

은 피부를 보호하고 노화를 방지한다는 것인데 보습 기능이 없다면 자외선 차단 효과가 아무리 뛰어나도 오히려 피부를 상하게 한다. 따라서 보습 기능이 있다는 것은 크게 강조하여 내세울 특징이고 장점이다.

그리고 보습성분이 함유되어 있으면(F 특성) 기초화장의 밀착력이 높아진다. 기초화장이 잘 먹힌다는 뜻이다(A 장점). 그러면 당연히 화장의 완성도, 즉 똑같이 화장을 해도 이 선크림을 바르고 기초화장부터 시작하면 훨씬 예뻐 보이게 된다(B 이익).

화장의 완성도를 200% 높여주는 고기능 선크림

○○선크림은 특유의 보습 기능으로 피부에 착 달라붙어 기초화장을 잘 받쳐줍니다. 같은 화장품을 써도 화장의 효과가 달라집니다.

기초화장의 밀착력이 높아져서 잘 먹는다는 장점(A)은 고객에게 또 다른 이익(B)을 줄 수 있다. 바로 화장 시간을 줄여준다는 것이다.

화장 시간을 줄여주는 ○○○ 선크림, 꿀맛 같은 새벽잠, 10분은 더 즐기세요. 갑작스런 외출, 화장은 언제 하지? 당황하지 마세요. ○○○선크림이면 걱정 없습니다.

3) 친수성

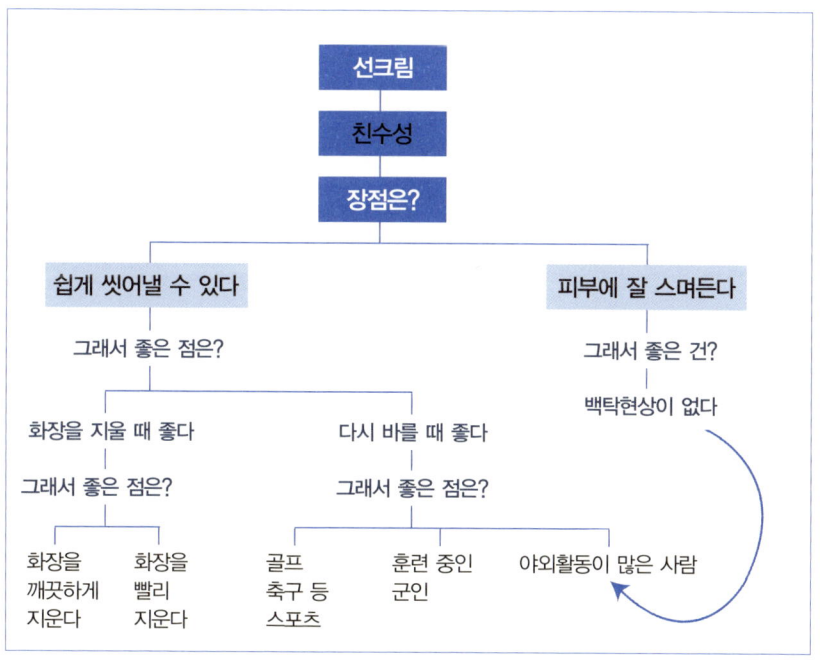

친수성이라는 특성(F)은 쉽게 씻어낼 수 있다는 장점(A)과 피부에 잘 스며든다는 장점(A)을 가지고 있다. 쉽게 씻어낼 수 있다는 장점은 화장을 지울 때 쉽게 지우고 빨리 지울 수 있다는 또 다른 장점(A)이 있다. 이런 장점은 고객에게 어떤 이익(B)을 가져다 줄 수 있을까?

여성분들은 화장을 할 때도 매우 꼼꼼하게 해야 하지만 화장을 지울 때도 많은 신경을 써야 한다. 화장품이 피부에 남아 있으면 아무래도 피부가 상하기 쉽기 때문이다. 그래서 화장을 쉽게 지울 수 있다는 것은 휴식을 취하든 잠을 자든 좀 더 빨리 마음 편하게 일과를 마치게 한다는 이익

(B)을 준다.

요즘은 군인들에게 선크림이 필수일 정도로 남성들도 선크림을 많이 사용한다. 그런데 아무리 좋은 선크림이라도 그 효과가 하루 종일 가지는 않는다. 종일 햇빛에 노출되어 있을 경우에는 몇 번에 걸쳐 다시 발라 줘야 한다. 그럴 때 기름 성분이 잔뜩 들어가 있는 선크림을 바르고 있다면 깨끗하게 씻어내고 다시 바르는 것이 보통 번거로운 일이 아니다.

이때 친수성이라는 특성(F)은 쉽게 씻어낼 수 있다는 장점(A)이 있어서 하루 종일 햇빛에 노출되어 있는 사람들은 몇 번이고 간편하게 다시 발라서 피부를 보호할 수 있다는 이익(B)을 취할 수 있다. 친수성이라는 특징에서는 다음과 같은 글감을 찾아낼 수 있다.

하루 종일 직장 일, 집안 살림에 지친 주부,
이젠 편히 쉬어야죠?
비누 세안만으로 쉽게 지워낼 수 있는 OOO 선크림
간편하게 씻어내고 TV 앞으로 GO, GO, GO!

클렌징크림으로 지우고 폼으로 닦아내고도 뭔가 피부에
남아 있다면?
OOO 선크림은 비누 세안만으로 깨끗하게 닦아낼 수 있습니다.
간편한 클렌징으로 편안한 밤 누리세요.

**하루 종일 땡볕에 시달리는 군대 간 우리 아들,
선크림 더 보내달라고 전화 왔네요.**

물로 간단하게 씻어내고 다시 바를 수 있어서 하루 종일
마음 든든

**골프장 갈 때마다 허옇게 남는 선크림 때문에 잔소리
를 들어야 했던 김 사장님.**

○○○ 선크림은 특유의 친수성으로 백탁현상이 없습니다.
이젠 말끔하고 멋진 얼굴로 굿샷하세요.

4. 나만의 매력 포인트, USP

❖ 내가 찾던 바로 그 제품

제품 분석은 내 제품 이야기, 내 이야기를 하기 위한 것이다. 마케팅 메시지는 기본적으로 고객의 입장에서부터 출발해 써야 하지만 내 이야기와 내 제품 이야기를 할 때는 고객에게 강렬한 인상을 심어주고 꼭 구매해야겠다는 욕구를 불러일으켜야 한다.

이때 꼭 필요한 개념이 USP$_{\text{Unique Selling Proposition}}$이다. 우리말로 번역하면 독창적인 제품 제안이 되겠지만 그 뜻이 완벽하게 전달되지 않으므로 그냥 USP라고 부르기로 한다.

USP는 제품이 갖추고 있는 배타적이고 고유한 특성, 장점 혹은 기능 등의 속성을 함축적으로 담고 있는 메시지를 말한다. 그런데 이것은 고객이 원하는 내용과 일치해야 한다. 즉, USP는 제품이 갖추고 있는 여러 특성과 장점들 중에서 고객의 필요와 욕구에 가장 부응할 수 있는 부분을 부각하여 함축적이고 간결하게 표시하는 메시지다. 제대로 된 USP는 고객으로 하여금 '아, 이게 바로 나를 위한, 내가 찾던 그 제품이구나' 하는 생각을 가지게 하는 포인트가 된다.

USP가 없거나 고객을 만족시킬 만큼 충분하지 않다면 고객은 제품의 본질이 아닌 가격이라는 상대적인 기준에 의해서만 제품을 선택하게 된다. 마케팅은 여러 경쟁 제품들과 함께 가판대에 무작위로 진열된 상태에서 요행으로 선택되기를 바라는 것이 아니라 고객을 설득하고 움직여 내 제품을 돋보이게 함으로써 고객이 내 제품을 선택하게 만드는 노력의 과정이다. 따라서 USP는 마케팅에 있어서 필수적인 요소다.

가장 기본적인 USP는 우리 제품이 경쟁 제품과 비교했을 때 가지는 배타적이고 차별적인 속성이다. 모든 신제품은 기존의 제품이 가지고 있는 결함과 불편함을 극복하고 개선해서 만들어진다. 스펙이 같다면 가격이라도 싸게 해서 나오게 되고, 가격에 차별점을 두기 어렵다면 사은품과 같은 판매정책이라도 다르게 해서 기존 제품과는 분명히 구분되는 특징을 가지게 된다. USP에서는 이것을 강조해야 한다.

그래서 USP를 제품의 특장점으로 이해하는 사람들이 많다. 그러나 이것이 곧 USP의 모든 것은 아니다. 또한 기존 제품 혹은 경쟁 제품과 조금도 차별성을 찾기 어려운 제품도 많이 있다. 따라서 USP는 제품의 특성에서 추출되는 경우보다는 업체의 역사, 신뢰도, 철학, 제조에 사용된 신공법, 판매전략 등 제품 외적인 부분에서 발견되는 경우가 훨씬 많고 실제로 그것이 더 강력하게 작용한다. 즉, USP는 고객의 입장에서 '아, 이것을 보니 믿고 사도 되겠구나', '아, 이것은 다른 제품과는 분명히 다르구나', '그렇다면 꼭 사야지' 라는 생각이 들게 하는 제품의 내부와 외부의 모든 특징, 장점, 속성이 해당된다.

• USP의 형태

USP의 형태는 슬로건이나 캐치프레이즈의 형태로 표현되는 경우도 있고 본문에 텍스트 형태로 녹아들어 있을 수도 있다. 혹은 브랜드와 제품명이 USP의 역할을 하는 경우도 있다.

텍스트 형태
- 최첨단 고성능 장비를 활용한 7단계 매트리스 전문 관리
- 치유의 숲, 장성 편백나무 숲의 청정 향기를 그대로 담았습니다.
- 스피커만 297개, 우리나라 최대의 종합 오디오몰
- 수분을 10배 흡수하는 발아 치아씨드가 피부 속 수분을 오래오래

헤드라인, 슬로건, 캐치프레이즈 형태
- 피부에 휴식을 주는 섬, 이니스프리
- 126년 역사의 유럽 정통 란제리
- 자연을 닮은 프리미엄 항균 침구, 에이스까사
- 신선한 육심, 건강한 육심 채선당

브랜드, 제품명
- 녹차 먹인 제주도 흑돼지
- 으랏차차 숙성홍삼액
- 통째로 갈아 넣은 한 뿌리(음료)

- **USP 찾아내기**

USP는 만드는 것이라기보다 찾아내는 것이다. 위에서 말했듯이 제품과 관련된 모든 사항들이 USP의 대상이 될 수 있다.

- **제품의 특성**

가장 기본적인 USP의 요소이다. 다른 제품과 확실한 차별점이 있는 경우, 그리고 다른 제품이 쉽게 흉내 내거나 따라올 수 없는 특성이 있다면 이것을 가장 먼저 강조한다. 그러나 세상에 오직 하나밖에 없는 대단히 특별한 내용일 필요는 없다. 다른 제품에 이미 있는 것이라고 해도 어떻게 강조하느냐에 따라 나의 USP로 활용할 수 있다.

- 100여 가지 국내산 한방성분, 연꽃 식물줄기세포 배양액 함유
- 국내 최초, 항균, 항진드기, 항알러지 효과의 프리미엄 항균원단 채택
- 겨우 160g, 세상에서 가장 가벼운 초경량 러닝화

- **지역**

제품이 생산되는 지역이 제품의 속성과 관련된 경우는 매우 특별한 USP가 된다. 특히 농산물이나 수산물의 경우는 재배지, 경작지, 수확지가 USP가 되는 대표적인 경우다. 또 다른 측면에서는 고객을 지역으로 특정하여 지역에서의 위상을 강조하는 것도 중요한 USP다.

- 대한민국 청정지역 지리산 한약마을

- 굴비 명인 영광 구가네 굴비
- 목동에서만 30년, 목동 전문 부동산

• 인물, 이름, 자격

제품명에 개발자나 생산자의 이름을 넣을 경우, 이름 자체가 USP가 된다. 같은 제품이라도 사람의 이름이 들어가면 개발과정이나 제조방법, 원료 등에 좀 더 특별한 요소가 있을 것으로 기대한다. 물론 이름을 넣을 때는 그만한 이유가 있어야 한다. 패션 디자이너 제품이나 헤어숍과 같이 개인의 역량이 곧 제품의 품질을 결정하는 경우가 대표적이고, 명장과 같은 공인된 자격이 있을 때 특히 이름을 쓰는 것이 가장 강력한 USP가 된다.

- 대한민국 제7대 제과명장 안스 베이커리
- 인삼 명장 풍기 김정환 홍삼
- 세계 27개국 특허 획득, 발모 신물질 P1P

• 역사

역사는 제품의 특성 외에 가장 많이 활용되는 USP 요소다. 한 업종을 오랫동안 지속했다는 것은 고객에게 대단히 큰 신뢰를 주는 포인트이고 아무나 따라 하거나 흉내 낼 수 없는 부분이다. 역사가 오래 됐다는 것은 고객으로부터 꾸준한 지지를 받아왔다는 것을 의미하며 기능적인 측면에서도 그 분야의 원천 기술을 보유했다거나 오랜 기간 동안 여러 번에 걸쳐 품질의 발전이 있어왔다는 짐작을 하게 한다. 브랜드에 창업연도를 기입하거나 (Since 19XX), 가문 대대로 이어 내려온 가업이라는 점을 강조하는 것이 가장 일반적인 형태이다.

- 양봉종가 90년, 3대째 한국양봉을 대표하는 고려양봉원
- 30년 전통 속초 코다리냉면
- 79년 건강기능식품 전문가, 뉴트리라이트

• 기업철학, 서비스 정책

위에서 예로 들었던 도미노피자는 품질과는 크게 관계없을지도 모르는 '30분 이내 배달'을 USP로 내걸었다. 또한 유한킴벌리의 '우리 강산 푸르게 푸르게'라는 슬로건과 이에 걸맞은 기업 활동은 친환경기업의 이미지를 크게 높여왔다. 이와 같이 판매와 관련된 정책이나 기업의 철학은 제품 품질에 대한 신뢰로 직결된다. 지금은 업종과는 무관하게 모든 서비스업종의 기본으로 되어 있는 고객만족, 고객감동이라는 슬로건도 금융업계에서 처음 제시했을 때는 기업에 대한 호감도를 결정적으로 높이는 작용을 했다.

- 비너스, 브라에 관한 모든 것을 연구합니다.
- 여자의 욕심이 채선당의 욕심입니다.
- 독도사랑 건어물은 고객님의 건어물 평생책임자입니다.

[실전 코칭] 매출을 5배 올려준 세일즈 카피의 힘

지금까지 효과적인 세일즈 카피를 만들기 위해 필요한 여러 가지에 대해 설명했다. 이 내용들을 실제로 적용하여 큰 성공을 거둔 세일즈 카피를 소개한다.

김진아 씨는 아직도 앳된 20대이다. 그녀는 어머니의 친구인 교회의 지인을 도와 2009년 사업을 시작했다. 그녀의 지인은 치유의 숲으로 알려진 전남 장성 편백나무숲에 정착하여 피톤치드를 추출하는 일을 시작했고 그것을 제품화하여 전국에 판매하는 일을 김진아 씨가 맡았다.

시작은 순조로웠다. 당시 블로그는 뜻하는 대로, 원하는 대로 뭐든 가능했던 마이다스의 손과 같았다. 그리 특별하지도 않은 몇 가지 규칙만 적용하여 포스팅만 하면 네이버는 그의 글을 검색상위에 노출시켜줬다. 그리 특별하지도 않다고는 해도 그것을 아는 사람들이 아직은 많지 않았던 덕에 얻게 된 행운이었다.

그러나 네이버가 검색 로직을 대대적으로 바꾼 2012년, 사업은 벽에 부딪쳤다. 효자 중의 효자 노릇을 하던 블로그가 검색이 전혀 되지 않는 것이다. 블로그의 위력이 워낙 강했던 탓에 다른 마케팅 수단을 전혀 생각하지 않았던 김진아 씨는 큰 곤경에 처했다. 그녀는 우선 그동안 전혀 생각하지도 않았고 생각할 필요도 없던 키워드 광고를 시작했다. 몇 번의 시행착오 끝에 그는 키워드 광고를 블로그 포스팅으로 연결하는 방법을 생각해냈다. 판매자의 입장에서 블로그로 마케팅을 하는 것이 어려워졌을 뿐, 소비자들에게는 여전히 블로그의 힘이 강력한 상태에서 키워드 광고를 곧바로 쇼핑몰이나 상품 페이지로 연결하는 것보다는 블로그를 한 번 거치는 것이 훨씬 효과적이었다.

그 무렵 김진아 씨는 나를 만나 마케팅 글쓰기를 함께 공부하고 시험적으로 한 개 제품에 대해 키워드 광고에 연결된 포스팅에 적용해보았다. 결과는 놀라웠다. 수정한 지 단 1주일 만에 매출이 5배가 늘었다. 곧바로 키워드 광고에 연결했던 모든 포스팅을 나와 함께 공부한 방식대로 모두 수정했다.

동업자의 자격으로 사업에 참여했던 그녀의 꿈은 사업이 탄탄한 기반을 갖추게 되면 지분을 동업자에게 넘기고 몇 년 동안 자유롭게 해외 여행을 하면서 이런 저런 경험을 해보는 것이었다. 포스팅 하나 바꿨을 뿐인데 매출이 5배나 늘어나는 기적을 경험한 지 딱 1년 만에 그녀는 목표를 이루었다. 이후 그녀는 필리핀, 호주를 거쳐 지금은 아일랜드의 더블린에서 소식을 전해오고 있다. 그녀는 아직 20대다.

그녀의 꿈을 이루는 도약대가 되어주었던, 글 하나로 매출을 5배나 올려주었던 기적의 세일즈 카피를 직접 확인해보자.

새집증후군 제거, 알뜰주부의 현명한 선택은?

새집에 입주하는 것은 무엇보다 기쁘고 설레는 일입니다.

그러나 집 값, 전세 값 마련에 한숨 돌리자마자 이사비용, 청소비용에
새집에 들어가는 것인 만큼 커튼도 새로 하고,
가구도 몇 개는 새로 장만해야 하고.
돈 들어갈 일이 생각할 때마다 하나씩 늘어납니다.
게다가 아이가 있는 가정이면 새집증후군 문제는 결코 피해갈 수 없죠?

그러나 가족의 건강을 지키면서
새집 입주에 들어가는 비용을 대폭 줄일 수 있는 열쇠!!!
바로 이 새집증후군 제거에 있습니다.

새집증후군 제거방법은 두 가지가 있습니다.
하나는 새집증후군 제거 시공업체에게 맡기는 방법과
또 하나는 여러분이 팔 걷어붙이고 직접 하시는 겁니다.

여러분이 직접 한다고 하면?
바로 세 가지 궁금한 점이 떠오르실 겁니다.

직접 하면 너무 힘들지 않을까?
직접 하면 새집증후군을 완전히 뺄 수 있을까?
직접 하면 비용을 얼마나 줄일 수 있을까?

이런 궁금증과 새집증후군 제거 방법을 하나하나 말씀드려 보겠습니다.

1. 직접 하면 너무 어렵지 않을까요?

오우~ 노~ 노~!! 전혀 어렵지 않습니다.

시공업체에게 맡기든 직접 하시든
새집증후군 제거 방법은 기본적으로 베이크아웃과 피톤치드입니다.
업체에서는 각자 독특한 장비와 약품을 사용하지만
기본적으로는 베이크아웃으로 시작해서 피톤치드로 끝납니다.

베이크아웃을 쉽게 말씀드리면
새집의 붙박이장이 있으면 거기 서랍을 다 꺼내놓고,
보일러를 종일 틀어서 유해물질이 공기 중으로 다 나오게 한 다음,
창문을 열어 환기를 시켜서 집 밖으로 내보내는 것입니다.
그러고 나서 피톤치드로 가구며 벽이며 바닥이며
꼼꼼하게 뿌려주면 끝!!!

2. 그렇게 하면 새집증후군이 완전히 빠질까요?

물론입니다. 베이크아웃만 해도
새집증후군을 일으키는 유해물질의 50%는 제거할 수 있습니다.

베이크아웃을 충분히 하고 피톤치드로 마감을 하면
새집증후군 증상은 99%이상 예방됩니다.

저희 편백숲향기 피톤치드의 시험성적서를 보면
피톤치드를 뿌린 뒤 30분 만에 포름알데히드의 70% 이상이 감소되고,
하루가 지나면 99% 이상이 사라집니다.

베이크아웃을 할 상황이 안 될 때라도
피톤치드 원액만 충분히 뿌려준다면
새집증후군 증상 걱정은 하지 않아도 됩니다.

3. 그러면 비용은 얼마나 줄일 수 있지요?

새집증후군 시공업체의 비용은 시공 방법과 면적에 따라
약간씩 다릅니다.
제가 조사한 비용을 표로 만들어서 보여드릴게요.

평형별 새집증후군 시공비용

평형	A사	B사	C사
18평	30만 원	30만 원	32만 원
24평	35만 원	35만 원	39만 원
32평	49만 원	52만 원	53만 원
45평	60만 원	63만 원	64만 원

평형에 따라 다르겠지만 가장 많은 분이 입주하는 32평형의 경우,
최소 49만 원에서 최대 53만 원입니다.
평수가 넓은 48평형이라면 자그마치 70만 원에 육박합니다.

그러면 직접 하실 경우는 얼마나 들까요?
여러분의 땀과 피톤치드만 있으면 됩니다.

피톤치드 직접 시공 시 비용

평형셀프	새집증후군용 가격
18평	6만 9천 원
24평	9만 3천 원
32평	10만 9천 원
43평	15만 9천 원

평형에 따라 최소 23만 원에서 최대 48만 원까지 절약할 수 있습니다.

이 정도 비용이면 커튼도 좀 더 좋은 것으로 하시고
가구도 좀 더 예쁜 것으로 장만하실 수도 있지요.

궁금증은 다 풀리셨지요?

팔 걷어붙이고 내 손으로 직접 하는 새집증후군 제거 방법
비용도 아끼고 효과도 확실한 새집증후군 제거 방법.

알뜰주부의 현명한 선택은 분명합니다.

편백숲향기 새집증후군 퇴치세트 보러 가기
▶ 클릭!

> 〈세일즈 카피가 만들어진 과정〉

> 새집증후군 제거, 알뜰주부의 현명한 선택은?
> 새집에 입주하는 것은 무엇보다 기쁘고 설레는 일입니다.

기본 패턴의 첫 번째 단계인 〈문제 제기〉 단계이다. 문제를 제기한다고 해서 메시지 전체를 골치 아프게 만들어서는 안 된다. 구매의 전제는 희망과 행복이다. 문제라는 것은 희망과 행복을 얻기 위해 극복해야 할 대상일 뿐이다. 그래서 첫 줄은 희망적인 내용으로 시작하는 것이 좋다. 그리고 문제를 더 부각시키기 위해서도 그와 대비할 수 있는 즐거운 상황을 넣었다. **(공감)**

> 그러나 집값, 전세 값 마련에 한 숨 돌리자마자 이사비용,
> 청소비용에 새집에 들어가는 것인 만큼 커튼도 새로 하고,
> 가구도 몇 개는 새로 장만해야 하고.
> 돈 들어갈 일이 생각할 때마다 하나씩 늘어납니다.
> 게다가 아이가 있는 가정이면 새집증후군 문제는
> 결코 피해갈 수 없죠?

새집에 입주할 때 겪게 되는 일반적인 어려움을 먼저 얘기하고 새집증후군을 살짝 덧붙이는 식으로 작성했다. 이 제품이 새집증후군을 제거하는 제품이기는 하지만 새집증후군을 너무 강하게 부각시키지 않고 새집에 입주할 때 겪게 되는 여러 어려움 가운데 하나 정도로 언급했다. 그 이유는 다음에 나온다.

> 그러나 가족의 건강을 지키면서
> 새집 입주에 들어가는 비용을 대폭 줄일 수 있는 열쇠!!!
> 바로 새집증후군 제거에 있습니다.

일반적으로 새집증후군을 해결하기 위한 제품이라면 새집증후군에 집중하게 된다. 그래서 새집증후군이 무엇이며, 새집증후군 때문에 겪게 되는 고통은 어떤 것이며, 그것을 해결하려면 얼마나 고생해야 하는 것인지에 대해 얘기하게 된다.

그러나 새집증후군의 문제는 이 카피를 읽는 고객이라면 이미 전문가 수준으로 알고 있다. 고객이 모르는 새로운 사실이 아니라면 장황하게 나열하는 것은 오히려 고객을 짜증나게 한다. 다른 제품의 카피와 차별성을 가질 수도 없다.

그래서 여기서는 새집 입주를 앞둔 고객의 문제를 경제적인 문제로 설정했다. 그리고 새집증후군 제거를 문제가 아닌 문제 해결의 열쇠로 제시했다. 즉, '새집증후군에 대처를 잘하면 새집 입주 때 겪어야 하는 경제적인 문제를 대폭 해소할 수 있다'는 것을 메인 메시지로 잡았다. 피톤치드를 구입하는 것은 돈을 쓰는 것이 아니라, 돈을 아끼는 것이라는 점이 포인트이다. 이런 프레임 전환은 대형 광고에서 매우 빈번하게 사용되는 기법이다. **(프레임 전환)**

> 새집증후군 제거 방법은 두 가지가 있습니다.
> 하나는 새집증후군 제거 시공업체에게 맡기는 방법과
> 또 하나는 여러분이 팔 걷어붙이고 직접 하시는 겁니다.

〈해결책 제시〉 단계이다. 이 제품의 기본 메시지는 피톤치드 원액을 구입하여 새집증후군을 제거하라는 것이다. 그런데 그럴 경우, 다른 피톤치드 제품과 경쟁해야 한다. 동종 제품과 경쟁할 때의 포인트는 가격과 품질로 수렴된다. 그러나 비록 품질에 자신 있다 해도 입증하기는 쉽지 않다. 그리고 가격 경쟁을 시작하게 되면 한도 끝도 없다.

그래서 시공업체를 불러 새집증후군 제거를 맡기는 방식과 비교하는 전략을 채택했다. (비교·대비) 시공업체에 맡기는 것보다 훨씬 싸다는 것이다. 이 글은 '피톤치드를 사용해 새집증후군을 제거하는 것이 비용을 훨씬 줄일 수 있다'는 프레임과, 시공업체와 비교하여 효과를 대비하는 것을 기본 전략으로 하여 작성됐다.

> 여러분이 직접 한다고 하면?
> 바로 세 가지 궁금한 점이 떠오르실 겁니다.
>
> 직접 하면 너무 힘들지 않을까?
> 직접 하면 새집증후군을 완전히 뺄 수 있을까?
> 직접 하면 비용을 얼마나 줄일 수 있을까?
>
> 이런 궁금증과 새집증후군 제거방법을
> 하나하나 말씀드려 보겠습니다.

입증의 단계로 넘어갈 순서이지만 이 글에서는 〈입증·약속〉, 〈가격·혜택〉 등을 한꺼번에 몰아서 다루었다.

세일즈 카피는 고객의 질문에 답하는 것이라는 말씀을 여러 번 드렸다. 새집증후군 제거를 피톤치드로 하라는 제안을 보고 고객이 당연히 떠올릴 질문들을 제시하고 이에 대해 답을 하는 형식을 취했다. (페이싱-리딩) 그러나 사실 이것은 고객의 질문에 대한 수동적인 답변이 아니라 판매자가 가장 강하게 어필할 수 있는 내용을 정해놓고 이를 질문으로 만든 것이다. 질문에 답하는 형식을 취하면서 판매자가 하고 싶은 얘기를 하는 것은 과연 이 질문들에 만족스런 답이 나올 것이냐에 대한 궁금증과 호기심을 자극하여 고객을 몰입하게 한다. (호기심·궁금증)

1. 직접 하면 너무 어렵지 않을까요?

오우~ 노~ 노~!! 전혀 어렵지 않습니다.
시공업체에게 맡기든 직접 하시든
새집증후군 제거 방법은 기본적으로 베이크아웃과 피톤치드입니다.
업체에서는 각자 독특한 장비와 약품을 사용하지만
기본적으로는 베이크아웃으로 시작해서 피톤치드로 끝납니다.
베이크아웃을 쉽게 말씀드리면
새집의 붙박이장이 있으면 거기 서랍을 다 꺼내놓고,
보일러를 종일 틀어서 유해물질이 공기 중으로 다 나오게 한 다음,
창문을 열어 환기를 시켜서 집 밖으로 내보내는 것입니다.
그리고 나서 피톤치드로 가구며 벽이며 바닥이며
꼼꼼하게 뿌려주면 끝!!!
동종업체들은 베이크아웃을 대단히 장황하고 어렵게 설명한다. 물론 성실한 설명이긴 하지만, 쉽다는 느낌이 전혀 들지 않는다. 베이크아웃

이 쉬워야 '시공업체 VS 피톤치드'라는 구도가 명확해진다. 일반적인 마케팅 메시지의 문제는 이런 주제가 나오면 최대한 자세하게 쓰는 것이 전문성을 보여주는 방법이라고 생각하고 모든 내용을 퍼붓듯이 쏟다는 점이다. 그러면 고객은 골치가 아프고 짜증이 나서 더 읽어 내려갈 의욕을 느끼지 못한다. 이런 내용은 최대한 쉬운 용어로 간결하게 써야 한다.

2. 그렇게 하면 새집증후군이 완전히 빠질까요?

> 물론입니다. 베이크아웃만 해도
> 새집증후군을 일으키는 유해물질의 50%는 제거할 수 있습니다.
>
> 베이크아웃을 충분히 하고 피톤치드로 마감을 하면
> 새집증후군 증상은 99% 이상 예방됩니다.
>
> 저희 편백숲향기 피톤치드의 시험성적서를 보면
> 피톤치드를 뿌린 뒤 30분 만에
> 포름알데히드의 70% 이상이 감소되고,
> 하루가 지나면 99% 이상이 사라집니다.
>
> 베이크아웃을 할 상황이 안 될 때라도
> 피톤치드 원액만 충분히 뿌려준다면
> 새집증후군 증상 걱정은 하지 않아도 됩니다.

이 책에서는 생략했지만 이 부분에는 한국건설생활환경시험연구원 자료를 제시했다. 필연적으로 숫자가 사용됐다. 숫자의 사용이 대단히 효과적이고, 구체적인 숫자(50%보다는 51.5%)를 제시하는 것이 더 강렬한 인상을 주는 것이 보통이지만 검사수치의 경우는 숫자를 너무 많이 사용하거나 너무 자세하면 오히려 더 어지럽기만 하다. 이 경우는 숫자의 사용을 최소화하고 그 단위도 50%, 70%, 99%, 30분으로 단순화시켰다. 숫자 그 자체가 중요한 것이 아니라 충분하고 적절하다는 느낌을 주는 것이 더 중요하기 때문이다. (숫자의 사용)

3. 그러면 비용은 얼마나 줄일 수 있지요?

새집증후군 시공업체의 비용은 시공 방법과 면적에 따라 약간씩 다릅니다.
제가 조사한 비용을 표로 만들어서 보여드릴게요.

평형별 새집증후군 시공비용

평형	A사	B사	C사
18평	30만 원	30만 원	32만 원
24평	35만 원	35만 원	39만 원
32평	49만 원	52만 원	53만 원
45평	60만 원	63만 원	64만 원

평형에 따라 다르겠지만 가장 많은 분이 입주하는 32평형의 경우, 최소 49만 원에서 최대 53만 원입니다.
평수가 넓은 48평형이라면 자그마치 70만 원에 육박합니다.
그러면 직접 하실 경우는 얼마나 들까요?
여러분의 땀과 피톤치드만 있으면 됩니다.

피톤치드 직접 시공 시 비용

평형셀프	새집증후군용 가격
18평	6만 9천 원
24평	9만 3천 원
32평	10만 9천 원
43평	15만 9천 원

　가장 중요하고 핵심적인 내용이다. 최초의 전략대로 시공업체의 비용과 피톤치드를 구입해서 직접 제거하는 비용을 비교했다. (비교·대비) 시공업체의 비용은 복수로 조사하여 공정성을 기했고, 비용의 대상도 평형별로 구분하여 각각에 해당하는 고객이 감당해야 할 부담을 더 정확하게 인식할 수 있도록 했다. 조사 대상이었던 4개의 평형 가운데 32평형과 43평형을 따로 언급했는데 그것은 32평형이 가장 일반적인 평형이므로 다수의 고객이 여기에 해당하고 48평은 비용의 최대치를 보여줄 수 있기 때문이다.

> 평형에 따라 최소 23만 원에서 최대 48만 원까지 절약할 수 있습니다.
> 이 정도 비용이면 커튼도 좀 더 좋은 것으로 하시고 가구도 좀 더 예쁜 것으로 장만하실 수도 있지요.

　지금까지는 이 제품을 선택해서 얻게 될 이익을 주로 숫자로 보여줬다. 마무리 부분에서는 머리에서 그림으로 그려지게끔 설명하려 했다.

최초에 〈문제 제기〉 단계에서 고민거리로 지적했던 새 커튼과 새 가구를 다시 언급하면서 '피톤치드로 절감한 비용으로 할 수 있는 것'을 구체적으로 언급했다. 고객은 이 부분에서 피톤치드를 구입함으로써 절감된 23만 원이나 48만 원이라는 현금으로 새 커튼이나 새 가구를 장만하고 만족해하는 모습을 떠올리게 된다. (가상체험)

> 궁금증은 다 풀리셨지요?
> 팔 걷어붙이고 내 손으로 직접 하는 새집증후군 제거 방법!
> 비용도 아끼고 효과도 확실한 새집증후군 제거 방법!

여기서 새집증후군 제거 방법이라는 말을 두 번 연속 쓴 것은 오로지 키워드 검색을 위한 것이다. 마케팅 글쓰기의 원칙과는 무관하다.

'피톤치드로 직접하는 새집증후군 제거 방법'이라고 할 수도 있는 것을 '팔 걷어붙이고 내 손으로 직접 하는'이라고 표현했다. 이것은 기필코 비용을 줄여보겠다는 결의에 찬 표정으로 입을 앙다물고 팔을 걷어붙이는 적극적이고 진취적인 모습이 떠올리게 하기 위해서이다. (눈에 보이듯, 손에 잡히듯)

> 알뜰주부의 현명한 선택은 분명합니다.

행동 요구로 넘어가기 전에 지금까지의 모든 설명을 매듭짓는 '알뜰주부의 현명한 선택'은 이 메시지의 전체를 관통하는 핵심 포인트이다.

고객이 구매하는 진짜 이유에는 크게 네 가지가 있다. 돈, 자기보존, 사랑, 인정이다. 이 글에서 포인트로 삼은 '현명한 알뜰 주부'는 이 네

가지 요소를 모두 담고 있다. 훨씬 저렴한 비용으로 새집증후군을 제거할 수 있다는 것은 돈에 대한 욕구와 가족을 포함한 자기보존 욕구를 충족시킨다. 현명한 주부는 가족으로부터 사랑을 받을 수 있는 중요한 요소다. 주부라면 누구나 '현명한 알뜰 주부'로 인정받고 싶어 한다.

눈에 보이지 않지만 세상에는 현명한 알뜰 주부의 그룹이 존재한다. 그 그룹에 속한 사람과 그렇지 않은 사람은 내적인 능력이나 외적인 평가가 하늘과 땅 차이다. 새집 입주를 앞두고 새집증후군 걱정을 하는 주부라면 누구나 이 그룹에 속하고 싶어 한다. (소속감)

설명 부분의 맺음말답게 '선택은 분명하다'는 단정적인 표현을 사용했다. (선언) 더 고민할 여지를 남겨두지 않고 곧바로 행동으로 돌입할 수 있도록 결단을 촉구하는 표현이다.

이 아래에 곧바로 쇼핑몰의 상품설명 페이지의 링크를 올려두었다. 본문은 여기에서 마무리하고 그 아래에는 고객의 후기를 볼 수 있는 링크를 첨부했다.

편백숲향기 새집증후군 퇴치세트 보러 가기

▶ 클릭!

1. 내가 만드는 매체, 블로그와 SNS

❖ 블로그와 SNS를 하는 이유

우리가 마케팅을 위해서 블로그와 SNS를 하는 이유는 돈 들이지 않는 광고를 위해서다. 더 나아가 돈 들인 광고보다 더 높은 효과를 기대할 수도 있다. 그래서 온라인 마케팅을 하는 사람이라면 블로그와 SNS는 기본적으로 운영하고 있고, 아직 하지 않는 사람이라도 꼭 해야 한다는 필요성을 느끼고 있다.

돈을 주고 하는 광고와 돈 들이지 않는 광고는 선택의 문제일 수 있다. 즉, 돈을 들이고 싶으면 돈 드는 광고를 하고, 돈 들이고 싶지 않으면 돈이 들지 않는 광고를 선택해서 할 수 있다. 그러나 현실은 그렇지 않다. 돈 들이는 광고에는 돈이 너무 많이 들고 게다가 돈을 아무리 많이 들여도 돈 들인 만큼의 효과를 기대하기 어렵다.

광고비가 어마어마한 TV나 신문광고는 한두 번 광고로 효과를 낸다는 것이 불가능하다. 광고비로 몇 억 원은 가볍게 뿌릴 수 있는 업체 정도 되어야 광고 효과를 기대할 수 있다. 중소사업자들이 울며 겨자 먹기로 진행하는 포털의 키워드 광고도 사업이 일정 규모 이상 커지기 전까지는 밑 빠진 독에 물붓기가 되기 십상이다. 그래서 돈이 들지 않는 블로그와 SNS, 그리고 메일링이나 카페와 같은 마케팅 도구들은 최소한 온라인 사업을 하고 있는 사람이라면 선택이 아니라 필수의 문제다.

이런 생각을 해보자. 어떤 인터넷 매체가 있다. 인터넷 신문도 좋고 잡지도 좋다. 그 매체에서 내 광고를 무료로 해주겠다고 한다. 그런데 그 매체는 꽤 인기도 좋고 신뢰도 있는 매체다. 여러분은 어떻게 할 것 같은가? 응하지 않을 이유가 없다. 그런데 그런 경우는 없다. 인기도 있고 신뢰도 있는 매체에 광고를 실으려면 돈을 지불해야 하고 그런다고 효과가 보장되는 것도 아니다.

그렇다면 그런 매체를 내가 만들면 어떨까? 인기도 좋고 신뢰도 있는 매체를 만들어서 거기에 내 광고를 무료로 하는 것이다. 그러면 비용이 들지 않는 것은 말할 것도 없고, 돈이 들지 않으므로 단 한 명만 설득할 수 있어도 그만큼 효과를 얻게 된다.

내가 매체를 만들어서 그곳에 내 광고를 무료로 한다. 이것이 블로그와 SNS를 운영하는 가장 중요한 목적이다.

또 다른 생각을 해보자. 남이 만드는 매체건, 내가 직접 만드는 매체건, 글도 열심히 올리고 사진도 열심히 올린다고 하자. 그런데 거기에는 온통 광고 글밖에 없다. 그렇다면 사람들이 그 매체를 보러 올 것인가? 어떻게 해서 용케 많은 사람들이 방문하도록 했다고 하자. 그렇게 한들 사람들이 그 매체의 글에 눈길을 줄 수 있겠는가? 그런 매체가 사람들에게 공감을 얻고, 신뢰를 얻고, 영향을 주어, 그들로 하여금 어떤 행동을 하게 할 수 있겠는가?

불행하게도 많은 사람들이 공을 들여 운영하는 블로그와 SNS는 딱 이런 모양을 가지고 있다. 다른 것들은 다 시답잖은 글들이고 눈에 띄는 것이라곤 제품 자랑과 구매를 권유하는 글밖에는 없다. 이런 매체에 눈길을 줄 사람은 아무도 없다.

블로그와 SNS는 내가 만든 매체에 내 제품을 공짜로 광고하는 것이다. 그렇다면 우선 블로그와 SNS를 사람들이 좋아하고, 관심을 기울이고, 신뢰를 가지는 매체로 만들어야 한다. 지금처럼 어떻게 하면 내 제품을 알리고 자랑할까 하는 고민만이 덕지덕지 묻어나오는 블로그와 SNS는 사람들이 좋아하는 매체가 될 수 없다. 매체도 아니고 뭣도 아닌 곳에 아무리 내 광고를 올려봐야 어떤 효과도 기대할 수  없다

❖ 마케팅 글쓰기의 현실적 문제

"마케팅 글쓰기가 어려워요", "마케팅 글쓰기를 잘하고 싶어요"라고 할 때 가장 많은 사람들이 느끼는 어려움과 필요성은 바로 블로그와 SNS의 글쓰기다. 앞에서 다루었던 세일즈 카피는 글 하나로 매출이라는 가장 중요한 결과를 이끌어내기 위한 것으로 마케팅에 있어서 가장 궁극적인 목표를 달성하는 글쓰기이다. 그러나 보다 많은 사람들이 우선적으로 느끼는 것은 블로그와 SNS로 많은 고객을 불러 모으고자 하는 욕구다. 세일즈 카피로 고객을 설득시켜 매출을 완성시키는 것은 그 다음 문제로 인식한다.

블로그와 SNS 글쓰기는 두 가지의 차원이 있다. 하나는 한 편의 글, 즉 각각의 포스트를 잘 써야 하는 것이고 다른 하나는 블로그와 SNS라는 마케팅 플랫폼을 잘 운영하기 위해 매일매일 혹은 하루에도 몇 번씩, 그리고 1년이고 2년이고 계속 글을 써내야 하는 것이다. 돈이 들지 않는 대신 어마어마한 노력이 들어가야 한다. 세상에 공짜란 없는 법이다.

이 두 가지 차원의 목표를 성취하기 위해서도 블로그와 SNS는 매체라는 인식이 필요하다. 블로그와 SNS가 매체라는 것은 누구나 알고 있는 사실이다. 그러나 내가 운영하는 블로그와 SNS가 매체라고 생각하는 사람은 거의 없다. 블로그와 SNS를 하는 사람들은 매체건 뭐건 그것은 나와는 관계없고 오로지 많은 사람들에게 내 제품을 소개하고 내 제품을 자랑하는 것에만 몰두하는 것이 현실이다. 블로그와 SNS를 광고의 수단으로서만 인식하고 그 방향으로만 활용하는 것이다.

포스팅하는 것이 힘들다거나, 포스팅을 어떻게 해야 될지 모르겠다거나, 열심히 하느라고 하는데도 효과가 없다거나 하는 하소연은 모두 내 블로그와 SNS가 매체라는 사실을 인식하지 못하고 내 제품을 알리기 위한 광고판으로서만 취급하는 데서 비롯된다. 내 블로그가 검색이 잘 안 된다거나 더 나아가 저품질 블로그로 분류되어 방문자 수가 10분의 1로 줄어들어 회복이 되지 않는다거나 하는 것은 광고성 포스팅으로 줄기차게 블로그를 채울 때 생기는 일이다. 또한 페이스북과 카카오스토리에 하루에도 몇 번씩 짧은 글을 올리고 블로그 링크에 유튜브 링크까지 부지런히 올려도 '좋아요', '공감', '공유' 등의 반응을 제대로 이끌어내지 못하는 것도 SNS가 가진 매체로서의 성격과 기능을 제대로 발휘하지 못하기 때문이다.

블로그와 SNS를 통한 마케팅을 성공으로 이끌기 위해서는 내 블로그와 SNS가 매체라는 사실을 분명하게 인식하고 매체다운 매체로 만드는 것이 1차적인 조건이다. 따라서 블로그와 SNS 글쓰기는 매체다운 매체를 만드는 것을 가장 중요한 목표로 삼아야 한다.

❖ 매체, 그리고 컨텐츠와 광고

TV 방송사의 상품은 무엇일까? 프로그램일까? TV 방송사가 만드는 것이 프로그램이고 그것을 이런 저런 경로로 판매를 하고 있긴 하지만 그것은 방송사의 주력 상품이 아니다. 굳이 VOD 서비스를 이용하는 경우를 제외하고는 TV 프로그램을 감상하는 데 우리가 비용을 지불하지는 않는다. TV 프로그램은 우리에게 완전한 무료다. 그렇다면 방송사들은 왜 우리를 위해 프로그램을 제작하여 무료로 보여주는 것일까?

우리는 무료로 TV 프로그램을 감상하기 위해 때가 되면 수상기 앞에, 단말기 앞에 모여든다. TV 방송사는 프로그램을 즐기기 위해 수상기 앞에 모여든 우리의 시선을 모아서 광고주에게 판매한다. 광고주들은 프로그램을 보려고 모여 있는 우리의 시선 앞에 그들의 광고를 보여준다. 방송사가 판매하는 상품은 시청자들의 시선과 관심이고 방송사의 고객은 그것이 필요한 광고주들이다.

신문도 마찬가지다. 신문은 구독료를 받지만 그것은 배달 체계를 관리하는 비용도 채 되지 않는다. 신문 역시 사람들이 관심 있어 하는 기사를 만들어 지면에 올려놓고 그것을 보기 위해 모여든 사람들의 시선과 관심을 광고주들에게 판매한다.

광고는 많은 사람들에게 우리 제품을 보여주는 일이다. 우리가 어딘가에 광고를 낸다면 그것은 그 기관이 모아 놓은 사람을 돈을 주고 사서 그들에게 우리의 제품을 보여주는 것이 된다. 누군가가 우리를 위해 사람을 모아주는 비용이 곧 우리가 지불하는 광고비다.

유료 광고를 진행하는 기관들은

> 재미있는 프로그램을 보여드릴 테니 TV 앞에 모이세요

> 피가 되고 살이 되는 정보를 보여드릴 테니 신문을 사서 보세요

라고 말하면서 시청자와 독자의 시선을 모은다.

이것을 광고주에게 판매한다. 돈을 받고 광고를 해주는 기관들이 사람을 모으는 방법은 바로 사람들이 재미있어 하거나 사람들에게 유익하고 필요한 정보를 제공하는 것이다. 이것을 컨텐츠라고 하고 컨텐츠를 담아 전달하면서 그것을 매개로 시청자 혹은 독자와 광고주를 연결하는 일을 하는 기관을 매체라고 한다.

유료 광고로 수익을 얻는 기관 중 포털은 조금 다른 방식으로 사람을 모아서 광고주에게 판매한다. 매체들이 엄청난 돈을 들여 컨텐츠를 만들어 사람을 모으는 반면에, 포털은 수많은 사람들이 만드는 다양한 컨텐츠를 단순히 긁어모아서 이를 미끼로 정보와 재미가 필요한 사람들을 불러 모은다. 그리고 이들의 시선과 관심을 키워드 광고 혹은 검색 광고라는 이름으로 광고주들에게 판매한다. 직접 만드느냐, 남의 것을 그냥 가져다 쓰느냐의 차이일 뿐 포털이 사람을 모으는 매개도 역시 컨텐츠다.

포털이 사람을 불러 모으는 데 쓰는 컨텐츠는 신문, 방송, 잡지에서 제공하는 것도 있지만 그보다 훨씬 많은 분량이 포털 이용자들이 블로그, 카페, 지식인, 웹문서 등을 통해 만들어내는 것들이다. 이 컨텐츠를 담고 있는 것, 즉 블로그, 카페, 지식인, 웹문서 등이 모두 매체다. 마케팅을 위해 운영하고 있는 모든 온라인 플랫폼들이 실제로는 매체 역할을 하면서 포털의 돈벌이를 시켜주고 있는 것이다. 포털의 돈벌이를 시켜주건 말건 그것보다 중요한 것은 당신이 운영하고 있는 그것들이 바로 매체라는 사실이다.

❖ 매체성의 회복을 요구받는 블로그

효과와 위력이 예전 같지는 않지만 여전히 블로그는 온라인 마케팅의 핵심이다. 블로그와 SNS가 매체라는 생각을 대부분 깊게 하지 않는 것은 우선 블로그가 고객과 독자를 만나는 채널이 오로지 포털의 검색밖에 없다는 현실이 크게 작용한다. 블로그 마케팅의 호황기는 2010년 전후의 몇 년간이다. 이때는 매체고 뭐고 간에 몇 가지 간단한 검색 조건만 갖추면 내 글이 상위검색에 노출되어 적게는 수백 명에서 많게는 수만 명까지 유입시키는 것이 가능했다. 그래서 매체의 조건을 갖추는 것은 전혀 필요 없고 오로지 키워드를 몇 개 넣고, 이미지를 몇 개 넣고, 때로는 동영상 파일까지 첨부하는 따위의 기법을 동원해서 포털의 검색엔진으로부터 간택 받는 것이 유일한 필요조건이었다. 그래서 매체로서의 성격은 고사하고 글이라고도 볼 수 없는, 오로지 기계에게 잘 보이기 위한 기호의 조합에 불과한 텍스트만으로도 많은 고객을 1차적으로 접촉할 수 있는 기회가 열려 있었다.

그러나 그것은 결코 정상적인 상황이 아니었다. 검색엔진의 가장 중요한 임무는 사용자들에게 가장 좋은 문서를 노출시켜 주는 것이다. 그런데 그 많은 문서를 사람이 일일이 다 확인할 수는 없다. 그래서 몇 가지 기계적인 로직으로 문서의 좋고 나쁨을 판단해야 하는 한계를 가질 수밖에 없었다. 따라서 좋은 정보를 체계적으로 담고 있는 문서는 외면당하고 오로지 검색엔진의 조건만을 갖춘 기호의 집합들이 상위검색을 차지하는 문제가 나타났다. 그러면 당연히 검색의 품질은 떨어질 수밖에 없다. 검색 사용자의 입장에서 뭔가를 검색하려고 포털을 찾았는데 검색

되는 것이라고는 모두 광고 찌라시 같은 글이라면 정보 검색 수단으로서의 포털의 가치는 떨어질 수밖에 없다. 포털로서는 그야말로 심각한 상황이 아닐 수 없다.

그래서 대표적인 포털인 네이버는 2012년 블로그의 검색 로직을 대대적으로 개편한다. 이로써 글이라고 볼 수도 없는 광고 찌라시 같은 문서가 쉽게 상위검색을 차지하는 시대는 종말을 맞게 됐다. 지금도 이런 현상이 완전히 사라지지는 않았지만 최소한 과거처럼 쉽지는 않다.

네이버 검색 로직 변화의 가장 큰 내용은 **첫째, 꾸준히 오랜 기간 주기적으로 포스팅하고 있는 블로그, 둘째, 포스팅의 절대적인 숫자가 많은 블로그를 우대한다는 것이다.** 이것은 매체다운 매체의 조건 중에 가장 중요한 요소이다. 네이버가 블로그의 매체적 성격을 중요하게 생각해서 로직 변경의 방향을 잡은 것은 아니겠지만 결과적으로 블로그는 가장 중요한 소통 수단인 네이버로부터 매체로의 회귀, 혹은 매체성의 복원을 요구받게 된 것이다.

❖ 더욱 강력한 매체, SNS

포털의 검색을 통하지 않고서는 독자와 고객을 만나기 어려운 블로그는 매체로서의 정체성이 불분명할 수도 있다. 이와 달리 SNS는 매체로서의 특성과 기능을 보다 분명하게 가지고 있다.

SNS는 기본적으로 같은 성향, 같은 지향을 가진 사람들끼리 네트워크가 형성된다. 불특정 다수를 향해 무차별적으로 살포되는 전통 매체의 정보와는 달리 SNS를 통해 전달되는 정보는 내가 선택한 이웃과 친구를 통해 전달된다. 서로의 관계를 기반으로 전달되는 정보는 내 취향과 필요에 맞을 가능성이 높다. 그리고 나와 전혀 무관한 사람이, 나와 전혀 무관한 기준으로 선별해서 유포하는 뉴스보다 훨씬 더 신뢰할 수 있다.

우리는 모두 정보가 필요하고 정보에 욕구를 가지지만 우리가 접하는 정보는 너무나 많다. 그래서 그 많은 정보 가운데서 정말 믿을 만하고 유익한 정보를 선별하느라 골머리를 앓을 때도 많다. 이런 상황에서 등장한 SNS는 내 취향과 성향에 딱 맞는 뉴스와 정보를 접할 수 있는 가능성을 높여준다. 즉, 내 SNS 친구들이 내게 꼭 맞는 정보와 뉴스를 골라서 매일매일 내게 전해주는 것이다.

최근 한 연구기관의 조사에 따르면 인터넷 사용자들이 모든 형태의 매체 중에서 블로그와 SNS를 포함한 소셜미디어를 통해 정보를 획득하는 비율은 뉴스가 36.5%(TV 28.7%), 브랜드, 제품, 서비스 정보는 33%(TV 13.6%), 취미, 관심사 정보는 47.6%(TV 12.4%) 등으로 모든 분야에서 전통 매체 중 가장 높은 정보 파급력을 가진 TV를 능가하는 것으로 나타났다. 특히 취미, 관심사 정보의 경우는 소셜미디어를 통해 정보를 입수하는 비율이 압도적으로 높았다. 소셜미디어 중에서 신뢰성 있는 정보를 제공하는 매체로서는 페이스북이 66.1%(복수 응답)로 1위로 꼽히고 있고, 블로그가 41.6%, 유튜브가 21.6%로 뒤를 잇고 있다.

이처럼 SNS, 그중에서도 페이스북은 이미 많은 사람들이 높은 신뢰를 가지고 적극적으로 활용하는 매체로 자리 잡고 있다.

2. 매체다운 매체란?

판매자나 기업이 블로그와 SNS를 운영하는 것은 그들의 제품을 알리기 위해서다. 그러나 무조건 자신의 제품 얘기만 열심히 올리는 일은 아무도 없는 광야에서 속절없이 소리를 질러대는 것과 마찬가지다. 우선 고객들이 자발적으로 모여서 글에 관심을 기울이고 기대를 가질 수 있는 매체를 만들어야 한다. 그것이 먼저다. 그리고 그 매체에 무료로 광고를 하는 것이다. 그것이 블로그 마케팅이고 그것이 SNS 마케팅이다. 매체다운 매체가 전제되지 않는다면 블로그 마케팅도, SNS 마케팅도 모두 헛수고에 불과하다.

그런데 그렇다고 하더라도 매체를 내가 직접 만든다고? 기자, PD, 연기자, 아나운서 등 수많은 전문 인력들이 뛰어들어서 만들고 있는 매체를? 매체를 너무 대단한 것으로 생각할 필요는 없다. 신문사를 차린다는 것이 아니다. 당신에게 꼭 필요한 매체다운 매체는 아래 두 가지 조건만 갖추고 있으면 된다.

1. 정기적으로 발행한다.
2. 독자(고객)가 원하는 정보를 알려준다.

정말이다. 다른 것은 필요 없다. 이 두 가지 조건만 갖추면 돈 한 푼 들이지 않고 당신이 원하는 효과적인 광고를 마음껏 할 수 있는 매체다운 매체를 만들 수 있다.

❖ 정기적으로 발행한다

우리가 알고 있는 매체들, 신문, 잡지, 방송이 독자와 시청자의 신뢰를 받는 이유는 그들이 정보와 컨텐츠를 정기적으로 발행하기 때문이다. 정기성은 매체의 가장 중요한 속성이다.

사람은 본능적인 정보 욕구를 가지고 있다. 정보의 홍수라고 불리는 이 시대에도 우리는 항상 정보를 갈망한다. 그런데 정보라는 것이 검색이나, 취재, 조사 등과 같이 '이런 정보가 필요한데 어디 있을까?' 하고 찾는 것도 있겠지만 가만히 있어도 이렇게 저렇게 알게 되는 정보들이 양으로도 훨씬 많고 질적으로도 훨씬 중요하다. 그래서 가만히 있어도 때가 되면 뭔가 소식을 알려주는 매체들이 사람들에게는 항상 중요하다.

정기간행물이 등장한 시기는 17세기의 일이다. 그 전에는 개인 간의 서신이 매체 역할을 했고 11세기에는 제한적인 부정기 간행물이 등장하기도 했다. 개인 간의 서신을 통해 얻어지는 정보도 중요했고 부정기적으로 전해지는 소식은 더욱 고마웠다. 하물며 정기적으로 발행되는 체제가 시작된 이후로는 말도 못할 만큼 고마운 존재가 됐다. 매체가 사람들의 신뢰를 얻고 각광을 받게 된 것은 바로 이 정기성에서 비롯된 것이다.

매일 발행되는 것이든 일주일에 서너 번 발행되는 것이든, 아니면 매주 한 번씩 발행되는 것이든 어떤 정보가 정기적이고 지속적으로 전달된다는 것은 사람들로 하여금 때가 되면 또 다른 정보를 얻을 수 있을 것이라는 기대를 갖게 한다.

어떤 정보든 정기적으로 발행하는 것은 쉬운 일이 아니다. 성실하고 부지런해야 하는 것은 기본이고 뭔가 대단한 실력을 가지고 있어야 가능한 일이다. 따라서 어떤 매체가 정기적으로 발행된다는 것은 그 발행자가 성실하고 부지런하며 어떤 분야든 상당한 실력을 가지고 있다는 사실을 증명한다.

돈을 내고 광고를 하는 것인데도 불구하고 TV나 메이저 신문과 같은 매체에 나온 광고는 군소 매체에 나온 광고와는 격이 다르게 느껴진다. 그것은 단순히 돈을 엄청나게 많이 들인 광고라는 이유보다는 매체의 실력이 광고에 투영되기 때문이다.

❖ **독자(고객)가 원하는 정보를 알려준다**

우리가 잘 알고 있는 매체들을 살펴보자. 그들도 자기들의 매체를 통해 뭔가 알리고 주장하고 싶은 것이 있다. 그러나 그것을 명확하게 드러내는 지면과 시간은 극히 한정되어 있다. 1%도 채 되지 않는다. 나머지 99%는? 모두 독자와 시청자들이 원하는 정보와 컨텐츠이다. 독자(시청자, 고객)가 원하고, 독자에게 도움이 되고, 독자가 좋아하는 정보를 다룬다는 것은 매체의 가장 기본적인 존립 이유이다.

또한 어떤 매체건 다양한 분야의 정보를 다룬다. 이것 역시 독자가 원하는 정보를 알려주기 위한 노력의 일환이다. 세상사를 두루 다루는 종합 매체는 말할 것도 없고 특정 분야를 다루는 전문지와 전문 매체들도 여러 분야의 정보를 두루 다루는 것이 철칙이다. 경제전문지에서도 스포츠를 다루고 스포츠 전문지에서도 경제를 다룬다.

매체의 생명인 공정성도 독자가 원하는 정보를 알려준다는 철학에서 나온다. 매체의 독자는 기본적으로 불특정 다수다. 그들을 골고루 만족시키려면 어느 한 쪽으로 편향된 입장을 가지기 어렵다. 매체가 기계적인 균형이라도 갖추지 않는다면 다른 생각을 가진 독자들로부터 외면을 받게 되고 더 나아가 매체가 다루는 모든 정보가 불신을 받는 상황에 이르게 된다. 이런 상황을 피하기 위해 매체들은 여러 계층과 부류의 독자를 골고루 만족시킬 수 있는 다양한 입장과 다양한 시각의 정보를 다루게 된다. 그렇게 다양한 독자를 의식하고 다양한 내용을 다루게 되면 매체가 다루는 컨텐츠의 성격은 공정성으로 수렴된다.

우리는 알게 모르게 어떤 단체나 혹은 정당에 가입되어 있는 경우가 있고 그 기관으로부터 정기 메일을 받을 때가 있다. 그런데 메일이 오면 무슨 내용이 있을까 궁금해 하며 반갑게 열어볼 사람이 몇이나 될까? 아마 그리 많지 않을 것이다. 그런 기관에서 보내는 메일은 대부분 자신들의 얘기로만 가득 차 있기 때문이다. 만약 정당의 웹진에서 우리 생활에 피가 되고 살이 될 생생한 정보를 때맞춰 보내준다면 그 정당의 세세한 정책에 전혀 동의하지 않는 사람이라도 부지런히 열어보려고 할 것이다.

일반 매체도 마찬가지다. 독자가 필요로 하고 독자에게 유익한 정보가 무엇일까를 생각하는 것보다 자기가 하고 싶은 말과 알리고 싶은 내용을 앞세우면 그 매체는 반드시 망한다.

❖ 정기성의 핵심, '준비된 컨텐츠'

2013년 말을 기준으로 우리나라에 등록된 정기간행물은 1만 6천 종을 넘는다. 그러나 이 중에 제대로 운영되고 있는 매체는 10~20%를 넘기지 않을 것이다. 등록 이후 한두 번 발행되고 발행 중단 상태의 매체가 대부분이다. 이런 매체들의 특징은 뭘까? 한두 번 발행하고 나서는 더 이상 쓸 기사가 없었기 때문이다.

어떤 매체건 창간을 위해서는 최소한 3개월 정도는 별도의 취재 없이도 매체가 발행될 수 있을 만큼의 기사를 비축해야 한다. 일간지도 마찬가지고 주간지 월간지도 마찬가지다. 창간 이후 1, 2호에서 발행을 중단하는 매체는 다른 여러 가지 요인이 있겠지만 가장 흔한 경우는 지면을 채울 수 있는 기사가 준비되지 않았기 때문이다. 매체가 정기성을 갖추기 위해 가장 필요한 것은 기사를 미리 준비해야 한다는 것이다.

신문과 방송의 기자들이 항상 그날그날 취재를 해서 기사를 쓰고 보도를 하는 것으로 착각할 수 있다. 그러나 신문과 방송이 그날 발생한 사건을 그날 취재해서 그날 보도하는 비율은 극히 미미하다. 세월호 사고나 삼풍백화점 붕괴 사고, 성수대교 붕괴 사고와 같이 돌발사고와 사건 등을 제외한 나머지는 모두 미리 계획되고 준비된 기사다. 신문의 지면과 뉴스 시간을 채우는 정치, 경제, 사회, 문화, 스포츠 등의 기사의 대부분은 언제나 예정되어 있고 계획되어 있고 또 미리 준비되는 기사다. 즉, 매체가 가지는 정기성이라는 특징은 기사가 미리 계획되고 준비될 때만 가능하다.

블로그와 SNS를 운영할 때 부딪치는 가장 큰 어려움은 글쓰기로 표현할 그날그날의 내용이다. 블로그와 SNS에 대한 이야기 중에 가장 허황되면서도 무책임한 말이 일기 쓰듯이 그날그날 편하게 쓰면 된다는 말이다. 일기 쓰는 게 그렇게 쉽다면 글쓰기 때문에 힘들어하는 사람이 적어도 절반 이상은 줄어들었을 것이다. 일기를 쓰기 어려운 것은 그날그날 편하게 쓰는 것이 어렵기 때문이다.

취미로 블로그와 SNS를 하는 사람은 일기 쓰듯이 그날그날 편하게 써도 좋다. 그런 분들은 정말 일기 쓰듯이 그날그날 편하게 쓰다 보면 그 전에는 대수롭지 않았던 것들도 죄다 글감으로 보이고 하루라도 글을 올리지 않으면 잠이 들지 않을 정도로 매일매일 글 쓰는 일에 익숙해진다.

그러나 마케팅을 목적으로 하는 블로그와 SNS는 그렇게 자유의지만 믿고 운영했다간 한 달을 넘기기도 어렵다. 특히 매체에 대한 이해 없이 오로지 자기 제품 얘기로만 채우려고 덤비면 1~2주일 지나고 나면 더 이상 쓸 것이 없어진다. 대부분은 이 단계에서 포기하게 되고 그중 부지런한 사람들이 어떻게든 끌고 나가지만 특색도 없고 효과도 없는 블로그와 SNS에 머물고 만다.

특색도 없고 효과도 없는 블로그와 SNS는 공을 들인 만큼 보람이 없는 것이 문제지만 역효과를 일으키지는 않는다. 그러나 너무 부지런하기만 한 나머지 묵묵하게 제품 관련 포스팅으로만 밀고 나갈 경우는 심각한 역풍을 맞게 된다. 블로그의 경우는 포털에 의해 저품질로 분류되어 검색에 불이익을 받게 되고 SNS에서는 스팸으로 취급되어 타임라인에서 외면 받게 된다.

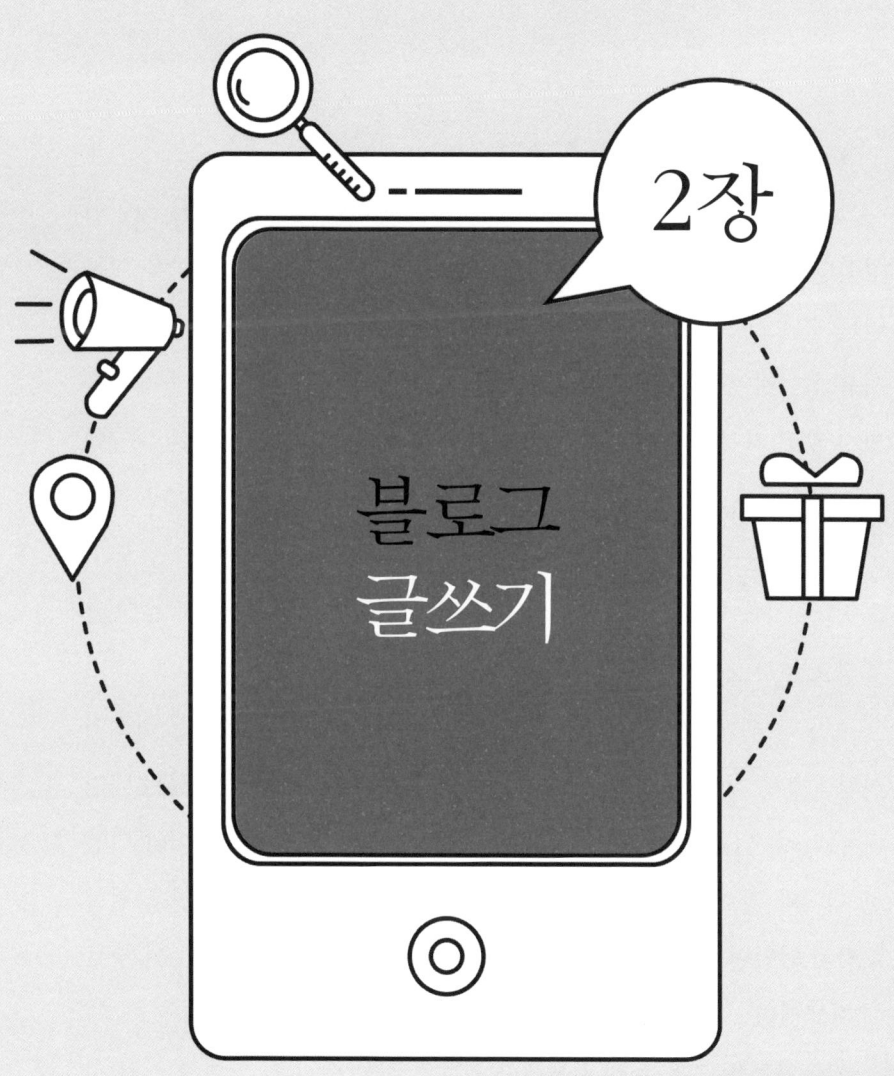

1. 블로그 마케팅의 역사와 진실

❖ 정보의 생산 공장, 블로그

모두들 알다시피 블로그는 개인 게시판으로부터 출발했다. 개인이 자신만의 게시판을 운영하면서 자신의 의견이나 주장 혹은 일상을 기록하는 수단으로 시작했다. 관리자의 허락을 받고 불특정 다수가 공동으로 사용하는 것이 아닌 개인 게시판이라는 형태는 누구의 간섭이나 제약을 받지 않고 자기 의견을 자유롭게 표출할 수 있다는 것이 가장 큰 특징이다. 개인 게시판이 나온 것은 웹페이지를 만들고, 꾸미고, 고치고, 글을 쓰고, 사진을 올리는 일을 전문가의 도움 없이 누구나 혼자서 할 수 있도록 만든 기술 발전의 덕이다. 따라서 개인 게시판은 두 가지를 가장 큰 특징으로 하고 있다. 첫째는 쉽다, 둘째는 자유롭다는 것이다.

누구나 쉽게, 자유롭게 세상을 향해 하고 싶은 얘기, 불특정 다수의 사람들에게 알리고 싶은 얘기, 혹은 누가 보든 말든 기록하고 싶은 얘기를 올릴 수 있게 되자 블로그라는 플랫폼을 통해 사람 수만큼이나 다양한 얘기와 정보가 쏟아져 나왔다. 소수 전문가가 선별한 정보만을 접할 수밖에 없었던 사람들은 다양한 관점, 다양한 형태, 다양한 수준의 정보에 환호했다.

전문가들은 다루지 않던 세세한 정보도 접할 수 있었고 한쪽 편의 시각으로만 전달되던 정보에서 이쪽저쪽 다른 시각으로 만들어진 정보도 접할 수 있게 됐다. 긴 글을 즐기는 사람은 장문의 정보를 찾아볼 수 있었고 짧은 글을 좋아하는 사람 역시 간략하게 정리된 짧은 글을 골라볼 수 있게 됐다. 어떤 취향과 어떤 시각을 가진 사람이든, 어떤 내용과 어떤 형태의 정보를 찾는 사람이든, 자기에게 딱 맞는 정보를 어렵지 않게 접할 수 있게 됐다.

그런데 블로그는 필연적으로 검색이라는 수단을 통해야 한다. 검색을 담당하고 있는 포털들은 다양한 고객들을 만족시킬 수 있는 다양한 정보 풀을 확보하는 것이 생명이다. 그런 면에서 블로그는 포털에게 가장 중요하면서 효과적인 플랫폼이었다. 그래서 포털들은 검색에서 블로그를 앞에 내세우고 사용자들이 쉽게 만들어 운영할 수 있는 툴을 제공하는 등 블로그를 적극적으로 우대하고 권장하게 됐다.

포털의 우대에 힘입어 블로그를 만들어서 개성 넘치는 자신만의 정보를 생산하는 사람이 폭발적으로 늘어났다. 거기에 비례해서 블로그라는 플랫폼을 통해 전달되는 정보는 양적으로도 팽창하고 질적으로도 고급화되었으며 내용적으로 훨씬 다양해지게 됐다. 이렇게 블로그로 공급되는 정보가 다양해지고 고급화되면서 블로그를 통해 정보를 입수하려는 사람은 더욱 늘어났다. 따라서 정보가 필요하면 우선 블로그를 검색해보는 경향이 커지는 폭발적인 선순환이 발생했다.

이 현상을 표면적으로 본다면 블로그라는 플랫폼 앞에 사람들이 바글바글 모여드는 모양이 된다. 이유가 무엇이든 사람들이 바글바글 모여들면 본능적으로 흥분하는 사람들이 있다. 바로 우리같은 장사꾼들이다. 장사하는 사람들에겐 사람 많이 모여 있는 곳이 최고다. 그래서 블로그를 하면 자동적으로 사람들이 바글바글 모여드는 것으로 착각해서 블로그를 만들어 놓고 광고하고, 홍보하는 일에 열중하는 것이 현재의 블로그 마케팅이다.

❖ 블로그 마케팅의 과제는?

우리가 블로그 포스팅을 할 때 가장 우선적으로 생각하는 것은 고객이나 독자가 아니다. 바로 포털의 검색엔진이다. 고객의 공감을 얻고 감동시켜서 구매로 연결하는 것보다는 키워드를 어떻게 재주껏 많이 넣어서 검색엔진에 쉽게 걸리게 하는 것이 첫 번째 과제다. 그래서 용케 상위검색이 되면 잠재고객이 몰려오고 그러면 자동적으로 구매가 일어날 것으로 착각하고 있다. 제목에는 키워드를 어떻게 넣고, 본문에는 키워드를 어떻게 넣으며, 이미지는 몇 장을 쓰고, 본문 길이는 어느 정도가 적당한지가 블로그 마케팅의 사실상 가장 큰 관심사이다. 그렇게 작성되는 포스트는 글이라기보다 검색엔진에게 채택되기 위한 기호의 조합에 불과하다. 고객을 움직여 구매로 연결시키고자 하는 목적을 구현하는 데는 구조적으로 한계가 있다.

내용적으로도 고객에게 유익하고 고객이 원하고 기대하는 내용과는 거리가 멀다. 이처럼 기존의 블로그 마케팅은 고객과의 커뮤니케이션보다 제품 정보를 고객에게 일방적으로 노출하는 데 초점이 맞춰져 있다. 고객이 무엇을 바라고 무엇을 좋아하는지는 안중에도 없다. 어차피 내 제품과 관련된 키워드를 검색해서 들어온 사람이니 내 제품 정보에 당연히 관심을 가지고 있을 것이라는 막연한 기대만 가지고 있을 뿐이다.

게다가 포스팅도 늘 즉흥적이다. 블로그 포스팅을 할 때 현실적으로 겪게 되는 가장 큰 고민은 "오늘은 뭘 쓰지?"이다. 미리 준비된 방향과 주제, 그리고 계획에 맞춰서 포스팅을 하는 사람은 그리 많지 않다. 그러다 보니 뭘 써야 될지를 고민하는 시간이 글을 쓰는 시간보다 훨씬 더 걸리고 시간에 쫓겨 글의 품질에는 신경을 쓸 여력이 없어진다. 하루 이틀이라면 모를까 포스팅에 들어가는 시간이 하루 서너 시간 혹은 대여섯 시간이 되다 보면 나중에는 물리적으로 지쳐서 블로그를 계속 하는 것이 힘겨워진다.

블로그는 매체다. 고객에게 신뢰와 기대를 받는 매체를 직접 만들고 그 매체에 자신의 제품 광고를 얹는 것이다. **잊지 말자. 블로그로 마케팅을 한다는 것은 매체라는 밥상을 차린 다음에 광고라는 숟가락을 얹는 일이다.** 블로그에 주야장창 내 제품 얘기만 하는 것은 아무 음식도 없는 밥상 위에 숟가락만 잔뜩 늘어놓는 꼴이다. 아무리 숟가락을 빨리 얹고 싶어도 밥상이 다 차려지기 전까지는 참아야 한다. **따라서 블로그 마케팅은 내 블로그를 매체다운 매체로 만드는 것이 먼저 해야 하는 일이다.**

매체다운 매체의 핵심은 정기적으로 정보와 컨텐츠가 제공되어야 한다는 것과 고객이 관심을 가지고 기대할 만한 내용을 다루어야 한다는 것이다. 정보와 컨텐츠를 정기적으로 제공하기 위해서는 오늘, 내일, 그리고 1주일 뒤, 2주일 뒤, 한 달 뒤, 두 달 뒤에 어떤 내용으로 포스팅할 것인가를 미리 계획하고 내용을 미리 준비하고 비축해야 한다. 그 내용들은 블로그를 방문할 고객들이 원하고, 고객들에게 유익하고, 고객들이 기대하는 내용이어야 한다.

따라서 블로그의 매체적인 성격을 확보하기 위한 가장 현실적인 방법은 포스팅의 주제를 미리 정해서 계획적으로 포스팅하는 것이다. 실제로 주제가 미리 정해져 있다면 글 쓰는 시간은 절반으로 줄어든다. 시간만 줄어드는 것이 아니라 글의 내용을 미리 구상할 수 있어서 글 쓰는 데 들어가는 노력도 현저하게 줄어든다. 따라서 훨씬 적은 시간과 적은 노력으로도 지속적이고 효과적인 블로그 운영이 가능해진다.

2. 신개념 블로그 마케팅, '네이버 파워컨텐츠'

1) 파워컨텐츠란 무엇인가?

네이버 파워컨텐츠는 광고비를 지불하면 블로그 포스팅을 일정 위치에 노출시켜주는 새로운 광고 서비스이다. 돈 안 드는 마케팅으로 각광받아 온 블로그 마케팅에 이젠 돈을 써야 한다는 탄식이 터져 나오고 있다. 그럼에도 불구하고 네이버 검색을 활용하면서 검색 순위에 너무나 시달려 왔던 사업자들은 비용을 지불하더라도 통합검색 페이지에서 상위노출이 보장되기 때문에 매우 활용도가 높은 서비스로 평가한다.

또한 고객의 입장에서도 간단한 키워드와 간략한 설명을 참조한 뒤 곧바로 쇼핑몰로 이동하는 기존의 키워드 광고와는 달리 검색수단으로써 매우 친숙한 블로그 포스팅으로 이동하여 충분한 정보를 얻은 상태에서 쇼핑몰로 이동하게 되므로 신뢰를 바탕으로 구매할 수 있는 장점이 있다.

● 사람이 아닌 기계에 의존하는 검색엔진의 한계

네이버에서 파워컨텐츠 상품을 새로 고안해낸 데에는 새로운 광고상품의 개발이라는 측면도 분명히 존재하겠지만 그보다는 검색 포털로써의 기능과 만족도를 유지하려는 의도가 더 크다고 할 수 있다.

검색 포털의 가장 중요한 임무는 고품질의 정보를 검색 고객에게 제공하는 것이다. 수많은 블로거들이 쉽고 자유롭게 다양한 의견과 정보를 쏟아내는 블로그는 검색 포털의 입장에서는 가장 훌륭한 컨텐츠 공급원이다. 키우고, 아끼고, 밀어줘야 하는 플랫폼이다. 그러나 각광받는 플랫폼에는 그것을 마케팅에 활용하려는 마케터들이 모여들기 마련이다. 포털과 검색 고객이 필요로 하는 양질의 블로그는 뒤로 밀리고, 드세고, 다 부진데다가, 부지런하기까지 한 마케터들이 검색 상위를 차지하는 현상이 금세 나타났다.

고품질의 검색을 추구해야 할 포털의 입장에서 광고 포스팅이 검색 상위를 독차지하고 있는 것은 좌시할 수 없는 일이다. 수시로 검색 로직을 바꾸고 내부적인 요건을 둬 검색에 불이익을 주는 등 '순수' 블로그가 검색 고객에게 노출이 되게끔 갖은 노력을 다한다. 그러나 마케터들은 로직이 바뀌면 귀신같이 새로운 대응책을 만들어 내고 불이익을 주면 블로그를 새로 만들거나 일반인의 블로그를 매입하는 등 갖은 방법으로 그것을 돌파해낸다.

카페, 지식인, 뉴스, 웹문서 등이 다 마찬가지지만 검색 고객의 선호도가 특히 높은 블로그의 검색 무대는 네이버와 마케터 사이에 도전과 응전이 반복되는 거대한 전쟁터가 되어버렸다.

사람이 일일이 포스트의 품질을 판단할 수 있다면 이런 문제가 줄어들 수 있다. 그런데 그것은 불가능한 일이다. 좋은 글, 충실한 정보에 대한 판단을 검색엔진의 로직에 의존할 수밖에 없는 상황에서는 포스트를 구성하는 수많은 요소 중에서 수치로 계량화하여 파악할 수 있는 부분만이 고려의 대상이 된다. 즉, 검색엔진이 좋은 글, 충실한 정보의 여부를 판단하는 것은 분명히 한계가 있다.

• 검색의 품질을 높이기 위한 노력의 일환

블로그를 마케팅에 활용하고자 하는 마케터와 판매자의 불만도 높아질 수밖에 없다. 검색을 의식하는 포스트는 일반적으로 말하는 '글'이라고 할 수 없다. 검색엔진으로부터 높은 점수를 얻기 위한 '기호의 조합'에 불과하다. 글의 맥락과 관계없이 특정 키워드가 몇 개 이상 들어가야 하고 데이터의 양이 중요할 것이라는 짐작 때문에 글은 하염없이 길어지고 내용과 크게 관계없는 이미지로 도배한다.

가장 중요한 것은 검색 고객의 불만이다. 검색 고객이 필요한 것은 신뢰할 수 있는 정보다. 뭔가 검색을 하려고 들어가면 죄다 광고 포스트만 뜬다. 검색 결과에 만족할 수 없고 검색을 거듭할수록 짜증과 불신만 늘어난다. 고객들의 불만은 곧바로 네이버를 향하게 된다.

파워컨텐츠는 이러한 상황을 타개하기 위한 새로운 수단이다. 파워컨텐츠는 유료 광고상품이긴 하되 직접적인 광고는 아니다. 파워컨텐츠를 이용할 수 있는 포스트는 해당 키워드에 대한 충실한 정보를 담은 내용이어야 하고, 상품, 서비스, 이벤트에 대한 소개와 홍보는 금지된다. 즉, 순수한 정보 포스트만 대상이 된다. 이는 통합검색의 첫 화면에 순수 정보를 담은 블로그 포스트를 상위에 노출시키겠다는 뜻이다.

네이버 파워컨텐츠는 내용의 충실성뿐만 아니라 외면적인 정갈함까지 추구한다. 올바른 맞춤법, 띄어쓰기, 어법을 요구하고 속어와 은어의 사용을 금지한다. 블로그의 스킨과 위젯까지도 규제한다. 이는 내용과 형식의 양면에서 최상의 품질과 품격을 지니는 블로그 포스트를 검색 페이지의 전면에 배치하여 검색의 격을 높이겠다는 의지의 표현이다.

블로그, 카페, 지식인, 뉴스, 이미지, 동영상, 지도, 웹문서 등 네이버가 다루는 검색 종목 중에서 블로그는 가장 과열되어 있다. 이는 공급되는 정보의 양에 비해 상위 검색의 기회는 제한적일 수밖에 없는 구조로 인해 발생한 현상이다. 이런 혼탁한 양상을 부분적으로라도 해소하기 위해 유료를 전제로 양질의 정보 제공이라는 원칙에 합의하는 블로그 운영자에게 상위노출을 보장해주는 것이 파워컨텐츠 상품이다. 이로써 네이버는 전체적인 검색의 품질을 높일 수 있는 효과를 기대할 수 있다.

● 페이스북과 파워컨텐츠

네이버 파워컨텐츠는 외부의 요인에 의한 변화의 측면도 있다. 페이스북 게시물 광고의 안착이다. 페이스북은 여러 종류의 광고 방식을 제공하고 있지만 그중에서도 특징적인 것이 상품이나 서비스에 대한 직접 광고가 아니라 타임라인에 게시물을 광고하는 것이다. 페이스북 게시물 광고의 활약은 2014년 미국 마케팅 분야에서 큰 화제가 된 사건이다. 이 광고는 컨텐츠 광고라는 새로운 바람을 불러왔다. 상품과 직접 관계가 없는 게시물을 돈을 받고 광고를 해준다는 발상도 특이했지만 이에 대한 호응과 결과로 나타난 효과도 이례적이었다.

페이스북의 게시물 광고는 좋아요, 댓글, 공유 등의 참여를 유도하는 것이 목적이다. 좋아요, 댓글, 공유와 같은 반응은 게시물의 확산을 일으킨다. 마케팅 플랫폼으로써의 페이스북은 직접적이고 즉시적인 제품 홍보 및 판매보다는 제품과 직간접적으로 관련된 정보에 관심을 가진 잠재고객을 팬으로 유입시켜 관리하는 것이 더 중요하다. SNS의 기본적인 존재 이유는 일시적인 대량 노출이 아니라 잠재고객과 관계를 맺고 이를 확산시키면서 지속적으로 관리하는 것이기 때문이다.

잠재고객과 관계를 맺고 확산시키는 수단은 게시물, 즉 컨텐츠다. 컨텐츠의 질이 우수할수록 반응과 확산의 폭은 더 커진다. 한 번 맺어진 잠재고객과의 관계를 계속 관리하는 수단 역시 컨텐츠다. SNS 마케팅 초기에는 이런 저런 이벤트가 잠재고객 및 회원 관리의 가장 중요한 수단이었지만 지금은 컨텐츠가 그 자리를 대체했다. 잠재고객과의 관계를 유지하는 데도 컨텐츠의 질이 가장 큰 요인으로 작용한다. 회원과의 관계를 유지하기 위해서도 회원의 반응을 이끌어내는 것이 필수이기 때문이다.

● 컨텐츠 마케팅과 파워컨텐츠

SNS 마케팅의 성공은 그전부터 논의되어 오던 컨텐츠 마케팅의 존재를 더욱 부각시켰다. 컨텐츠 마케팅의 핵심은 양질의 컨텐츠를 일관성 있게 지속적으로 생산하여 고객의 신뢰를 확보하고 고객과의 관계를 견고하게 만든 토대 위에서 제품 판매가 발생하도록 하는 것이다.

컨텐츠 마케팅은 직접적인 상품의 판매보다 브랜드의 가치, 브랜드에 대한 신뢰 구축을 가장 우선적인 목표로 한다. 이를 위해 고객이 원하고 고객에게 도움이 되는 정보를 지속적으로 제공하여 고객으로 하여금 브랜드를 신뢰하고 뭔가를 기대하도록 한다. 즉, 1회적인 판매가 아닌 장기적인 관계와 교감을 확보하고 유지하는 것이 마케팅의 목표이다.

고객들이 구매 여부를 떠나 브랜드를 신뢰하고 좋아하는 느낌을 가지도록 하여 기회가 되면 지인들과 브랜드에 대해 얘기를 하고 브랜드가 화제가 될 경우 이에 적극적으로 참여하도록 한다. 구매 가능성이 높은 고객일지라도 구입을 압박하지 않고 진정성과 전문성, 거기에 재미까지 추가된 정보를 꾸준히 제공하여 고객의 신뢰를 확보한다.

파워컨텐츠는 이러한 컨텐츠 마케팅의 흐름과 맥락 속에 있다. 네이버의 검색 화면은 단순히 검색과 노출이라는 기계적인 작업이 이루어지는 공간이 아니다. 고객이 원하는 정보를 제공하는 채널로써 고객의 공감과 만족을 이끌어내고 더 좋은 정보를 찾을 수 있을 것이라는 기대를 갖게 하는 것이 이 채널이 운영되는 가장 중요한 목적이다. 즉, 검색을 통해 고객이 기대하는 내용을 블로그, 카페, 지식인, 이미지, 뉴스, 지도 등의 다양한 형태로 보여주는 것이 네이버의 기본적인 역할이며 이 중의 한 섹션을 광고주에게 제공하는 것이 파워컨텐츠 상품이다.

● 브랜드 마케팅과 파워컨텐츠

블로그의 상위노출 경쟁이 지금처럼 혈투의 양상을 보이기 이전, 평화로운 상태에서 블로그 마케팅을 펼칠 수 있었던 시기가 있었다. 이때 가장 먼저 나타나는 블로그의 효과는 제품 판매가 아니라 브랜드 인지도의 상승이었다. 블로그의 포스트 내용이 충실하고 블로그 운영에서 성실함이 느껴지면 고객은 브랜드를 기억하게 된다. 이후 고객은 브랜드를 직접 검색하여 그 브랜드가 언급된 다른 블로그나 카페의 게시물을 확인한 다음 쇼핑몰이나 홈페이지로 이동하게 된다. 그러나 블로그의 상위노출 경쟁이 치열해지면서 제한된 기회에서 제품 판매의 확률을 높이기 위해 구매를 압박하는 추세가 강화됐고 이것은 결국 블로그 마케팅 시장의 혼탁을 가져왔다.

파워컨텐츠는 브랜드 파워를 강화하는 블로그 마케팅 본연의 효과를 추구할 수 있는 기회가 된다. 이런 취지에 걸맞게 파워컨텐츠는 블로그의 형태와 내용을 개인이나 제품 베이스가 아니라 업체와 브랜드 베이스로 갖출 것을 요구하고 있다. 블로그의 제목, 블로그 운영자의 이름도 업체명이나 브랜드 혹은 공식 홈페이지의 사이트 이름을 사용해야 한다. 또한 파워컨텐츠를 통해 브랜드의 인지도를 높일 수 있도록 포스트의 첫머리에 업체나 브랜드의 간략한 소개가 들어가 있는 작성자 소개 배너를 반드시 부착해야 한다. 특히 본문에 블로그 내의 링크가 아닌 외부 링크는 일체 금지되어 있으나 본문 하단에 홈페이지 연결 배너를 두어 메인 홈페이지로 연결할 수 있도록 한다.

2) 효과적인 파워컨텐츠 작성법

• 파워컨텐츠의 목표=호감과 신뢰

파워컨텐츠는 검색 화면에 노출되는 내용과 랜딩페이지인 블로그의 스킨과 구성 등 여러 가지 엄격한 규정을 적용하고 있다. 여기서는 가장 중요한 본문 작성에 대해서만 설명한다.

파워컨텐츠는 상품을 직접적으로 광고하는 수단이 아니라 충실하고 정확한 정보를 통해 고객의 신뢰를 확보하고 브랜드의 인지도 상승을 목표로 한다. 따라서 포스트 본문에서 특정 상품이나 이벤트를 소개하고 홍보하는 것은 금지되어 있다.

　블로그, 카페, SNS 등 어떤 플랫폼을 이용하든 가장 높은 효과를 얻기 위한 방법은 각각의 플랫폼의 본원적인 취지에 충실하게 운영하는 것이다. 블로그는 정보 전달, 카페는 커뮤니티, SNS는 관계의 형성과 확산이다. 네이버의 파워컨텐츠는 정보 전달이라는 블로그 본연의 취지에 부합하는 포스트만 선별하여 상위노출의 기회를 제공하는 것이다.

　파워컨텐츠를 통해 노출되는 포스트의 가장 중요한 목표는 호감과 신뢰를 얻어서 브랜드를 기억하고 본문 아래에 있는 링크 배너나 직접적인 검색과 같은 다른 수단을 통해 브랜드에 대해 더 알아보고 싶은 욕구와 동기를 갖게 하는 것이다. 따라서 파워컨텐츠의 본문은 독자의 호감과 신뢰를 얻기 위한 모든 요건들을 감안하여 작성해야 한다.

　호감과 신뢰를 얻기 위해 가장 중요한 것은 고객의 시각에서 고객이 필요로 하고 궁금해하는 것을 정확하게 파악하여 이에 대해 충실하게 답하는 것이다. 어떤 주제든 그것에 대한 일반적인 정보나 백과사전류의 정보는 누구나 쉽게 찾아볼 수 있다. 아무나 얘기할 수 있는 평범한 정보로는 독자의 호감과 신뢰를 얻을 수 없다. 유학이 주제라면 유학 준비생이나 유학생이 실제로 이런저런 과정을 경험하면서 부딪치게 되는 문제에 대해 답을 해야 한다.

　그 다음 중요한 것은 실제로 경험하지 않고서는 도저히 알 수 없는 구체적인 부분에 대한 설명이다. 고객은 어떤 분야에서 책을 몇 권씩 쓴 학자보다는 고객의 어려움을 실제로 목격하고 이를 해결해준 경험이 있는 현장 전문가를 더 신뢰한다. 질병이 주제라면 그 질환을 앓고 있는 환자를 직접 보지 않고서는 알 수 없는 구체적인 고통에 대해 얘기할 수 있어야 하고 그것이 치유되거나 해결되었을 때의 민족감에 대해서도 직접적인 경험을 바탕으로 얘기할 수 있어야 한다.

• 디테일에 답이 있다

광고상품으로써의 파워컨텐츠를 활용하기 전에 반드시 해야 할 일이 있다. 정보를 제공한다는 것은 고객의 궁금증을 풀어주고 고객이 가지고 있는 질문에 답을 하는 것이다. 따라서 고객이 진짜로 궁금해하는 주제를 먼저 파악하고 동시에 고객의 궁금증과 질문에 대해 정확하고 충실하게 답변할 수 있는지를 파악하는 것이다.

호주 워킹홀리데이라는 키워드를 중심으로 작성법과 예문을 알아보자. 호주 유학과 워킹홀리데이 전문업체인 빅빅잉글리쉬가 정리해놓은 FAQ 목록을 소개한다.

- 호주 워킹홀리데이 비자신청 방법
- 호주 워킹홀리데이 예상 비용
- 호주 쉐어 구하는 방법
- 호주 쉐어 구할 때 알아야 할 점
- 호주 쉐어 구할 때 주의할 점
- 호주 워킹홀리데이 일 구하는 방법
- 호주 농장일 구하는 방법
- 호주 텍스잡과 캐쉬잡이 무엇인지 알기

- 호주 농장 가이드
- 호주 시티잡 구하는 방법
- 영문 이력서 작성법
- 호주 지역별 특징
- 나에게 맞는 호주 지역 선택하기
- 호주에서 영어 공부하기
- 호주 어학연수 성공적으로 하는 방법
- 호주 어학원 선정 시 한국인 비율
- 필리핀에서 연수하고 호주에서 일자리 패키지
- 호주에서 어학연수 후 일하기
- 항공권 저렴하게 예약하는 방법
- 안전한 호주 워킹홀리데이를 위한 보험 준비하기
- 호주 은행 개설 미리하기
- 호주 텍스파일 신청하기

　일반적으로 온라인 광고를 이용할 때 관심 키워드를 선정하고 그중에서 조회수가 높은, 즉 많은 고객이 검색하는 키워드 순으로 공략하기 쉽다. 그러나 조회수가 높은 것과 고객의 관심이 높은 것이 항상 일치하지는 않는다. 고객의 실제 관심사를 반영하는 것은 대형 키워드보다 세부 키워드이다.
　그리고 고객이 진정으로 궁금해하는 것이라도 충실하게 답변할 만한 경험이나 지식이 없다면 그에 대한 답은 피상적일 수밖에 없다. 그에 대한 경험과 지식을 쌓아서 답변을 하더라도 우선적으로는 정확하고 충실하게 답변할 수 있는 내용을 먼저 목록화하여 답변을 준비해야 한다. 이렇게 고객이 실제로 궁금해하는 것, 충실하게 답변할 수 있는 것부터 선정하여 이를 중심으로 공략하는 것이 좋다.

상위노출이 보장되는 상품이므로 노출됐을 때 많은 이야기를 하고 싶은 마음에 백과사전식으로 관련 내용을 한 포스트 안에 몰아넣으려는 욕심이 생길 수 있다. 그러나 논문을 쓰기 위해 포스트를 읽는 독자가 아니라면 너무 많은 내용이 한꺼번에 있는 포스트는 쉽게 읽기 어렵다. 작은 주제에 대해 집중적이고 세부적인 설명으로 만족감을 준 뒤 다른 정보도 이 블로그에서 충분히 얻을 수 있겠다는 신뢰를 주는 것이 좋다. 파워컨텐츠에서는 블로그 내부의 링크를 허용하므로 관련 내용이 설명된 다른 포스트를 링크하면 독자의 체류시간도 늘어난다. 독자의 체류시간이 늘어날수록 블로그와 브랜드에 대한 신뢰 역시 높아진다.

- 스토리텔링

블로그는 기본적으로 소프트한 플랫폼이다. 독자와 고객이 정보를 원한다고 해서 두산 백과사전이나 위키피디아처럼 곧바로 상세설명으로 들어가면 거부감을 느낄 수 있다. 포스팅에서 스토리텔링은 거의 필수적인 요소이다. 스토리텔링 요소가 있고 없고에 따라 완독률, 즉 글을 끝까지 읽는 비율이 3배 정도 차이가 난다.

스토리텔링은 워낙 광범위한 개념이라서 간략하게 설명하기 어렵지만 일화나 에피소드의 개념에서부터 사람의 움직임이 머릿속에서 그려지는 상황까지를 모두 포함한다. 누군가의 말을 따옴표(" ")로 인용하는 것, 명언이나 격언, 고사, 속담을 인용하는 것도 스토리텔링의 효과를 준다. 특히 카페나 홈페이지에 올라오는 고객들의 질문을 인용하는 것 역시 대단히 훌륭한 스토리텔링 기법이다.

- 소제목과 이미지

소제목은 필수적이다. 독자들은 처음부터 작정을 하고 글을 읽지 않는다. 우선 전체를 대략 살펴본 다음 읽을 만하다는 판단이 섰을 때 제대로 읽기 시작한다. 이때 가장 먼저 적용되는 판단의 기준이 소제목이다. 소제목이 없는 글은 제대로 읽힐 가능성이 0%라고 생각하면 된다.

소제목 하나에 2~3문단이 들어갈 수 있도록 구성한다. 가장 기본적인 포스트의 형태는 3~4개의 소제목, 소제목 하나에 2~3문단, 각 소제목 사이에 이미지를 넣는 형태로 구성된다. 한 문단은 짧은 문장으로 2~3개의 문장으로 이루어지게 하는 것이 좋다. 소제목의 숫자, 소제목 하나에 들어가는 문단의 숫자는 글의 내용과 아이템에 따라 다를 수 있지만, 이미지 위주로 작성되는 패션이나 뷰티 분야를 제외한 다른 분야는 기본적으로 위의 수치를 기준으로 하는 것이 좋다.

이미지 역시 글의 가독성을 높이는 데 필수적인 요소이다. 파워컨텐츠는 반드시 하나 이상의 이미지를 넣어야 하는데 최소한 2~3개 이상의 이미지를 적절하게 사용해야 한다. 주의할 점은 이미지를 너무 많이 사용하거나 사진을 너무 크게 쓰지 않는 것이다. 특히 세로 사진을 풀 사이즈로 넣게 되면 스크롤로 사진을 넘기느라 글을 읽는 호흡이 끊어진다. 세로 사진의 가로축이 화면 전체를 차지하지 않도록 유념한다.

일반적인 블로그의 포스트에는 사진을 너무 많이 사용하는 경향이 있다. 이것은 포스트 안의 데이터양이 많을수록 상위 검색에 도움이 된다는 인식 때문이다. 그래서 사진을 수십 장 넣고 사진 한 장에 텍스트 한 줄 넣는 식의 포스트를 흔히 볼 수 있다. 이런 포스트는 상위 검색이 잘 될지는 몰라도 독자에게 메시지를 전달하는 기능은 전혀 없다. 사진과 텍스트가 적절하게 조화되어야 정보 전달 능력이 높아진다.

• 적절한 분량

길게 쓸 것인가, 짧게 쓸 것인가. 이것은 어떤 글을 쓰든 부딪치는 문제다. 일반적으로 인터넷의 독자와 고객들은 짧은 글을 선호하는 것으로 알려져 있지만 구체적인 정보를 담은 글은 너무 짧을 경우 오히려 불성실해 보일 수도 있다.

<u>포스트의 길이에 대해 가장 중요한 것은 스크롤 5~10회, 읽는 시간 3~5분이라는 조건이다. 스크롤 횟수의 경우 5회 정도까지는 누구나 집중해서 읽고 10회까지는 50%의 독자가 남아 있게 된다. 그리고 읽기 시작한 지 3분~5분 사이가 가장 집중도가 높다.</u>

이 기준을 원고의 분량으로 환산해보면 대략 1,500자~2,500자 사이가 된다. (공백 제외 기준) 파워컨텐츠에 사용될 포스트는 기본적으로 설명을 위주로 하는 것이므로 세세한 정보를 넣다 보면 길이가 길어지기 쉽다. 그런 경우라도 3,000자가 넘어서는 곤란하다. 어지간한 명문이 아니라면 3,000자 이상 인내를 가지고 끝까지 읽어줄 독자는 많지 않다.

충실하게 설명하려는 의도가 아니라 한 포스트에 최대한 많은 것을 넣으려는 욕심 때문에 글의 길이가 길어지는 것은 반드시 피해야 한다.

좋은 의도이든, 욕심이든 한 글에 너무 많은 것을 넣으려고 하지 말고 적당한 분량으로 충분히 임팩트를 주는 글을 여러 개 준비하여 블로그 안에서 링크로 이동하게 하는 것이 훨씬 효과적이다. 다음에 제시한 예문은 모두 공백 제외 1,500자로 맞추어 작성됐다.

3) 효과적인 파워컨텐츠 포스트 작성의 실제

① 경험담·사례형

고객이나 운영자의 사례와 경험담은 가장 흡인력 있는 포스트 유형이다. 우선 사례와 경험담 자체가 완벽한 스토리텔링이다. 스토리텔링을 부분적으로 적용하는 것이 아니라 포스트 전체가 스토리로 이루어진 형태다. 고객의 사례는 자신과 같은 입장에 있는 제 3자의 이야기라 생각하고 몰입하게 된다.

또한 사례는 고객이 궁금해 하는 점을 구체적으로 제시한다. 비록 모든 고객과 독자의 궁금점이 일치하지 않더라도 다른 고객의 문제가 어떻게 해결되는지에 대해 깊은 관심을 가지게 한다. 운영자의 경험담은 업체와 운영자가 실제로 이 분야에 충분한 경험을 가진 전문가라는 믿음을 가지게 한다. 사례와 경험담에는 일반적인 설명형 포스트에서는 언급하기 어려운 구체적이고 세세한 상황까지 제시할 수 있게 된다.

호주 워킹홀리데이, 호주 농장 이야기

학생들이 호주 워킹홀리데이를 선호하는 이유는? 가장 중요한 것은 일도 하고 영어도 배운다는 것이겠죠. 그중에서도 특히 더 중요한 것은 바로 일입니다. 어렵게 비자를 구해서 호주까지 갔는데 일도 못하고 가져간 돈만 다 쓰고 온다면 영어를 배운다는 목적도 이룰 수 없습니다.

물론 워킹홀리데이 비자는 누구나 받을 수 있고 1년 동안 체류할 수 있습니다. 돈만 있으면 어디든 갈 수 있고 공부하고 싶으면 현지의 학원도 다닐 수 있습니다. 그렇게 여유 있는 분이라면 일하지 않고도 얼마든지 하고 싶은 것을 할 수 있습니다.

가장 많은 수입을 올릴 수 있는 농장

그러나 그런 분은 그렇게 많지 않죠? 호주 워킹홀리데이를 떠나는 대부분의 목적은 일과 영어입니다. 일을 한다면 당연히 페이가 좋은 곳을 찾아야겠죠. 호주에서 일할 수 있는 곳 중에 가장 많은 돈을 벌 수 있는 곳이 농장입니다. 오늘은 제가 일했던 농장 이야기를 들려드리려고 해요.

워낙 여러 가지 변수가 많아서 일률적으로 얘기할 수는 없지만 1주일에 1,000달러, 우리 돈으로 약 100만 원 정도까지 버는 경우도 있습니다. 그때는 그곳에서 "대박났다"고 여기저기서 난리가 나죠. ^^

돈을 많이 받을 수 있는 만큼 농장 일은 매우 힘든 축에 속합니다. 제가 일했던 쉐파톤의 토마토 농장은 보통 새벽 5시 20분에 농장으로 출발해서 2시까지 일합니다. 더 하고 싶어도 쉐파톤은 한낮에는 40도까지 올라

가서 더 이상은 할 수 없습니다. 도착하면 플라스틱 바구니를 10개를 10미터 간격으로 떨어뜨려 놓고 앞에서부터 미친 듯이 따기 시작합니다.

바구니 하나에 10불~12불정도 하는 데 손이 빠른 사람은 하루 14통까지도 하고 느린 사람은 6~7통 정도 합니다. 평균은 10통 정도로 보면 되겠군요. 그러면 바구니 당 10불 잡으면 하루에 많으면 140불, 적으면 70불, 평균 100불 정도가 됩니다. 매일 14통씩 따면 1주일에 1,000불이 되는 거죠?

힘들기는 정말 힘듭니다. 농장 일은 제가 태어나서 지금까지 해본 일 중에 가장 힘든 일이었습니다. 그때부터 농사짓는 분들이 다르게 보이더군요. 하지만 우리나라 사람들은 어디를 가도 일을 잘합니다. 저도 그렇고 같이 간 동료들도 그렇고 보통 외국인들의 2배는 거뜬히 합니다. 여러분의 능력을 믿으세요.

그럼 영어는 언제 배워요?

영어 배우려고 호주 워킹홀리데이 갔더니 1년 내내 일만 하고 영어는 한 마디도 못하고 왔다는 푸념을 가끔 들을 때가 있습니다. 실제로 그런 경우가 많이 있습니다. 그래서 저는 항상 호주 워킹홀리데이를 갈 때는 목적을 분명히 해야 한다는 말을 반드시 합니다.

호주 워킹홀리데이를 통해 영어를 배우려면 기본적인 영어는 익히고 있어야 합니다. 그래야 말을 하고 말을 해야 영어를 익히게 되는 것이죠. 그리고 영어를 전혀 못하면 일자리도 구하기 어렵습니다. 영어가 기본적으로는 되어야 일자리 정보를 찾을 수 있고 고용주와 인터뷰를 할 수 있습니다. 고용주 입장에서도 영어를 전혀 못하면 일을 시키기 어렵습니다.

영어를 기본적으로 한다면 그 다음은 마음먹기에 달렸습니다. 그 상태에서 농장에서 일을 하게 되면 영어 배우기는 쉽습니다. 호주 워킹홀리데이는 외국인도 많습니다. 특히 영국인과 독일인이 많습니다. 외국인들은 생각보다 엄청 수다스럽습니다. 한국 학생이 영어를 못하면 그 친구들도 대꾸를 잘 안 해주지만 영어를 좀 하면 아주 귀찮을 정도로 말을 겁니다. 그렇게 1주일만 하면 입이 술술 풀리는 걸 느끼게 됩니다.

저랑 친하게 지냈던 친구는 독일 학생 사라였습니다. 저는 50분 일하고 10분 쉬는데 이 친구는 10분 일하고 50분 쉬면서 계속 수다만 떨려고 하던 친구였습니다. 많이 친해진 다음에는 저도 수다 떠느라고 일을 반밖에 못하기도 했지만 덕분에 영어는 아주 많이 늘었습니다.

이상 Lucy의 호주 농장일 이야기였습니다. 일과 영어를 목표로 하시는 분이라면 농장 일을 적극적으로 추천해드리고 싶습니다. 농장 일을 하려면 구하는 방법도 꼭 미리 알아 두셔야겠죠?

호주에서 농장 일을 구하는 방법은?
▶ 링크

② 설명형

정보 포스트의 가장 일반적인 형태이다. 그러나 설명의 내용으로만 작성하면 글이 딱딱해져서 독자가 쉽게 읽어 내려가기 어려워진다. 글의 첫 부분은 반드시 스토리의 형태로 시작하거나, 세일즈 카피에서 적용하는 고객의 문제와 필요성을 언급하는 것으로 시작해야 한다. 처음부터 1, 2, 3…으로 시작하거나 별 특징 없는 리드로 시작하면 고객은 곧바로 떠나기 십상이다.

설명형 포스트는 1, 2, 3…의 리스트 형태로 작성되는 것이 보통이다. 이때 항목의 숫자가 3~4개를 넘어갈 때는 설명이 시작되는 부분에 전체 목록을 정리해서 박스로 제시하는 것이 좋다. 이렇게 하면 소제목을 훑어볼 필요도 없이 글의 전체 내용을 한눈에 파악할 수 있고 어떤 얘기를 할 것인지를 미리 머리에 담아두고 글을 읽게 되기 때문에 이해도가 훨씬 높아진다.

각 항목에 들어가는 텍스트의 분량을 가급적 동일하게 맞추는 것이 좋다. 각 항목의 내용이 일정해야 쉽게 읽을 수 있다. 분량이 들쭉날쭉하면 짧은 것은 부실해 보이고 긴 것은 장황해 보인다.

호주 워킹홀리데이, 일 구하는 방법

"호주 온 지 2주 됐습니다. 호주에서는 발품 팔아 일 구한다는 얘기를 듣고 한국과 다른 방식이니 재미있는 경험이 될 것 같아 일주일 전부터 브리즈번 시티 근처에서 이력서 돌리고 있습니다. 처음에는 용기가 안 나서 못 들어가고 서성이다가 돌아오곤 했지만, 이제 어느 정도 낯이 두꺼워져서 이력서 들고 가서 웃으며 얘기하는 정도는 됐습니다.

그런데 문제는 일주일이 넘도록 한 곳에서도 연락이 안 온다는 것. 다들 어떤 식으로 일 구하시나요? 저는 그냥 '하이, 아이앰 루킹 포러잡, 캔 아이 밋 매니저?' 이러고 이력서 주고 오는데, 다른 멘트를 하고 싶어도 마땅히 생각나는 게 없네요."

저희 빅빅잉 카페에 자주 올라오는 질문입니다. 호주에서 일자리 구하는 것에 대해서 막연하게만 생각하고 가셨다가 시간만 보내고 고생하시는 경우가 많습니다. 다행히 위의 질문을 올려주신 분은 저희 회원들의 도움을 받아서 곧 쉽게 일자리를 구하셨는데요. 이런 융통성도 없이 혼자서 일 구하러 다니다가 결국은 돈만 다 쓰고 그냥 한국으로 돌아오는 경우도 정말 많습니다.

호주 워킹홀리데이를 가는 가장 큰 이유는 일을 하면서 영어도 배우고 여행도 다닐 수 있다는 것입니다. 그래서 일자리를 구하는 것이 가장 중요합니다. 하지만 우리나라나 호주나 세계 어느 곳이나 마찬가지로 일자리가 우리를 기다려주지는 않습니다. 악착같이 찾아야 합니다. 그래서 떠나기 전에 준비할 것이 많이 있지만 일자리 구하는 방법을 철저히 알아보고 가야 합니다. 일자리 구하는 방법에 대해서 간략하게 말씀드려 보겠습니다.

> **호주 일자리 구하기 방법**
>
> 1. 게시판 정보
> 2. 인맥 통해 알아보기
> 3. 인터넷 구인광고
> 4. 일자리 알선 업소(잡 에이전트)
> 5. 이력서 돌리기
> 6. 어학연수 + 일자리 패키지

1. 게시판 정보

호주는 유학생들이 많아서 게시판 문화가 잘 되어 있습니다. 한국인 잡을 원할 경우 한인마트나 여행사, 유학원의 게시판을 활용할 수 있고 외국인 잡을 원할 경우 호스텔, 백팩, 외국인 여행사, 대학교 게시판들을 보면 정말 많은 일자리 정보를 찾을 수 있습니다.

2. 인맥 통해 알아보기

일자리 알아보기 방법 중에 가장 확실하고 안전한 방법입니다. 보통은 어학원을 다니면서 알게 된 친구들을 통해 일자리를 소개받거나, 쉐어의 룸메이트, 혹은 홈스테이 주인이 일자리를 소개해주는 경우도 있습니다. 가장 좋은 것은 홈스테이 주인을 통해서 일자리를 얻은 방법입니다. 호주는 추천인 제도가 매우 중요하기 때문에 홈스테이 주인이 추천해준다면 좀 더 쉽게 일자리를 구할 수 있습니다.

3. 인터넷 구인광고

인터넷 구인광고는 호주 워킹홀리데이 학생들이 가장 보편적으로 이용하는 방법입니다.

한국인 잡 사이트는 호주나라, 호주바, 썬브리즈번 등이 있습니다. 한국인 잡은 일자리를 구하기가 아주 쉽습니다. 영어를 배울 기회가 많지 않을 수 있기 때문이지요.

외국인 잡의 대표적인 사이트는 마이커리어, SEEK, Jobserach 등이 있습니다.

4. 일자리 알선 업소(잡 에이전트)

일자리 중에서도 공장이나 인턴십처럼 고급 일자리를 원할 때 이용하기 좋습니다. 당연히 소개비가 들어가는데 적게는 300~500불, 많게는 1,300~1,500불의 수수료가 필요합니다. 만약 일을 못 구해서 몇 주씩 생활비, 주거비, 시간 버리는 것을 감안하면 훨씬 효율적인 방법이라고 할 수 있습니다.

5. 이력서 돌리기

일하고 싶은 업소나 직장을 직접 찾아가서 이력서를 돌리는 방법입니다. 뭔가 도전해서 쟁취하고 싶은 마음이 있다면 시도해볼 만하기는 합니다. 특히 영어가 어느 정도 될 경우 직접 적극적으로 인터뷰도 하고 협상도 하고 싶은 분들에게는 매우 좋은 경험이 될 수 있습니다. 하지만 어느 정도 고생은 각오해야 합니다.

6. 어학연수 + 일자리 패키지

지금까지 설명한 방법들은 모두 기본적으로 영어가 어느 정도 가능한 분들이 할 수 있는 방법입니다. 영어를 전혀 못하는 상황이라면 위의 방법을 사용하는 데는 한계가 있습니다. 이때는 미리 비용을 좀 들이더라도 어학연수와 일자리를 기본으로 보장하는 패키지를 활용하시는 것이 좋습니다.

특히 최근에는 저렴한 비용으로 어학연수와 일자리를 보장하는 국비지원 프로그램이 늘어나서 자신의 예산과 목적에 맞는 패키지를 선택할 수 있습니다.

Lucy의 코멘트

어떤 방법으로 일자리를 구하든 본인의 경쟁력을 미리 높이고 가시기 바랍니다. 가장 중요한 영어를 미리 준비하시는 것이 좋습니다. 네일아트 자격증, 미용 자격증, 오피스 자격증, 컴퓨터 관련 자격증, 바리스타 자격증 등 무엇이든 호주에서 도움이 될 만한 것은 준비해 가시는 것이 좋습니다. 언제 어떻게 쓰일지 모릅니다.

③ 권유형

세일즈 카피의 기본 패턴을 활용하는 형태이다. 고객의 필요성과 문제를 먼저 얘기하고, 이에 대한 해결책을 제시한 다음, 입증하는 순서로 작성한다. 사례나 경험담은 감성적이고, 설명형은 어떤 사항을 수평적으로 나열하는 특징이 있는데 비해, 권유형은 설명의 과정이 논리적이다.

고객의 입장에서 단순히 정보를 파악하는 수준을 넘어서서 홈페이지 링크를 클릭하거나 블로그 내에서 다른 정보를 탐색하거나 업체로 직접 문의를 하는 등의 직접적인 행동으로 이어질 가능성이 가장 크다. 고객이 필요로 하는 정보를 충실하게 전달하는 것이 파워컨텐츠의 가장 중요한 역할이지만 판매자는 파워컨텐츠의 규제사항을 벗어나지 않는 범위 내에서 고객을 후속 행동으로 이끄는 것 역시 대단히 중요하다.

호주 워킹홀리데이, 안전한 패키지

취업을 위한 기본 스펙인 해외연수. 하지만 학생 처지에 자기 돈으로 해외연수를 다녀올 수는 없고 등록금 대기도 빠듯한 부모님께 또 손을 벌리기도 미안한 일입니다. 그래서 호주 워킹홀리데이는 경제적 부담 없이 해외연수를 다녀올 수 있는 최적의 프로그램입니다. 거기다가 어학연수뿐만이 아니라 잡 인턴십 경력까지 쌓을 수 있습니다.

하지만 영어를 전혀 못하거나 아주 초급 수준인 분들에게는 호주 워킹홀리데이가 조금 버겁습니다. 영어가 기본이 되어 있지 않으면 취업도 어렵고 취업을 해서도 일을 하기 어렵고 외국인과 대화할 기회도 많지 않아서 영어를 배우려는 목적도 달성하기 쉽지 않습니다. 그리고 영어를 어느 정도 한다고 해도 안전하고 안정적인 일자리를 구하는 것도 마냥 쉬운 일은 아닙니다. 호주 워킹홀리데이는 기본적으로 도전입니다. 경우에 따라서는 위험도 따르고 몇 주씩 시간과 돈만 흘려보내버릴 위험도 있습니다.

영어 수준이 그렇게 높지 않아서 곧바로 호주행을 결심하기 어려운 분들, 어렵지 않게 일자리를 구해서 돈을 벌면서 경험도 쌓고 영어를 제대로 공부하고 싶은 분들을 위한 프로그램이 있습니다. 바로 어학연수+일자리 패키지 프로그램입니다. 이 프로그램은 호주의 고급 어학원에서 4주~8주 정도의 영어연수 과정을 통해 기본적인 영어실력을 익힌 뒤 미리 예정된 직장에서 3~6개월 근무하는 프로그램입니다.

호텔 인턴십

패키지에서 주로 준비해서 추천해드리는 일자리는 안전하면서도 보수가 높은 호텔 인턴십입니다. 당연히 워킹홀리데이 학생들의 선호가 높은 곳이라서 잡 에이전트를 통해서도 쉽게 구하기 어려운 일자리들입니다.

호주는 관광국가입니다. 천혜의 관광지가 해안이며 내륙이며 가릴 것 없이 온 나라에 펼쳐져 있죠. 그래서 세계적으로도 이름난 호텔과 리조트가 많습니다. 어느 나라에서 온 학생이나 다 마찬가지지만 호텔, 리조트 인턴십은 특히 한국 학생들에게는 단연 선호 1위의 일자리입니다. 지켜야 할 것도 많고 가려야 할 것도 많고 특히 높은 영어 실력을 요구하는 자리이지만, 돈 내고 놀러 가려면 언감생심 욕심을 부리기도 어려운 곳이라 그저 그곳에 있는 것만으로 행복해지는 곳이지요. 특히 호텔과 리조트의 손님들은 다 너그럽고 부드러워서 영어를 익히기에도 최적의 곳입니다.

패키지에 포함된 호텔 및 리조트는 호주 전국에 있는 70여 곳입니다. 어학연수를 마친 뒤 OT와 인터뷰를 거쳐 일자리가 정해지고 그곳으로 이동하게 됩니다. 호텔이나 지역은 학생의 영어 수준이나 원하는 급여, 그리고 호텔, 리조트의 충원 계획에 따라 달라지지만 기본적으로는 학생이 원하는 곳에 배정됩니다.

빅빅잉 패키지의 장점은 주 40시간 근로가 보장된다는 점입니다. 개인적으로 알선업체를 통해서 일자리를 구하게 되면 보통 주 20시간 조건으로 일을 하게 되는 경우가 대부분입니다. 그렇게 되면 일자리를 찾아 먼 곳까지 이동했는데 하루에 반나절만 일을 하고 시간을 보내게 되며 일을 해서 얻는 돈은 정말 용돈 정도밖에는 안 되죠. 호텔 인턴십은 다른 일자리에 비해 보수가 좋은 편입니다. 호주의 최저임금이 16.5불인데 호텔 인턴십의 보수는 18~20불 사이입니다.

호텔 인턴십의 또 하나의 장점, 어쩌면 가장 큰 장점이 될 수도 있는 것은 바로 그냥 흘러가는 경험이 아니라 여러분의 취업에 직접적으로 도움이 되는 스펙으로 활용될 수 있다는 것입니다. 호텔리어의 꿈을 키우시는 분들께는 말할 것도 없고 모든 서비스 직종에서 호주 최고급 호텔과 리조트에서 일한 경력은 큰 도움이 됩니다.

패키지 호텔 리스트(이미지)
현재 일하고 있는 학생들 현황(이미지)
호텔 인턴쉽 급여 명세표(이미지)

어학원

빅빅잉 패키지에 포함되어 있는 어학원은 STW입니다. 어학연수를 주목적으로 하는 일반 어학원과는 달리 워킹홀리데이 패키지를 전제로 현업에서 활용할 수 있는 영어를 중점적으로 트레이닝하는 어학원입니다. 특히 호텔 인턴십은 영어의 수준에 따라서 하는 일이 천차만별입니다. 인턴십은 호텔의 모든 직종이 해당되는데 영어의 수준이 높으면 고객에게 직접 서빙하는 일을 맡게 되고 수준이 떨어지면 세탁이나 청소와 같은 일을 부여받게 됩니다. 따라서 패키지 어학원은 취업 인터뷰에서 좋은 평가를 얻을 수 있는 수준까지 단기적으로 끌어올리는 최적화된 연수 프로그램을 운영하고 있습니다.

3. 효과적인 마케팅을 위한 블로그 포스팅

❖ 포스팅의 종류 파악하기

효과적인 포스팅을 위해서는 미리 포스팅 계획을 세우는 것이 가장 중요하다. 포스팅 계획을 세우기 위해서는 내가 쓸 수 있는 혹은 내가 써야 하는 포스팅에는 어떤 종류가 있는지를 먼저 파악해야 한다. 설계도를 그리기 전에 내가 투입할 수 있는 장비와 재료가 무엇이 있는지를 먼저 알아보는 것과 같다. 포스팅은 주기와 성격에 따라 5가지로 분류할 수 있다.

① 일일 포스팅

특정한 주제나 내용을 정해 매일매일 기본적으로 업로드할 수 있도록 계획된 포스팅을 말한다. 일일 포스팅은 정기성이라는 매체로서의 성격을 확보하는 차원에서도 중요하지만, 포털의 검색에 있어서 매일 주기적으로 포스팅이 이루어지는 블로그를 우대하는 정책 때문에 더더욱 중요하다. 일일 포스팅은 글을 쓴다기보다 블로그를 매일 빠지지 않고 채워나가는 의미가 더 크다. 포털의 블로그 검색 정책이 바뀌지 않는 한 매일매일 뭔가를 포스팅하는 것은 필수불가결의 조건이다. 검색 정책에 변화가 있다고 하더라도 매일 새로운 포스트가 업데이트되는 블로그를 우대하는 것은 검색 조건에서 배제하기 어려운 조건이다.

매일 써야 하는 포스팅이니 만큼 글쓰기에 들어가는 시간과 노력을 최소화할 수 있어야 한다. 보통은 이 부분을 일상적인 내용으로 생각하기 쉽다. 그러나 일상적인 내용을 매일 채워나가는 것이 생각보다 쉽지 않다. 일상적인 성격과 관계없이 간단하게 글을 쓸 수 있는 주제를 미리 선정하여 준비한다.

일일 포스팅은 필자가 운영하는 '100일 동안 매일매일 글쓰기' 라는 프로그램의 사용을 추천한다. '매일매일 글쓰기' 는 100일 동안 매일 10개의 글쓰기 주제가 무작위로 주어진다. 주제는 어휘도 있고 문장도 있고 특정한 상황이 주어지기도 한다. 여기에 맞추어 글을 쓰게 되면 글쓰기 연습과 함께 100일 동안의 일일 포스팅이 해결된다. 100일 정도 꾸준하게 포스팅을 하면 그 이후로는 포스팅 주기가 조금 불규칙하더라도 검색 우대 블로그로서의 가치는 계속 이어갈 수 있다.

이 프로그램을 사용하지 않을 때는 임의로 글쓰기 주제를 100개 정도 선정하여 준비한 후 글쓰기에 들어가면 된다.

② 정보 포스팅

고객과 블로그 독자에게 도움이 되는 정보를 다루는 포스팅이다. 블로그를 매체로 볼 때 매체의 성격을 분명하게 드러내고 고객(독자)의 호감과 신뢰를 얻게 하는 핵심적인 포스팅이다. 전적으로 고객 중심으로, 고객에게 도움이 되고, 고객이 필요로 하고, 고객이 기대를 갖고 기다릴 수 있는 내용으로 구상한다.

자기 제품과 관련된 전문영역이 포스팅의 대상이 된다. 식품이라면 건강, 자연, 환경, 식물, 생물 등이 이에 해당하고 부동산이라면 도시, 주거생활, 건축, 토목 등이 주제가 될 수 있다. 육아 분야의 제품이라면 임신, 출산, 유아건강, 유아교육, 가정 등의 영역이 해당될 것이다.

정보 포스팅은 제품을 구매할 가능성이 있는 잠재고객들이 공통적이고 기본적으로 가지고 있는 관심사에 대한 세부적이고 전문적인 정보를 제공하는 것이다. 이 포스팅은 고객이 궁금해하고 고객에게 도움이 되는 정보를 제공하여 그 대가로서 신뢰를 얻기 위한 것이기 때문에, 제품과 관련된 주제라고 해서 의도적으로 포스팅의 내용을 주제와 연결시키거나 포스팅에서 자신의 제품을 노출시키려 하지 않아야 한다. 블로그의 성격이 분명하다면 독자와 고객은 블로그 운영자가 어떤 일을 하고 있는 사람인지를 확실하게 인식한 상태에서 포스트를 접하게 된다. 포스트의 내용이 정보에 충실하다면 고객은 운영자의 전문성에 호감과 신뢰를 느끼겠지만 굳이 제품과 연결시키고 제품을 알리려는 의도가 노골적으로 드러난다면 이를 광고로 인식하여 반감을 느끼게 된다.

제품과 관련된 영역에 대한 전문지식을 갖추고 있는 사람이라면 나름대로 체계적으로 목차를 잡아서 계획을 세우면 된다. 그러나 그렇지 않다면 관련 서적의 목차를 참고하여 계획을 세우는 것을 권한다. 관련 서적의 목차는 그 자체로 포스팅 계획으로 삼아도 좋을 만큼 체계적으로 정리되어 있다. 포스트의 내용도 관련 서적의 내용을 요약하거나 그 내용과 자신의 경험과 식견을 조합하여 독자적인 글을 쓰면 된다.

매체는 정보를 전달해주는 곳이지 세상에 없는 새로운 지식이나 이론을 만들어 발표하는 곳이 아니다. 내가 매체의 운영자이면서 기자라고 생각한다면 내가 할 일은 다른 곳에 있는 지식과 정보를 발굴하고 정리하여 독자들에게 전달해주는 것이지 내가 독창적인 지식을 개발하여 저술하는 것이 아니다. 따라서 다른 서적을 참고하여 계획을 세우고 포스팅을 하는 것에 대해 전혀 거리낄 이유가 없다. 중요한 것은 그 정보들을 얼마나 충실하게 전달하느냐이다.

정보 포스팅은 매체로서의 블로그에서 가장 중요한 역할을 하는 포스팅이다. 따라서 이 포스팅을 작성하는 데는 시간과 노력을 아끼지 말아야 한다. 대신 포스팅 주기는 1주에 1회 정도로 하는 것이 좋다. 독자의 입장에서도 어떤 주제에 대한 정기성을 인식하고 그 다음 내용을 기대하게 하는 데는 1주일 주기가 가장 적당하다.

③ 일상 포스팅

일상 포스팅은 맛집, 여행, 영화, 독서 리뷰 등 운영자의 일상을 다루는 포스팅이다. 보통 일기 쓰듯 편하게 쓰는 포스팅이 일상 포스팅이다. 그러나 우리 모두가 잘 알듯이 일기 쓰는 것은 결코 편하지도 쉽지도 않다. 블로그 운영에 어려움을 겪는 여러 이유 중 하나는 일상 포스팅으로 쓸 수 있는 소재가 날이면 날마다 나올 것 같은 착각을 가지고 블로그를 너무 쉽게 생각하는 것이다.

일상 포스팅은 일상이라는 말과 걸맞지 않게 매우 특별한 포스팅이다. 왜냐하면 우리가 맛집을 가거나, 여행을 가거나, 영화를 보거나, 책을 읽는 것이 모두 특별한 일이기 때문이다. 따라서 매일매일 채워 넣어야 하는 일일 포스팅을 일상적인 내용으로 하겠다고 생각하면 블로그는 십중팔구 실패하고 만다.

그러나 일상 포스팅은 블로그에서 매우 중요한 요소이다. 블로그는 개인화된 매체다. 여기서 개인화되었다는 말은 사람 냄새가 난다는 말과 같은 말이다. 블로그에서는 사람 냄새가 나야 한다. 고객들이 광고 전단지나 쇼핑몰의 상품설명보다 블로그 포스팅을 더 선호하고 신뢰하는 이유는 블로그에서 사람 냄새가 나기 때문이다. 블로그에서 사람 냄새를 풍기게 하는 것이 바로 일상 포스팅이다. 그래서 일상 포스팅은 쓸 일이 생기면 빠지지 않고 쓰되 쓸 일이 있을 때만 써야 하는 대표적인 부정기 포스팅이다.

④ 제품 포스팅

말 그대로 제품에 대한 상세 정보를 안내하는 포스팅으로 기존의 블로그에서 가장 공을 들이고 있는 부분이다. 이 포스팅은 검색을 목표로 키워드 중심으로 기획하고 작성해야 한다. 기존의 검색을 전제로 한 작성 원칙, 즉 키워드의 적절한 배치, 이미지의 적절한 사용이라는 원칙을 바탕으로 작성하는 포스팅이다.

또한 제품 분석 방법에 따라 다양한 키워드를 추출하고 이를 연관 키워드, 세부 키워드와 결합하거나 연결하여 다수의 키워드 조합을 만들어 공략하고자 하는 키워드의 목록을 작성하여 체계적으로 작성하는 것이 좋다. 포스팅 주기는 특별히 정할 필요 없이 검색 결과에 따라 유동적으로 작성하면 된다.

⑤ 판매 포스팅

검색을 통해 고객을 유입하고 정보 포스팅을 통해 고객의 신뢰를 얻고 제품 포스팅으로 상품의 정보를 알린 상태에서 구매를 결정짓는 포스팅이다. 블로그 운영의 차원에서 보면 정보 포스팅이 핵심 포스팅이지만 마케팅의 차원에서 보면 판매 포스팅이 핵심 포스팅이다.

이 포스팅은 세일즈 카피 작성법에 의거하여 세일즈 카피의 패턴을 토대로 고객이 구매하는 진짜 이유, 구매를 결정하는 심리적 방아쇠 등의 모든 요소들을 적용하여 완성도 높게 작성한다.

판매 포스팅은 블로그의 공지사항에 올려놓거나 위젯에 연결할 수도 있고 정보 포스팅과 제품 포스팅에 링크로 연결할 수도 있다. 더욱 중요한 용도는 키워드 광고나 SNS 광고, SNS 포스팅의 링크 페이지, 즉 랜딩 페이지로 활용하는 것이다. 네이버 파워컨텐츠에 올린 정보 포스팅에서 판매 포스팅으로 링크를 연결할 수도 있다. 또한 블로그 이웃의 주소록을 활용하여 메일 발송을 통해 직접 판매 포스팅으로 유입시킬 수도 있다.

블로그 포스트는 고객을 설득하는 데 최적화된 수단이다. 많은 고객들이 구매를 앞두고 정보를 탐색할 때 블로그를 참고하기 때문에 블로그에 익숙해져 있다. 특히 주로 한 장의 긴 jpg 파일로 된 쇼핑몰의 상품설명과 비교해서 너무 정형화되어 있지도 않고 지나치게 장황하지도 않다. 텍스트와 이미지가 적절하게 조화되어 있다. 또한 블로그는 기본적으로 개인이 운영하므로 인간적인 느낌을 가지고 내용을 살펴보게 된다. 판매 포스팅은 이러한 특징을 최대한 살려서 작성하고 적극적으로 활용해야 한다.

판매 포스팅은 발행 주기와 무관하게 필요할 때 작성한다. 한 번 작성한 포스트를 장기간 지속적으로 활용할 수도 있고 이벤트와 연계하여 그때그때 작성할 수도 있다.

❖ 포스팅 일정 계획하기

블로그 마케팅에서 가장 중요한 것은 블로그를 지속적이고 꾸준하게 운영할 수 있는 여건을 확보하는 것이다. 아무리 제품이 좋고 글 솜씨가 좋아도 최소한 1년 이상 일정한 수준을 유지하면서 지속할 수 없다면 블로그 마케팅의 효과는 기대하기 어렵다. 단기적인 효과는 물론이고 블로그 마케팅 본연의 위력을 발휘하는 것이 불가능하다. 따라서 블로그 포스팅에 투입되는 시간과 노력을 적절하게 배분하여 지속적이고 효율적인 블로그 운영이 가능하도록 해야 한다.

주기별로 본다면 일일 포스팅과 정보 포스팅은 정기 포스팅이고, 일상 포스팅과 제품 포스팅, 판매 포스팅은 필요할 때나 쓸 일이 있을 때만 작성하는 부정기 포스팅이다. 정기 포스팅만 놓고 본다면 하루 30분 정도 소요되는 일일 포스팅은 1일 1회, 1~2시간 정도 소요되는 정보 포스팅은 주 1회 작성하는 것이 적당하다. 부정기 포스팅 중에서 일상 포스팅과 제품 포스팅을 주 1회 정도로 설정하게 되면 가볍게 쓰는 포스팅은 주 6회, 공을 들여 쓰는 포스팅은 주 3회 정도로 배분된다. 이 정도면 블로그 운영에 큰 무리가 가지 않는다.

그 다음으로 중요한 것은 블로그를 효과적으로 운영하는 것이다. 포스팅의 분류를 종합해서 살펴보면 바람직한 블로그는 다음과 같은 조건을 갖추고 있다.

이 요소들을 적절하게 혼합하여 운영하면 고객의 호감과 신뢰, 그리고 포털의 검색 우대를 바탕으로 구체적인 구매결과를 기대할 수 있다.

1. 마케팅의 새로운 무기, SNS

❖ SNS 마케팅의 흐름

SNS가 우리나라에서 마케팅의 도구로 활용되기 시작한 것은 2010년 쯤의 일이다. 당시 트위터가 맹위를 떨치고 있었고 페이스북이 우리나라에서 사용자 수를 막 늘리기 시작하고 있었다. 그러나 이 당시의 SNS의 마케팅 효과는 기대에 미치지 못했다.

트위터는 휘발성이 너무 강했고 페이스북은 고급 취향의 매체 성격으로 인해 마케팅 요소를 담은 메시지가 배척되는 분위기가 강했다. 또한 기업용 페이스북이라고 할 수 있는 팬 페이지를 활용하는 기업이 많았지만 팬의 숫자에만 집착하면서 일방적인 홍보 메시지만 송출하는 경향으로 인해 큰 효과를 보는 사례는 나타나지 않고 있었다. 외형적인 팬 숫자에 집착하는 경향은 '좋아요' 숫자를 돈 주고 판매하는 브로커가 등장하는 부작용이 생겨 선거용으로 급조된 정치인의 팬 페이지의 팬의 상당수가 터키 국적으로 드러나는 웃지 못할 일이 벌어지기도 했다.

그러나 2010년 전후부터 3~4년간 꾸준하게 팬 페이지를 운영해오던 업체들 중에는 팬 수가 어느 시점에서부터 자연스럽게 폭발하고 팬 페이지를 통한 직접 매출이 발생하는 사례가 나타나기 시작했다. 또한 페이스북이 제공하는 마케팅 툴과 기법이 날로 정교해져서 페이스북을 통한 유료 광고의 비용 대비 효과가 포털의 키워드 검색 광고와는 비교할 수 없을 만큼 높아지면서 마케팅 도구로서 페이스북의 활용도는 더욱 높아졌다.

특히 카카오톡의 절대적인 모바일 메신저 점유율을 바탕으로 한 한국형 SNS인 카카오스토리가 자리를 잡고 페이스북의 팬 페이지에 해당하는 카카오스토리 채널 서비스를 시작하여 바이럴 마케딩에서 SNS가 차지하는 비중은 더욱더 커질 전망이다.

❖ SNS vs 블로그

바이럴 마케팅의 수단 중 최초로 효과가 발휘됐고 가장 각광 받은 바 있으며 지금도 가장 큰 비중을 차지하는 것이 블로그다. 블로그는 네이버, 다음과 같은 포털의 적극적인 지원으로 비용을 전혀 들이지 않고도 수많은 고객에게 노출이 되고 고객과 접촉할 수 있는 가장 강력하면서도 효과적인 마케팅 수단으로 자리를 잡았다.

그러나 블로그는 신규 고객의 접촉을 오로지 포털의 검색에만 의존해야 한다는 치명적인 한계를 지니고 있다. 나의 노력이나 포스트의 품질이 아니라 포털 검색에 선택되느냐 마느냐가 마케팅의 성패를 좌우하는 가장 중요한 조건이 된다. 키워드의 종류가 수천만 개가 넘는다고 해도 결국은 판매자와 고객을 연결하는 채널은 포털 하나다. 이 하나의 채널을 놓고 수없이 많은 경쟁자들과 경쟁해야 한다. 이 채널을 통과하지 못하면 아무리 제품과 서비스가 좋아도 고객을 만나 보여줄 방법이 없다.

이에 반해 SNS는 나의 노력만으로 얼마든지 신규 고객을 확대하고 고객의 충성도를 높여 매출로 연결시킬 수 있는 여지가 무궁무진하다는 것이 가장 큰 특징이며 장점이다. 블로그에서 내 포스트를 평가하는 주체는 포털의 검색 로직 하나다. 따라서 검색엔진의 선택을 받지 못하면 내 포스트가 잠재고객들에게 노출될 가능성은 사실상 전무에 가깝다. 그러나 SNS는 수많은 각각의 개인들이 내 포스트를 평가한다. 내 포스트가 일정 수준 이상의 품질을 갖추고 있다면 포스트가 노출되는 개인들 중 일부만 공감을 시켜도 SNS 특유의 전파력으로 무한대로 확산시킬 수 있다.

블로그는 최소한 500자 이상의 텍스트를 작성해야 한다. 그래서 역량을 최대한 효율적으로 발휘한다고 해도 어느 정도 글쓰기의 노동이 필요하다. 그러나 SNS는 아주 특별한 경우가 아니면 블로그의 절반 정도만 써도 오히려 민폐가 된다. SNS는 짧게 쓰는 것이 생명이다. 따라서 상대적으로 글쓰기의 부담이 적다.

블로그는 다른 사람이 쓴 좋은 글이나 뉴스 등을 내 독자들에게 전달하는 것이 매우 불편하다. 원저작자의 허락 없이 전문을 전재할 경우는 저작권의 문제가 발생할 수 있고 더욱이 '유사 문서'로 판단되면 검색이 되지 않을 뿐만 아니라 유사문서의 빈도와 비중이 높아지면 블로그 자체가 저품질로 판명되어 회생이 불가능한 타격을 받을 수 있다. 그래서 모든 블로그 포스트는 기본적으로 직접 작성해야 한다.

그러나 SNS의 기본적인 기능과 효용은 '문서의 발표' 보다는 '정보의 전달' 이다. 따라서 모든 포스트마다 새 글을 작성할 필요가 없다. 좋은 정보와 문서를 찾아 내 친구와 이웃들에게 전달하고 소개하는 것이 SNS 운영의 핵심이다. 블로그에 비해 훨씬 적은 노력으로 훨씬 높은 효과를 누릴 수 있다.

블로그를 운영하기 위해서는 잘 쓰든 못 쓰든 일정 분량 이상의 글을 쓰는 능력이 어쩔 수 없이 필요하다. 그러나 SNS는 글쓰기의 부담이 한결 줄어든다. 좋은 정보를 찾는 안목과 그것을 시의 적절하게 이웃에게 전달하는 부지런함만 있다면 블로그보다 훨씬 더 강력한 효과를 얻을 수 있다. 그리고 당연히 글을 길게 쓰는 것이 훨씬 불리하다. 짧게 쓰는 것 역시 만만한 일은 아니지만 글쓰기로 고민하고 있는 우리에겐 이보다 더 좋은 마케팅 수단이 또 있을까 싶다.

❖ 좋아요, 공감, 댓글, 공유

SNS 마케팅은 우선 많은 친구(팬)들과의 관계를 맺고 이 관계를 통해 더 많은 친구를 늘려가는 방식으로 이루어진다. 인위적으로 팬과 구독자의 수를 늘리는 방법은 얼마든지 있다. 페이스북은 정교하고 효과적인 광고 툴을 활용하고 카카오스토리는 압도적으로 많은 사용자를 기반으로 한 유료 광고를 통해 팬과 구독자의 수를 원하는 만큼 늘릴 수 있다. 이것은 매우 중요하고 반드시 활용해야 할 부분이다.

그러나 SNS 마케팅의 목표는 팬과 구독자의 단순 숫자를 늘리는 것이 아니다. 적은 것보다는 많은 것이 좋고 일정 수준 이상의 팬은 꼭 필요하지만 외형적으로 많은 수의 팬을 가지고 무작정 기계적으로 메시지를 내보낸다고 해서 마케팅의 효과가 나오지는 않는다. 만약 외형적인 팬의 숫자가 매출과 직결되거나 정비례한다면 이것처럼 쉬운 마케팅은 있을 수 없다. 하지만 결코 그렇지 않다는 것이 지금까지의 우리의 경험이다.

블로그 마케팅이 검색에만 치중하여 블로그를 방문하는 고객과의 관계를 소홀히 하는 함정이 있다면, SNS 마케팅에서는 호감을 바탕으로 하는 관계에 대한 의식 없이 무조건 외형적인 친구나 팬의 숫자만 늘리려는 함정이 존재한다. 외형적인 숫자가 아무리 많이 늘어나도 호감을 바탕으로 한 관계가 아니라면 마케팅에 전혀 도움이 되지 않는다.

SNS 마케팅의 핵심은 팬과 구독자들로부터 '좋아요', '공감', '댓글', '공유' 등의 반응과 행동을 이끌어내는 것이다. 내 팬과 구독자들이 적극적으로 '좋아요'를 클릭하고, 내 포스트를 공유하여 자신의 친구와 이웃들에게 전파하는 분위기를 만든 다음, 그 토대 위에 내 제품과 서비스를 알려서 팬과 구독자들이 자연스럽게 그것을 받아들이고, 적극적으로 그들의 벗에게 알릴 수 있도록 하는 것이다.

팬의 반응은 '좋아요'(카카오스토리 채널에서는 '공감'), '댓글', '공유' 등 세 가지 종류가 있다. 페이스북에서는 어떤 반응이든 모두 포스트를 전파시키는 기능을 한다. 모두 다는 아니지만 나의 팬이 내 포스트에 '좋아요'를 클릭하거나 댓글을 달면, 그 팬의 친구들에게 내 포스트가 전파된다. 반면에 카카오스토리 채널에서 '공감'과 '댓글'은 전파 기능이 없다. 카카오스토리 채널에서는 오로지 '공유'만이 전파 기능을 담당한다.

페이스북 포스트에 반응하는 사람 중 80%는 '좋아요' 버튼을 클릭한다. 댓글을 달거나 공유를 하는 비율은 각각 10%다.

사람들이 '좋아요'를 클릭하는 이유는 다양하다. 포스트 내용에 정말 감동을 받았거나, 깊이 공감하거나, 너무나 유용하고 소중한 정보라서 고마운 마음에 '좋아요'를 클릭하기도 한다. 그러나 포스트 내용과 크게 관계없이 친구로서의 관계를 재확인하는 차원에서 '좋아요'를 클릭하기도 한다. 포스트를 올린 사람에게 '늘 고마운 마음으로 당신을 지켜보고 있어요'라는 무언의 메시지를 보내는 것이다.

이처럼 '좋아요'와 '공감'은 클릭하는 간단한 행동에 불과하지만 클릭하는 사람의 입장에서는 동감과 격려의 의미가 담긴 대단히 적극적인 행위다.

댓글은 '좋아요'의 보다 적극적인 행동이다. 댓글은 포스트의 내용에 정말 할 얘기가 있어서 쓰는 경우도 있지만 그보다 더 많은 경우는 '좋아요'를 클릭할 때의 감동이나 공감, 고마움, 그리고 포스트를 잘 보고 있다는 뜻을 좀 더 강력하게 표시하고 싶을 때이다. 따라서 댓글 자체에는 특별한 내용이 없는 경우도 매우 많다.

'댓글'의 1차적인 기능은 '좋아요'와 마찬가지로 해당 포스트가 관심을 가질 만한 가치가 있다는 것을 수치로 입증하는 역할을 한다. 물론 '좋아요'보다 훨씬 적극적이고 강력한 의미를 가진다. 이보다 더 중요한 댓글의 특별한 기능은 본문이 가지는 특성을 더욱 또렷하게 나타내고 때로는 본문의 내용을 확장시키고 부연하는 것이다. 이 경우 댓글은 제2의 본문이라고 불러도 좋을 만큼 중요한 위치를 차지한다. 더 나아가 댓글은 본문과는 또 다른 컨텐츠로서의 역할을 하기도 한다. 댓글이 본문보다 더 재미있고 관심을 끄는 경우도 많고 본문의 내용과 관련되어 혹은 본문과는 무관하게 댓글로 논쟁이나 토론이 벌어져 다른 사람들이 새로고침을 하면서 댓글 대화를 지켜보는 경우도 있다.

공유는 SNS의 가장 중요한 효과인 전파력의 핵심이다. SNS는 나의 존재가 내 친구를 통해 제3자에게 소개되어 새로운 친구 관계가 만들어지는 것이 핵심 중의 핵심이다. 이 기능을 완성시키는 것이 '공유'다. 공유는 단순한 전파가 아니라, 내가 당신에게 소개하고 권하고 싶은 정보라는 추천의 의미를 가진다. 따라서 '좋아요', '댓글', '공유' 중 가장 강력한 행동은 바로 '공유'다. '좋아요'와 '댓글'에 비해 '공유'는 대단히 큰맘 먹고 하는 행동이다. 나의 평판과 관련이 되고 어느 정도 책임성까지 갖추고 있기 때문이다.

❖ 유익한 정보를 전해주는 고마운 친구

'좋아요', '댓글', '공유'는 비록 간단해 보일지 몰라도 팬의 입장에서는 쉽사리 하기 어려운 행위다. 포스트의 내용이 정말 공감 가는 내용이라고 해서 자동적으로 '좋아요'나 '공감'을 클릭하지는 않는다. 뭔가 하고 싶은 얘기가 있다고 해서 자동적으로 자판에 손이 가지는 않는다. '공유'는 더 말 할 필요도 없이 간단하고 쉽게 이루어지는 행동이 아니다.

팬과 구독자의 반응과 행위는 페이스북 페이지와 카카오스토리 채널 운영자에 대한 감사의 표현이며 당신과 내가 긴밀한 관계를 맺고 있다는 것을 일깨워주려는 확인 도장이다. 검색을 통해서든 우연히 보게 된 것이든 어쩌다 접하게 된 포스트의 내용이 훌륭하다고 해서 곧바로 뭔가를 클릭하거나 댓글을 달게 되지는 않는다. 팬과 구독자의 반응은 운영자에 대해 깊은 친숙감을 가지고 있거나, 대단히 큰 고마움을 느낄 때, 또한 앞으로도 큰 기대를 가지고 관계를 계속 유지하고 싶은 필요성을 느낄 때 이루어지게 된다. 이를 위해 우리가 가장 먼저 해야 하는 일은 팬과 구독자들에게 유익하고 필요한 정보를 꼬박꼬박 보내주는 믿고 의지할 만한 고마운 친구로서 자리매김하는 것이다.

유익하고 필요한 정보를 꼬박꼬박 보내주는 믿고 의지할 만한 고마운 친구, 이것을 두 글자로 줄여서 말하면 바로 매체가 된다. 즉, SNS 마케팅의 핵심도 역시 매체성을 확보하는 것이다. 매체성의 핵심을 다시 얘기하면 첫째는 정보를 정기적으로 발행하는 것이고, 둘째는 독자의 입장에서 유익하고, 도움이 되고, 필요한 정보를 보낸다는 것이다.

SNS의 관계는 모두 호감과 신뢰를 바탕으로 해야 한다. 호감을 바탕으로 하는 관계를 확보하고 이를 늘려나가는 것은 모두 매체적인 방식으로 이루어진다. 특히 SNS는 블로그에 비해 매체적인 성격과 기능이 훨씬 더 강하다.

사람들이 정보와 뉴스를 접하게 되는 가장 기본적인 수단은 신문과 방송 같은 전통 매체와 검색 포털이다. 그런데 원하지 않는 정보와 뉴스 속에서 자기에게 필요한 것을 어렵게 선별해야 하는 이들 매체와는 달리 인적 네트워크로 정보가 전달되는 SNS는 결과적으로 자신의 취향과 성향에 맞는 맞춤 정보를 손쉽게 접할 수 있다. 이로 인해 SNS는 필요한 정보를 접하는 1차 매체로 성장하고 있다.

호감을 바탕으로 하는 관계를 맺기 위해서 판매자나 기업은 유익한 정보와 (취향에 맞는) 좋은 소식을 전해주는 사람이 되어야 한다. 친구 관계를 맺고 있는 잠재고객들은 이러한 호감과 신뢰가 있을 때 포스트에 반응하며, 제3자에게 권하고, 추천하고, 전달하기도 한다. 이런 신뢰와 기대감이 전제되어야만 고객들은 진짜로 얘기하고 싶어 하는 제품 정보에 반응하고 행동한다.

❖ 사람들이 SNS 포스팅을 공유하는 이유

'좋아요', 공감, 댓글, 공유 등 SNS 포스팅에 대해 독자들이 반응하는 이유는 관계를 재확인하면서 공감과 고마움의 뜻을 표시하는 것이다. 그 중에서 공유는 가장 적극적인 행동이면서 특별한 의미를 담고 있다. 좋아요, 공감, 댓글이 메시지 송신자와 독자의 일대일 관계에서 이루어지는 것인 데 반해 공유는 다른 '친구'에게 확장시키는 것이므로 훨씬 조심스럽고 신중해진다. 그러나 공유하고 싶은 마음이 생기면 그들은 마지못해 하는 것이 아니라 적극적이고 즐거운 마음으로 공유 버튼을 누른다.

SNS 마케팅의 1차적인 목표는 두 가지다. 친구(독자)에게 신뢰를 얻는 것과 친구의 숫자를 계속 늘려가는 것이다. 늘어난 친구에게도 역시 신뢰를 얻어야 하고 그것을 통해 친구를 늘려가 나와 고객의 접점을 계속 확산시켜야 한다. 신뢰와 확산은 SNS 마케팅의 본질을 구성하는 두 개의 바퀴다.

목표는 두 가지이지만 그것을 성취하기 위한 방법은 하나다. '좋아요' 클릭은 많은데 '공유'는 전혀 이루어지지 않을 수 있다. 그러나 반대로 '좋아요'가 그리 폭발적이지 않으면서 '공유'만 활발하게 이루어지는 경우는 그리 많지 않다. 즉, '공유'를 이끌어낼 수 있는 컨텐츠는 자동적으로 '좋아요' 반응을 불러일으킨다.

사람들은 왜 다른 사람의 포스트를 자신의 이름으로 공유하는 것일까? 사람들로 하여금 내 포스트를 공유하여 그들의 친구들에게 전달할 수 있게 하려면 무엇을 어떻게 해야 하는 것일까?

2011년 미국 〈뉴욕타임즈New York Times〉의 독자 연구기관인 CIGCustomer Insight Group은 뉴욕, 시카고, 샌프란시스코에 거주하는 2,500명의 열성적인 페이스북 사용자들을 대상으로 "당신은 왜 (페이스북 포스트를) 공유하는가?"라고 질문했다.

첫 번째 이유는 정보의 관리와 처리의 차원에서 공유한다. 73%는 공유를 통해 더 깊고 철저하게 정보를 처리할 수 있기 때문이라고 대답했다. 공유를 하게 되면 그 순간 그 포스트는 내가 발행하는 포스트와 같은 성격과 위치를 가지게 된다. 즉, 마음에 드는 포스트를 봤을 때 그냥 스쳐가는 것이 아니라 내 포스트처럼 담아둠으로써 그 정보를 더 깊이 있게 살펴보고 이해할 수 있다는 것이다.

85%는 다른 사람의 반응을 살펴보기 위해서라고 대답했다. 최초의 포스트에는 그 나름대로의 반응이 일어나지만 내 이름으로 공유를 하게 되면 거기에 별도로 '좋아요'와 댓글이 달리게 되고 또 다른 공유가 발생한다. 공유를 하면 원래의 포스트와는 또 다른 독자들을 만나게 되고 그러면 원래 포스트와는 다른 느낌과 양상의 반응이 일어날 수 있다.

두 번째 이유는 가치 있고 재미있는 컨텐츠를 다른 사람들에게 알려주기 위해 공유한다. 49%는 내가 중요하다고 생각하는 정보를 다른 사람들에게 알려줄 수 있고 그를 통해 사람들의 의견을 바꾸거나 혹은 격려하고 용기를 줄 수 있기 때문에 공유한다고 대답했다. 이들 중 94%는 공유하기 전에 이 정보가 그들의 독자에게 얼마나 도움이 되고 유용할 수 있을지에 대해 깊이 생각한다.

세 번째 이유는 내가 어떤 사람인지를 명확하게 규정하고 이를 드러내기 위해서다. 68%는 그들의 친구들에게 자신이 누구이고 무엇을 특히 좋아하고 관심 있어 하는 사람인지에 대해 더 명확한 느낌을 주기 위해 공유한다고 얘기했다. 예를 들어 환경 문제와 관련된 포스트를 공유할 때 내가 공공의 주제에 관심을 가지고 있으며, 인류의 미래에 대해 걱정하고, 합리적이고 실천적인 경향을 가진 사람이라는 것을 강조할 수 있게 된다.

네 번째는 친구들과의 관계를 증진시키고 더욱 돈독하게 하기 위해서다. 78%는 그들과 친분을 계속 유지하기 위해 공유한다고 대답했다. 관계를 유지하기 위해서는 지속적인 접촉이 이루어져야 한다. 공유를 통해 포스트를 내보냄으로써 친구들과 접촉을 하는 것이다.

73%는 그들의 관심사를 이웃들과 함께 하기 위해 공유한다고 대답했다. 이것은 '공유'라는 행위의 가장 원초적인 목적이다. 친분을 이어 간다는 것은 서로 간의 공통점을 계속 확대시켜가는 과정이다. 내가 관심을 가진 정보를 계속 보여줌으로써 공통 관심사를 계속 늘려나가려고 하는 것이다.

다섯 번째는 자기만족을 위해서다. 69%가 공유라는 행위를 통해 자신이 사람들과 살아가는 세상에 속해 있다는 느낌과 함께 그 안에서 가치 있는 존재라는 것을 확인하기 위해서 공유한다고 말했다. 자신이 포스트를 써서 올리는 것과 다른 사람의 포스트를 공유하여 전달하는 것을 같은 것으로 보고 친구들이 포스트에 반응하고 친구들에게 도움이 됐다는 즐거움을 느끼는 것이다. 이것은 사람들이 SNS를 하는 가장 기본적인 이유다.

여섯 번째는 자기와 관계있는 사람들에게 어떤 이슈나 주제를 던지기 위한 것이다. 84%는 자기가 관심 있는 이슈와 문제를 지지하기 위해 혹은 지지를 이끌어내기 위해 공유한다고 대답했다. 그래서 자기의 이웃들이 그 주제에 대해 더 잘 이해하고 의견 교환이 이루어지기를 바란다.

❖ 사람들은 누구나 '의미 있는 존재'가 되고 싶어 한다

위에서 살펴본, 사람들이 공유하는 이유 중에서 첫 번째인 정보 관리를 제외하고는 모두 타인과의 관계 속에서 어떤 역할을 하는 존재로 인정받고 싶은 욕구와 관련되어 있다. 좋은 정보를 이웃에게 전달하여 도움이 되는 사람이 된다든가, 중요한 정보를 선별하여 전달하는 전문가, 사람들이 필요하고 재미있어 하는 정보를 보내주는 인기 있는 사람, 또한 분명한 의견과 취향, 그리고 주관을 가진 개성 있는 사람으로 비춰지고 싶어 한다. 이와 같이 사람들이 SNS라는 플랫폼을 통해 얻고자 하는 것은 존재감이다.

  SNS 마케팅의 1차적인 목표는 내 메시지를 능동적으로 받아주는 잠재고객을 최대한 늘리는 것이다. 이를 위해서는 기존의 친구들이 공유할 수 있는 포스트를 지속적으로 생산하는 것이 가장 중요한 과제다. 이를 지금까지 살펴본 내용과 결합하면 우리가 만들어야 할 포스트는 아래와 같은 내용과 특성을 가져야 한다.

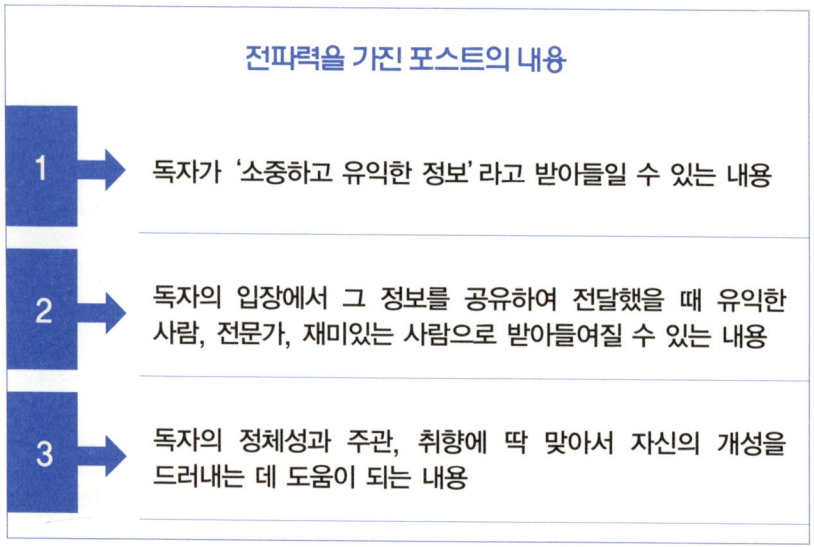

2. SNS 포스팅의 종류

일반적으로 SNS에서 호응이 높은 포스팅은 공감형, 유머형, 명언형, 정보형, 참여형 등이 있다. 그러나 마케팅을 목적으로 하는 SNS에서 가장 중요하면서도 효과적인 포스팅은 정보형, 참여형이다.

❖ 정보형 포스팅

독자들에게 가장 호응을 받는 SNS 매체는 자신에게 유익한 정보를 지속적으로 전달해주는 매체다. 일반적인 SNS에서 관계를 긴밀하게 유지하기 위해서는 호감을 얻는 것이 가장 중요하지만 마케팅을 목적으로 하는 SNS 활동에서는 신뢰가 가장 중요한 덕목이 된다. 여기에서 호감이란 좋은 사람 혹은 재미있는 사람이라는 느낌이고 신뢰란 나에게 도움이 되는 사람, 그의 조언이나 추천을 믿고 따라도 좋을 사람이라는 느낌을 이야기한다.

호감을 얻기 위해서는 공감과 재미를 줄 수 있는 포스팅이 필요하다. 그러나 신뢰를 얻기 위해서는 독자나 고객의 이성적인 판단을 의지할 수 있는 좀 더 본질적이며 전문적인 근거가 필요하다. 그것이 바로 정보다. 정보를 통해 우리가 얻을 수 있는 신뢰는 내가 궁금해하고 필요로 하는 문제에 대해 폭넓고 깊이 있는, 그리고 전문적이면서 정확한 정보를 가지고 있는 사람이다. 즉, 이런 사람이 만들거나, 취급하거나, 판매하는 제품이라면 믿고 구매할 수 있을 것이라는 신뢰를 구축하게 한다.

누구나 알려줄 수 있는 보편적인 정보에서부터 아무나 알려줄 수 없는 독창적인 정보에 이르기까지 다양한 범위를 가질 수 있다. 보편적인 정보보다는 독창적인 정보가 훨씬 더 큰 신뢰를 얻을 수 있겠지만 모든 사람들이 다 독창적인 정보를 제공할 수는 없다. 일반적인 정보 역시 독자에게는 그만큼의 가치를 가지게 된다. 따라서 어떤 정보를 제공할 것이냐에 대해서는 보편적인 정보에서부터 독창적인 정보에 이르기까지 우리가 파악하거나 생산할 수 있는 모든 정보를 자유롭게 다루는 것이 좋다.

독자와 고객에게 제공할 수 있는 정보는 제품을 기준으로 해서 제품과 완전히 무관한 정보, 제품과 간접적으로 관련이 있는 일반 정보, 제품과 업체에 대한 직접적인 정보로 나누어볼 수 있다. 예를 들어 식품업체에서 자동차와 관련된 정보를 제공하는 경우는 명확하게 제품과 무관한 정보다. 건어물 가게에서 황태탕의 레시피를 제공하는 것은 제품과 관련된 일반 정보라고 할 수 있고 오징어나 북어의 특징이나 할인판매에 대한 것은 제품에 대한 직접적인 정보다.

이 세 가지 분류는 각기 나름대로의 필요성과 효과를 지니고 있다. 제품과 무관한 정보는 홍보와 광고가 주는 거부감이 전혀 없으며 독자에게 필요한 정보를 조건 없이 제공하는 착한 업체의 이미지를 심어줄 수 있다. 또한 제품과 관련된 분야뿐만 아니라 폭넓고 다양한 분야에 식견을 가진 업체라는 신뢰를 가지게 한다.

제품과 간접적으로 관련이 있는 일반 정보는 세 가지 분류 중에서 가장 높은 중요성을 가지고 있다. 홍보나 광고에 대한 거부감을 주지 않으면서 정보가 가진 본연의 흡인력을 발휘할 수 있고 예상고객과 잠재고객에 대한 정확한 타기팅이 가능하기 때문이다. 또한 제품과 완전히 무관한 경우 뜬금없는 느낌을 줄 수 있는 반면에 간접적으로라도 제품과 관련되어 있는 정보는 해당분야의 전문가가 제공하는 정확한 정보로써의 가치를 가진다.

제품과 업체에 대한 직접적인 정보는 마케터와 업체에 대한 기초적인 신뢰가 확보되어 있다는 것을 전제로 한다면 잠재고객에게 가장 필요한 정보이며 마케팅의 궁극적인 목표인 판매로 곧장 연결할 수 있는 매우 중요한 특성과 기능을 가진다. 고객의 입장에서 처음에는 이런 저런 정보와 읽을거리를 보기 위해 SNS를 구독하다가 믿을 수 있는 제품과 업체라는 신뢰가 구축된 다음에는 구매를 할지 말지, 어떤 제품을 구매할지, 좀 더 좋은 조건으로 구매할 수는 없는지에 대한 판단을 얻을 수 있는 정보에 집중하게 된다.

이 중 제품과 무관한 정보는 나름대로의 효용을 가지지만 반드시 필요한 것은 아니다. 여력이 있는 경우에 진행하는 것이 좋고 진행을 하더라도 너무 중구난방으로 이것저것 다루지 않는 것이 좋다. 그러나 제품과 직간접적으로 관련된 정보는 SNS 운영에 필수적인 것으로서 대단히 정교한 전략을 가지고 진행해야 한다. 일반적으로 SNS 마케팅을 한다고 하면 제품 관련 정보만 줄기차게 내보내는 경우가 많은데 그럴 경우 십중팔구 독자의 외면을 받게 되고 오히려 역효과만 얻게 된다. 제품과 관련된 정보에 집중하더라도 간접 정보와 직접 정보의 비율을 적절하게 가져가야 한다.

① 노하우 정보

노하우 정보는 마케팅 관련 정보 가운데 가장 호응도가 높다. SNS 독자들이 원하는 정보는 심오하고 철학적인 정보가 아니라 실생활에 곧바로 활용할 수 있는 실용적인 정보다. 그중 가장 대표적인 것이 '~하는 방법'에 관한 정보다.

농심은 식품업체답게 '고추장 얼룩 지우는 법', '달걀 하나로 초간단 미니 프라이 여러 개 만드는 법' 등 식품에 관한 다양한 정보를 제공하고 있다. 여기에 'OOO 담당자가 전하는 ~하는 법'의 형태로 제품명을 언급하여 전문가가 제공하는 정보라는 신뢰를 더 크게 느끼게 하면서 제품 홍보도 겸하고 있다.

농심(Nongshim)님이 새로운 사진 7장을 추가했습니다.
7월 25일

맛있는 비빔라면 #하모니 담당자가 이야기하는 고추장 얼룩 지우는 법
#주방세제는_필수
#직사광선에_말리면_효과가_배!

좋아요 . 댓글 달기 . 공유하기
👍 2,287 💬 65 ↗ 425

 농심(Nongshim)님이 새로운 사진 4장을 추가했습니다.
7월 4일

[농심 꿀팁]
#짜파게티 담당자가 이야기하는 달걀 하나로 초간단 미니 후라이 여러 개 만드는 법!
#얼려서_쓱쓱_썰어_후라이하면_끝...더 보기

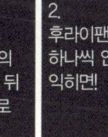

좋아요 . 댓글 달기 . 공유하기
👍 1,009 💬 78 ↗ 93

② 아이템 관련 정보

　SNS 전략의 중요한 부분은 제품 홍보 이전에 고객이 관심 있어 하는 정보를 충분히 제공하여 고객의 신뢰를 먼저 확보하는 것이다. 이때 제품과 완전히 동떨어진 정보보다는 제품과 관련된 정보를 제공하는 것이 당연히 좋다. 고객으로 하여금 관련 정보에 익숙하게 하여 제품에 대한 관심을 고조시키면서 한편으로는 우리 제품에 관심을 가질 만한 고객을 미리 선별할 수 있는 장점이 있다.

　유니타스브랜드는 브랜드 전문 매거북(Magazine+book)을 출판하는 브랜딩 전문 기업으로 출판, 컨설팅 및 교육 등을 주업종으로 하고 있다. 그러나 교육공고나 서적 안내보다 브랜드 마케팅 관련 정보를 꾸준하게 포스팅하여 호응을 얻고 있다. 특히 유니타스브랜드에서 제공하는 정보는 경영과 인문학에 이르기까지 그 폭이 매우 넓은 것이 특징이다.

유니타스브랜드
2014년 5월 12일

[Case by Case 전략의 발견 #133.]
"(스윙칩은) 이제 매장 선반의 한축을 차지하는 그저 그런 제품에서, 두툼한 감자의 맛과 식감을 제공하는 유일한 제품이라는 포지션을 갖게 되었습니다. 물론 상품 기획 초기 단계에서 부터 그런 기획 의도를 가지고 있었을 수도 있고, 카테고리의 유사한 제품이 늘어나면서 내부적으로는 이미 그렇게 교통정리가 되어 있었을 수도 있습니다. 하지만 이 한 방의 TVCF를 통해 저같은 일반 소비자들의 뇌리 속에 스윙칩은 새롭게 인식되기 시작했습니다."
_차별화로 정체성을 찾은 '스윙칩', 〈김무현
_Marketing Stylist〉 블로그...더보기

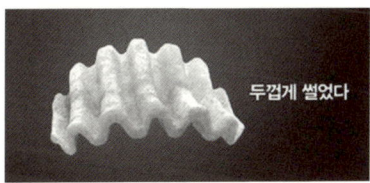

차별화로 정체성을 찾은 '스윙칩'
오리온 스윙칩의 낯설기까지한 CF가 나왔습니다. 왜 낯설고 하니 CF 자체를 거의 하지 않는 상품이지만 매출은 꾸준히 일어나고 있는 제품이기 때문입니다. 제조사 관점에서는 어떻게 보...
BLOG.NAVER.COM

좋아요 . 댓글 달기 . 공유하기
👍 142 💬 6 ↗ 50

유니타스브랜드
2014년 6월 3일

[브랜드 임계지식 명언 #327.]
직장의 환경적인 관리가 아주 잘되어 있어도, 이것이 동기가 되어 더 열심히 일하지 않는다.
일의 재미, 난이도, 높은 책임감이 의욕을 유발한다.
더보기

좋아요 . 댓글 달기 . 공유하기
👍 314 ↗ 76

③ 제품 정보

　SNS 마케팅의 궁극적인 목표는 SNS의 친구와 독자를 쇼핑몰로 유입시켜 매출을 발생시키는 것이다. 신뢰와 기대가 형성되지 않은 상태에서 이 목표를 이루기 위해 제품 관련 포스팅을 무분별하게 내보내면 공해가 되지만 고객의 신뢰와 기대가 뒷받침된 상태에서는 제품 관련 정보 역시 고객이 기다리고 기대하는 정보가 된다. 고객에게 신뢰를 얻은 상태에서는 제품 관련 정보를 마음껏 내보내도 좋다. 단, 제품 관련 포스팅은 다른 포스팅에 비해 호응이 떨어진다. 이는 당연한 것으로 고객의 신뢰를 얻기 위한 포스팅 활동을 충분히 했다면 여기에 위축될 필요는 없다.

유니타스브랜드님이 새로운 사진 10장을 추가했습니다.
2014년 7월 16일

유니타스브랜드 골목대학 오픈특강
_ 비스그램 02

이 페이지는 바로 '자기다움'에 대해 이야기하려고 합니다. 자신이 누구인지 아는 사람만이 가장 자기답게 살 수 있기 때문입니다.

자기답게 산다는 것, 당연한 것 아니냐구요?

하지만 한 번 생각해보세요. 과연 '자기답게' 산다는 것이 어떤 것인지 한 번이라도 진지하게 고민해본 적이 있었는지, 모르긴 해도 아마 많은 분들이 고개를 저으실겁니다.

좋아요 . 댓글 달기 . 공유하기
👍 276 💬 10 ↗ 157

 한국타이어님이 김명옥님과 함께 있습니다.
2013년 1월 9일

어김없이 찾아온 수요퀴즈 이벤트!!
"시베리안 허스키의 발바닥에서 영감을 얻은 '허스키 스파이더 슬릿'이 특징인 한국타이어의 겨울용 타이어는 무엇일까요?"
정답을 오늘(24시)까지 아래 댓글에 적어주세요.
추첨을 통해 총 50분께 따뜻한 카페라떼를 보내 드려요~! ^^

좋아요 . 댓글 달기 . 공유하기
👍 795 💬 990 ↗ 473

④ 퀴즈형 정보

퀴즈형 포스트는 뒤에 설명할 참여형 포스팅에도 많이 쓰이지만 정보 제공의 효과적인 형태로도 많이 쓰인다. 퀴즈의 형태로 정보를 제공하기 때문에 제품에 대한 관심을 높일 수 있다. 특히 정보의 내용이 공익적인 주제일 경우 대단히 큰 호응을 얻을 수 있다.

한국타이어님이 김상호님과 함께 있습니다.
2014년 12월 3일

[#퀴즈 이벤트]
본격 겨울철 12월,
두 바퀴만 윈터타이어로 교체해도
안전한 겨울철 운전이 가능할까요?
① YES ② NO
정답을 맞추신 분들 중 50분을 선정하여
도넛+아메리카노 세트를 드립니다!
#당첨자_발표는_12월_5일_오전!

좋아요 . 댓글 달기 . 공유하기
👍 695 💬 773 ↪ 268

한국타이어님이 마재훈님과 함께 있습니다.
2014년 5월 28일 수정됨

우리의 안전은 우리가 지킨다!
내가 생각하는, #안전운전을 위해 운전 중
가장 지켜야 할 것은?
① 안전벨트 착용
② 운전석 주변 정리
③ 음식 섭취 자제
④ DMB 시청 금지
참여해주신 분들 중 30분께 배스킨라빈스
싱글킹 아이스크림을 드립니다.
발표는 5/30에!

좋아요 . 댓글 달기 . 공유하기
👍 695 💬 773 ↪ 268

⑤ 뉴스형 정보

업체의 소식은 고객의 입장에서 신뢰도를 판단할 수 있는 중요한 근거로서 관심의 대상이 된다. 업체 뉴스는 고객의 관심을 충족시키면서 업체에 대한 신뢰를 높일 수 있는 중요한 정보다. 평소에 고객의 신뢰를 굳게 얻어놓은 상태라면 홍보성이 강한 내용도 매우 높은 호응을 얻을 수 있다.

유니타스브랜드
2014년 3월 5일 수정됨

['유니타스하우스' 오픈, D-6]
"권민 편집장! 돈은 안 되겠다."
다음 주에 오픈하게 될 (유니타스브랜드가 만든) 인터넷 쇼핑몰에 관한 나를 아끼는 지인들의 솔직한 평가였다. 내가 이런 지적에 대해서 크게 동요하지 않는 이유는 7년 전 〈유니타스브랜드〉 잡지를 런칭할 때도 이와 같은 말을 들었고, 또 그들의 예측이 맞았기 때문이다. 잡지도 지금까지 돈이 안 되고 있는데, 또 돈이 안 될 것 같은 '유니타스하우스' 라는 인터넷 쇼핑몰을 만들고 있다...더 보기

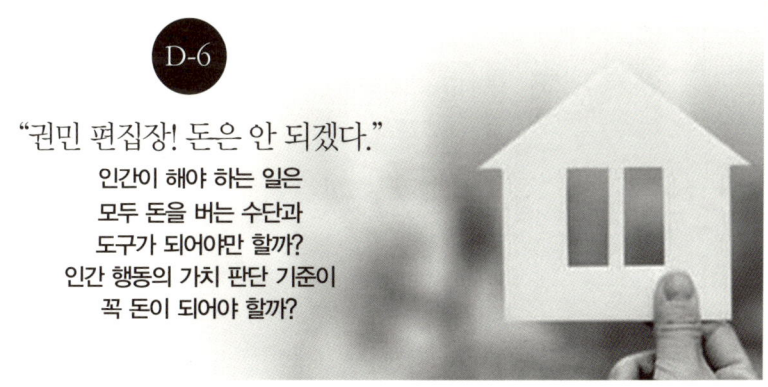

좋아요 . 댓글 달기 . 공유하기
👍 488   💬 63   ↪ 105

한국타이어님이 HANKOOK TIRE PRESS DAY 2013 사진첩에 새로운 사진 12장을 추가했습니다.
2013년 9월 2일

글로벌 Top Tier 진입을 위해 새롭게 도약합니다. http://bit.ly/17hDQJi
오늘 한국타이어는 프레스데이를 통해 대규모 글로벌 프리미엄 신차용 타이어 성과를 발표했습니다.
세계 최고 명차인 메르세데스-벤츠 'New S-Class'에 국내 타이어 기업 최초로 신차용 타이어 공급을 시작합니다...더 보기

좋아요 . 댓글 달기 . 공유하기
👍 504 💬 45 ↗ 11

❖ 참여형 포스팅

독자의 행동을 이끌어내는 것은 SNS 마케팅의 가장 기본적인 요소다. SNS가 커뮤니케이션과 네트워킹의 대표적인 플랫폼으로 자리 잡은 것은 컨텐츠를 생산해서 내보내는 것이 쉽다는 것과 함께 독자의 반응을 쉽게 이끌어낼 수 있다는 것이 가장 큰 이유다. 페이스북이 처음 등장했을 때 사람들의 눈길을 가장 강하게 사로잡은 것은 바로 '좋아요' 버튼이었다. 페이스북이라는 브랜드보다 '좋아요' 버튼이 지구를 뒤덮는 것으로 상징화되기도 했다. 그만큼 정보를 보내고 받는 것보다 반응을 주고받는 것에 더 큰 비중을 두고 만들어진 플랫폼이다.

독자들이 깊이 공감하고 공유하고 싶은 욕구가 생길 만한 포스팅으로 독자들의 반응을 이끌어내는 것이 가장 훌륭하지만 의도적으로 독자의 행동을 이끌어내는 것은 SNS 마케팅뿐만 아니라 모든 형태의 마케팅에서 대단히 중요한 요소다. 마케팅이 궁극적으로 추구하는 것은 구매라는 행동이다. 마케터의 의도에 따른 행동을 경험한 고객은 다른 기회에 능동적으로 행동할 가능성이 커진다. 공감이 가는 포스팅에 '좋아요' 버튼을 누르는 것도 쉬워지고 공유 버튼으로 자신의 이웃들에게 포스팅을 소개하고 전파하는 데에도 적극적이 된다. 그리고 결국 구매라는 행동으로 연결될 가능성 역시 커지게 된다.

이처럼 참여형 포스팅은 독자의 댓글이나 공유 혹은 태그를 의도적으로 유도하는 것이다. 댓글 유도형은 간단하게 답할 수 있는 내용을 질문하는 퀴즈형과 독자의 의견을 구하는 설문형, 그리고 축하인사 등을 유도하는 메시지형이 있다. 태그 유도형은 단순한 댓글이 아니라 '@아이디'의 형태로 지인이나 친구의 이름을 적게 하는 형태이다. 이 형태의 태그가 댓글에 적히면 해당자의 SNS에 태그 사실이 통보되어 해당 포스팅의 방문을 유도하는 효과가 있다.

 참여형 포스팅은 독자의 참여를 유도하는 것이 가장 큰 목표이므로 참여를 더욱 강화하기 위해 이벤트와 결합되는 경우가 많다. 그러나 반드시 이벤트와 결합되어야 하는 것은 아니다. 고객의 참여를 유도하기 위한 포스팅을 이벤트와 어느 정도 결합해야 되는가는 아이템과 SNS의 분위기에 따라 적절하게 판단해야 한다. 이벤트를 전혀 실시하지 않으면 독자의 반응이 쉽게 일어나지 않을 수 있고 지나치게 이벤트에 의존하면 고객의 반응이 수동적이 될 수 있다.

① 댓글 유도형

〈퀴즈형〉

 한국타이어님이 강은주님과 함께 있습니다.
2014년 12월 17일 오후 3:36

[#퀴즈 이벤트]
본격 겨울철 안전운전을 위한 안전벨트 상식 O,X 퀴즈!
안전벨트에도 유통기한이 있다? ...더 보기

좋아요 . 댓글 달기 . 공유하기
👍 660 💬 772 ↗ 259

 한국타이어
2014년 12월 10일
오전 11:34 수정됨

[#퀴즈 이벤트]
한국타이어의 대표적인 윈터타이어, Winter i'cept evo를 찾아라! 확률은 25%!
힌트, 강력한 ★북극곰 발톱 모양의 디자인★으로 높은 그립력을 제공하여 겨울철 주행 안전을 책임지는 타이어
#정답자_50분께_타이어를_닮은_도넛_드려요!
#발표는_12월_12일_오전!

좋아요 . 댓글 달기 . 공유하기
👍 704 💬 853 ↗ 182

〈설문형〉

 한국타이어님이 강은주님과 함께 있습니다.
2014년 12월 17일 오후 3:36

[#수요 퀴즈]
일방적으로 주는 덴 지쳐버렸어!!
4대 국민경품 중 한국타이어 페이스북을 좋아하는 내가 받고 싶은 선물은?!
50분께 선택하신 선물을 드립니다. 망설이지 마세요!
#경품 #어벤져스 #원하는 대로 #바라는 대로

좋아요 . 댓글 달기 . 공유하기
👍 1,130 💬 1,323 ↪ 570

 농심(Nongshim)
12월 17일 오전 11:52 수정됨

[뭉치면 벌집와플을 쏜다!]
대한민국 영업 3팀, 동아리, 반, 부녀회, 등 4인 이상 단체 주목!
'단체명'과 '우리가 벌집와플이 필요한 이유'를 남겨주시면, 달달한 커피 안주, #벌집와플 2박스를 10팀에게 쏩니다!...더 보기

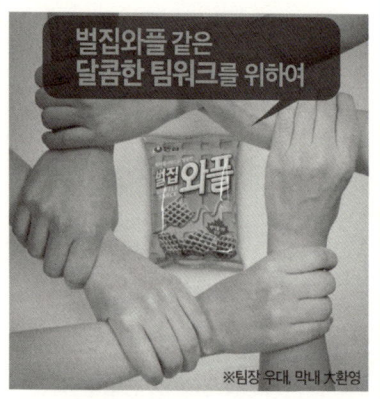

좋아요 . 댓글 달기 . 공유하기
👍 1,239 💬 220 ↪ 55

〈메시지형〉

 한국타이어님이 여미리님 외 38명과 함께 있습니다.
2012년 12월 19일

[크리스마스 깜짝 이벤트]
크리스마스가 일주일도 채 남지 않았네요.
크리스마스 기념 깜짝 이벤트를 진행합니다. ^^
참여방법
1. 크리스마스를 함께 보내고 싶은 사람을 태그하세요.
2. 함께 보내고 싶은 이유를 댓글로 남겨주세요.(공유는 센스~! 아시죠? ^^)

이벤트 기간 : 12/19(수)~12/20(목)
당첨자 발표 : 12/21(금)
경품 : 케이크교환권 1매(총 10명)
많은 응모 부탁드립니다. 😊

좋아요 . 댓글 달기 . 공유하기
👍 451   💬 490   ↗ 363

 한국타이어님이 여미리님 외 38명과 함께 있습니다.
2012년 12월 19일

['좋아요' 2차 이벤트]
아이들의 꿈을 지킬 수 있도록 여러분이 따뜻한 격려와 응원을 모아주세요!
1차 이벤트에 이어, 여러분의 '좋아요' 500개가 다시 모이면, 한국타이어가 아이들의 꿈을 지킬 수 있는 꿈 지원 기금 총 500만 원을 기부합니다.
지금 이 글에 좋아요를 누르고, 응원 메시지를 댓글로 남겨주시는 분들 중 추첨을 통해 25분께 CGV 주말예매권(2매)을 선물로 드립니다!
한국타이어 드림투게더, 드림 2배 더 자세히 보기 》http://bit.ly/1c8vBUM

이벤트 기간 : 2013년 12월 4일~12월 7일
당첨자 발표 : 2013년 12월 9일

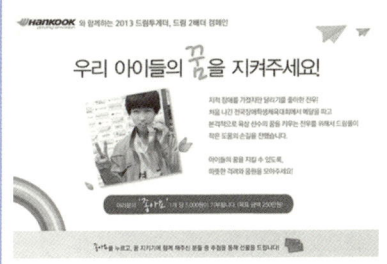

좋아요 . 댓글 달기 . 공유하기
👍 961   💬 835   ↗ 578

② 태그 유도형

 한국타이어님
2014년 3월 26일

[#소셜 이벤트]
T'Station에서 #해피포인트 받으면
혜택도 더블, 기쁨도 더블!
기쁨을 함께 나누고픈 친구를 댓글로 소환해주세요!
여러분의 해피한 만남을 위해 한국타이어가 배스킨라빈스31 더블 쿠키샌드를 쏩니다.
당첨자는 3월 28일 금요일에 발표
#행복은 #나누면 #두배

좋아요 . 댓글 달기 . 공유하기
👍 279 💬 202 ↗ 81

 농심(Nongshim)님이 새로운 사진 2장을 추가했습니다.
9월 15일

[농심의 흔한 체육대회]
양파링 겨루기 게임! 얍얍얍!
#같이_게임하고_싶은_사람을_소환하라!
#추첨을_통해_3명에게_양파링_1박스를_쏜다...더 보기

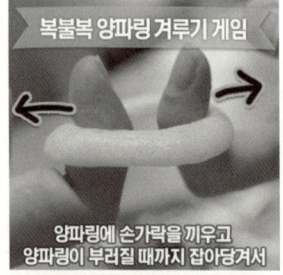

좋아요 . 댓글 달기 . 공유하기
👍 1,564 💬 831 ↗ 121

3. SNS 포스팅 작성의 실제

1) 세 줄로 승부하는 SNS 글쓰기

• 짧은 글과 긴 글의 조화

SNS 글쓰기의 특징은 글의 길이가 짧다는 것이다. SNS의 뉴스피드에 노출되는 글의 분량은 길어야 다섯줄 내외에 불과하다. 짧은 글이나 긴 글이나 어려운 건 마찬가지지만 그래도 길게 쓰는 것보다는 짧게 쓰는 것이 훨씬 더 쉬운 건 분명하다. 어떤 효과를 기대하기 위해서는 일정 수준 이상의 분량을 넘어야 하는 블로그에 비하면 SNS는 구조적으로 길게 쓸 수 없을 뿐만 아니라 길게 쓰는 것이 오히려 불리하다. 길게 쓸 수 없다는 것이 제약으로 작용하는 측면도 있지만 SNS 마케팅의 구조가 바로 결과를 내는 것보다는 호감과 신뢰를 가진 고객을 쇼핑몰이나 블로그로 유도하는 것이라고 본다면, 짧고 간결하게 쓰는 것을 장점으로 삼아서 최대한 효과를 누리는 것이 바람직하다.

그러나 모든 글을 반드시 짧게 써야 하는 것은 아니다. 오히려 간간이 '더 보기'가 표시되는 긴 글이 필요하기도 하고 더 나아가 한 눈에 읽기 어려운 긴 글이 효과를 보일 때도 있다. SNS에 올라오는 모든 글이 간략한 몇 줄로 끝난다면 개인 페이스북이나 팬 페이지 혹은 카카오스토리 채널 등의 구조가 너무 기계적으로 정형화되어 심정적인 호감을 얻기 어려울 수 있다. 짧은 글을 기본으로 하되 전체적으로 짧은 글과 긴 글이 조화를 이룰 수 있도록 하는 것이 좋다.

- 매력적인 제목 만들기와 인용

SNS에서는 특히 첫줄의 역할이 중요하다. 주로 검색을 통해 들어오는 블로그와는 달리 SNS는 뉴스피드에 무작위로 노출되는 여러 포스트 중에서 순간적으로 선택 받아야 한다. 포스트의 경우는 발행자에 대한 신뢰 정도에 따라 1차적인 주목을 얻을 수 있지만 SNS에서 포스트만큼 중요한 뉴스피드 광고는 오로지 첫줄로만 주목을 끌어야 한다.

첫줄은 세일즈 카피에서 살펴본 제목과 같은 역할을 한다. 따라서 '매력적인 제목 만들기' 항목에서 소개된 여러 기법과 패턴을 활용하는 것이 좋다. 제목 만들기 기법과 패턴은 마치 SNS 글쓰기를 위해 미리 준비된 것처럼 완벽하다.

첫줄 쓰기에 도움이 되는 기법은 인용이 있다. 주로 다른 사람이 만든 문서를 공유할 때 주로 사용하지만, 내 블로그 포스트로 유도할 때도 활용할 수 있다. 인용은 공유한 문서 혹은 링크하려는 문서의 한 부분을 잘라서 맨 윗줄에 표기하는 것이다. 그 중에서 인용부호(" ")로 표시된 부분을 잘라서 인용하는 것이 좋다. 보통 단문의 경우 인용부호로 표시된 부분은 그 글에서 가장 중요한 부분이거나 전체적인 내용을 대변하는 내용일 경우가 많다. 따라서 굳이 전체 내용을 요약하려고 애쓰지 말고 그 문서의 내용을 대표할 수 있는 구절을 골라 통째로 인용하는 것이 좋다. 이 방법을 자주 쓰게 되면 글을 쓸 때도 글의 한 부분을 요약, 인용할 수 있는 부분으로 압축할 수 있는 능력이 생긴다.

• 본문과 행동요구

첫줄 이하의 본문은 세일즈 카피의 기본 패턴에 따라 작성한다. 문제 및 필요성 제시, 해결책 제시, 입증·약속, 가격·혜택, 행동 요구의 순서에 따라 한 줄씩 작성하면 뉴스피드에 노출되는 분량을 정확하게 맞출 수 있다. 여기에서 다섯 가지 요소를 모두 적용시키면 완성된 메시지가 되는 것이고 이 중 일부, 예를 들어 필요성과 해결책 제시만으로 본문을 작성하면 관심과 궁금증을 유발하여 링크로 이동하게 된다.

SNS 글쓰기에서 가장 중요한 것은 행동 요구다. 앞의 네 가지 요소 중 한두 개 정도는 빠지더라도 어떤 식으로든 고객의 욕구를 자극할 수 있지만 행동 요구가 생략되면 고객이 실제로 클릭할 가능성이 현저하게 떨어진다. 클릭이라는 두 글자를 넣었는지에 따라 달라지는 고객의 반응은 하늘과 땅 차이다. 고객의 호감과 신뢰를 얻기 위한 포스트에는 굳이 클릭이라는 행동을 요구할 필요가 없지만 링크를 통한 이동을 목적으로 하는 포스트는 클릭에 대한 요구가 반드시 들어가야 한다. 단, 링크 클릭을 유도하는 포스트는 호응이 떨어진다. 이 점을 감안하며 고객의 행동을 유도하는 포스트는 자주 발행하지 않는 것이 좋다.

2) SNS 포스팅의 주기

SNS 포스팅은 얼마나 자주하는 것이 좋을까? 이에 대한 정확한 답은 없다. 매일 1회 이상 하는 것은 기본이지만 하루에도 서너 번 이상 자주 하는 것이 좋다는 전문가도 있고 너무 자주하면 역효과가 난다고 주장하는 전문가도 있다. SNS의 타임라인은 강물처럼 흘러가 버리므로 3시간마다 주기적으로 포스팅하는 것이 좋다고 권하는 사람도 있다.

문제는 내용이다. 독자에게 공감을 얻고 인정을 받을 수 있는 내용이라면 자주할수록 좋을 것이고 제품 홍보로 점철된 내용이라면 민폐만 끼치는 결과가 될 것이다. 필자가 생각하는 정답은 1일 1회 이상을 기본으로 하고 좋은 내용으로 능력껏 자주하는 것이다.

전담 직원이 배치되어 운영하는 것으로 보이는 대기업 페이스북은 대부분 1일 1회 포스팅을 기본으로 하고 있다. 그러나 유니타스브랜드는 기본적으로 하루 3~4회 이상 포스팅을 하고 있다.

3) 직접 작성 포스트 vs 공유 포스트

SNS의 가장 큰 특징이면서 장점으로 얘기할 수 있는 것은 다른 사람이나 업체가 발행한 포스트를 '공유'라는 수단을 통해 무한정 합법적으로 사용할 수 있다는 것이다. 오히려 다른 사람의 포스트를 공유해서 내 SNS에 사용하면 최초 생산자, 즉 원저작자에게 도움을 주는 일이 된다. 따라서 다른 사람의 포스트를 공유하는 일은 그의 포스트를 널리 알려주는 역할도 하면서 내 SNS를 충실하게 만들어주는 윈윈win-win의 효과를 얻을 수 있다.

공유 포스트가 중요한 것은 알찬 내용의 포스트를 자주 업로드 하는 것이 좋다고 할 때, 모든 포스트를 내가 직접 작성한다면 자주 포스팅하는 것이 거의 불가능하기 때문이다. SNS의 기본 속성은 정보의 발행이 아니라 정보의 전달이다. 따라서 다른 사람이 만든 양질의 포스트를 공유하여 나의 독자에게 전달하는 것은 SNS의 속성에 가장 알맞은 일로써

유니티스브랜드
2014년 7월 9일

[자기다움 saying #245.]
"어른들을 믿지 말라고 해서 세상을 부정하지 말라는 의미가 아니다. 어른들의 말을 쫓아 뭔가를 하지 마라, 너희는 그 세상보다 훨씬 큰 세상을 볼 수 있고, 그 어른들의 세상은 너희들 손으로 볼 수 있다. 어른들의 말에 갇히지 마라"
-김창완, 가수 / '힐링' 김창완, 젊은이들에 고함 "어른들 너무 믿지 마"〈OSEN〉

'힐링' 김창완, 젊은이들에 고함
"어른들 너무 믿지 마"

[OSEN=정유진 기자] 가수 김창완이 젊은이들에게 "어른들을 너무 믿지 말라"고 말했다. 김창완은 7일 오후 방송된 SBS 예능 프로그램 '힐링캠프, 기쁘지 아니한가'(이하 '힐링캠프')에서 "어른들을 너무 믿지 말아라. 자기 안에 너무 큰 우주가 있는데...
MEDIA.DAUM.NET

좋아요 . 댓글 달기 . 공유하기
👍 1,142 💬 11 ↪ 214

유니타스브랜드
2014년 7월 7일

[Case by Case 전략의 발견 #136.]
"이유 없이 싼 제품이 아닌 '이유 있는 좋은 제품'(lowered price with reason)을 지향했다는 점이다. 출발은 일상의 소소한 상품 차별화였지만 우량 제품에 대한 무한 도전을 추구하는 것이다. 그래서 우리 제품의 모든 가격 태그에 '이 제품이 만들어진 이유'란 제목의 문구를 1~2줄씩 적어 놓고 있다. 우리는 이를 위해 무지만의 개성과 철학이 담긴 제품 개발과 광고 전략에 집중했다."
_ 마쓰이 타다미쓰, 무인양품 회장 / 전략적 영업·스피드 경영으로 '무인양품' 부활 이끈 마쓰이 회장〈위클리 비즈〉

[Weekly Biz][Interview in depth]
전략적 영업·스피드 경영으로
'무인양품' 부활 이끈 마쓰이 회장

"훌륭한 요리를 맛보는 것보다 저는 세계 최고 레스토랑에서 경영을 배우는 일이 더 즐거워요. 최고 주방장이 준비된 재료를 어떤 음식으로 구현하는지, 음식을 몇 분..
BIZ.CHOSUN.COM

좋아요 . 댓글 달기 . 공유하기
👍 270 💬 6 ↪ 138

적극적으로 활용하는 것이 좋다.

블로그 글쓰기에서 간단하게 쓰는 일일 포스팅과 공 들여서 쓰는 핵심 포스팅을 구분해서 운영하듯이, SNS에서도 공 들여서 직접 작성하는 포스팅과 다른 사람의 포스팅을 간편하게 공유하는 포스팅으로 구분하여 운영하면 SNS 운영이 훨씬 수월해진다. 그러나 SNS 공유 포스팅은 블로그의 일일 포스팅과 비교할 때 간편하다는 점만 같을 뿐 포스트로써의 가치나 SNS 운영에 대한 기여도는 비교할 수 없을 만큼 높다. 공유한 포스트도 좋아요, 댓글, 공유에 큰 반응을 불러일으키는 경우가 많다.

4) 공유 소스의 관리

공유 포스트를 적극 활용하기 위해서는 공유할 만한 포스트를 생산하는 소스(발행자)를 다양하게 확보해야 한다. 한 발행자의 포스트를 줄기차게 공유하는 것은 내용이 아무리 좋아도 내 SNS의 격이 떨어질 수 있다. 더 중요한 것은 소스를 단순하게 가져간다면 내가 공유할 수 있는 포스트를 발견할 수 없는 날이 있을 수 있다. 따라서 공유 포스트의 소스는 최대한 많이 확보해두는 것이 좋다. 또한 공유 소스를 확보해두면 내가 직접 작성하는 포스트의 소재도 쉽게 찾을 수 있어 포스트를 직접 작성하는 데에도 큰 도움이 된다.

공유할 만한 포스트의 대표적인 소스는 언론사와 같은 전문 매체와 독특하고 일관성 있는 포스트를 대량으로 발행하는 페이스북 팬페이지와 카카오스토리 채널이다. 또한 특징 있는 블로그들도 소스로 활용할 수 있다.

① 구글 알리미

구글 알리미는 특정 키워드를 지정해놓으면 그 키워드와 관련된 뉴스를 추출하여 메일로 발송해주는 서비스다. 예를 들어 가구 제품이라면 가구 키워드를 포함하여, 인테리어, 침대, 소파, 책상, 건강 등의 키워드가 잠재고객들의 주요 관심사일 수 있다. 이들 키워드를 등록해놓으면 그날그날 발행된 뉴스 컨텐츠 중에서 해당 키워드가 포함된 기사를 골라 메일로 발송해준다.

이들 목록 중에서 내 독자에게 전달해주고 싶은 뉴스를 골라 공유하면 된다. 지금은 거의 모든 매체들이 페이스북 공유 버튼을 기본으로 달고 있어서 공유가 매우 간편하다. 때때로 기사에 달려 있는 공유 버튼을 사용하는 것보다 기사의 URL을 포스트에 링크하는 것이 더 좋을 때도 있다. 또한 카카오스토리 채널은 아직 외부 버튼이 활성화되어 있지 않으므로 URL을 링크하는 방법으로 공유한다.

② 네이버 오픈캐스트

네이버 오픈캐스트는 블로거들이 독자적으로 뉴스나 포스트를 편집하여 네이버 메인에 노출시키고 개별적으로 독자를 확보하여 네이버를 통해 발송할 수 있게 하는 서비스다. 건강, IT 등 특정 분야의 정보를 전문적으로 다루는 매체들은 대부분 자신들의 기사를 네이버 오픈캐스트를 통해 송출하고 있다. 개인 블로거들은 자신의 블로그 포스트를 따로 모아 발행하는 식으로 오픈캐스트를 활용하고 있지만 인기 있는 오픈캐스트는 대부분 자신의 포스트가 아니라 자신이 정한 주제에 속하는 뉴스 기사, 타인의 블로그 포스트들을 큐레이션하여 발행한다.

네이버 오픈캐스트는 다양한 분야로 구분되어 있어 원하는 카테고리 안에서 발행 횟수와 독자 수가 많은 캐스트를 구독하면 그 분야에서 잘 선별된 양질의 컨텐츠들을 받아볼 수 있다.

③ 카카오트리(http://www.kakaotree.kr)

카카오트리는 인기 있는 카카오스토리 채널의 실시간 랭킹을 보여주는 서비스이다. 이 서비스를 활용하면 명언이나 유머, 그리고 특정 주제의 깊이 있는 정보 등을 포스팅하는 채널들을 쉽게 찾을 수 있다. 특히 현재 상위에 랭크되어 있는 채널들은 이벤트와 같이 인위적인 방법으로 단기간에 독자들을 확보한 채널이 아니라 본격 서비스가 실시되기 이전의 시범 서비스 기간부터 충실하게 독자를 확보해온 채널이 대부분이다. 따라서 품격 있고 품질이 좋은 컨텐츠를 확보할 수 있다.

페이스북 팬페이지의 랭킹을 보여주는 서비스도 여럿 있지만, 페이스북 팬페이지는 이미 워낙 많은 관계로 대기업 등이 운영하는 대형 팬페이지 이외의 전문적이고 재미있는 팬페이지를 찾기 어려운 한계가 있다. 그런데 카카오트리에 상위 랭크된 채널들은 대부분 페이스북 팬페이지도 함께 운영하고 있으므로 채널 이름으로 검색하면 해당 팬페이지를 쉽게 찾을 수 있다. 마음에 드는 팬페이지를 구독하고 그중 좋은 포스트를 골라 공유하면 된다.

④ 정부기관 및 관련업체의 페이지

요즘은 웬만한 정부기관 모두 SNS를 운영하고 있다. 이들은 대부분 관련 업계에 매우 유용한 정보를 다루고 있다. 예를 들어 국민건강보험 페이지의 정보는 모든 고객들에게 건강과 관련된 도움 되는 정보를 깊이 있고 폭넓게 제공하고 있다. 주택, 건축, 부동산 관련 업종이면 국토교통부의 페이지를 유용하게 활용할 수 있다.

직접적인 경쟁관계에 있는 업체가 아니라면 관련업체의 페이지도 훌륭한 공유 소스가 된다. 제품과 아이템이 달라도 비슷한 고객군을 대상으로 하고 있는 업체의 페이지라면 내 고객이 좋아할 정보를 제공할 수 있다. 고객군을 공유하고 있는 비경쟁 관계 업체 페이지의 게시물을 공유하면 그 업체에서도 내 페이지의 정보를 공유해줄 수도 있어서 고객을 확대할 수 있는 기회가 된다.

5) 시리즈 포스팅

SNS가 가진 가장 큰 단점은 독자의 뉴스피드에 올라가는 포스트가 순식간에 지나쳐 버리고 이미 흘러간 포스트는 다시 찾기가 쉽지 않다는 것이다. 이를 일컬어 정보의 휘발성이라고 부른다. SNS가 가진 정보의 휘발성을 극복하고 독자들이 내 포스트에 깊이 주목하고 계속 기대하게 할 수 있는 가장 좋은 방법은 포스트를 시리즈로 발행하는 것이다.

포스트에 별도의 시리즈 제목과 일련번호를 붙이면 독자들은 시리즈로 발행되는 포스트라는 것을 인식하여 내용에 더욱 관심을 가지게 되고 앞으로 발행될 후속 시리즈를 기대하게 된다. 또한 시리즈 제목을 해시태그(#특정단어)로 작성하면 독자가 같은 시리즈의 포스트를 검색해서 한꺼번에 볼 수 있는 기능을 활용할 수도 있다.

이것은 블로그 글쓰기에서 관련 서적의 목차를 참고하여 포스팅 계획을 세우고 내용을 요약하거나 가공하여 새 포스트를 만드는 방법과 같다. 일관된 계획 아래 진행되는 포스팅은 모두 시리즈화할 수 있다. 물론 독자적인 시리즈를 기획할 수도 있다.

① 유니타스브랜드

유니타스브랜드는 모든 포스트에 시리즈명과 일련번호를 부여하고 있다. 유니타스브랜드는 시리즈의 의미 외에도 워낙 다양한 분야의 정보를 제공하고 있어, 이들을 적절하게 분류하여 내용을 파악하게 하는 색인의 역할도 하고 있다.

유니타스브랜드
2014년 5월 30일

[유니타스씨가 궁금해합니다 #199.]
퇴근길에 문득 고개를 들어보니 앞 동네 아파트에 불 켜진 집이 몇 집 남지 않았습니다. 모두 오늘 하루를 열심히 보냈으니 편안히 쉬는 것 같아 보입니다.
오늘, 당신의 가족이나 친구에게 "수고했어요" 라는 위로의 말을 건네보는 건 어떨까요?

좋아요 . 댓글 달기 . 공유하기
👍 234   💬 7   ↗ 15

유니타스브랜드
2014년 5월 28일

[브랜드 임계지식 명언 #323.]
타인을 목적으로 대하라.
타인을 수단으로 대하지 말라.
_칸트

좋아요 . 댓글 달기 . 공유하기
👍 938   💬 5   ↗ 156

유니타스브랜드님이 새로운 사진 14장을 추가했습니다.
2014년 7월 21일

유니스타스브랜드 골목대학 오픈특강-브랜드 런칭04
컨셉...브랜드의 영혼이라고 불리는 이 개념은 아직도 정의되지 않는 단어입니다.
그러나 브랜드를 만들 때 가장 많이 사용되는 개념입니다.
특히 골목가게에 있어서 컨셉은 그 자체로서 유일한 브랜딩입니다.
"독해서 독보적이다!"

workshop 3
브랜드 이야기, 컨셉

1. 컨셉를 정의해보자.
2. 자신이 좋아하는 브랜드를 말해보고 어떤 컨셉인지 설명해보자.
3. 좋은 컨셉과 나쁜 컨셉의 차이는 무엇인가?

브랜드 생명을 만드는 필수요소로서 이렇게 정의했다.
"브랜드는 3개의 기둥, 즉 제품이나 서비스, 이름 그리고 컨셉로 이루어진 살아 있는 체계(Living System)다."
서비스와 상품, 그리고 이름은 눈에 보이는 것이다. 반복적으로 경험할 수 있으며 다른 사람과 공유할 수 있다. 하지만 여기에서 말하는 '컨셉'은 눈에 보이지도 않고, 서로 통일하거나 공유된 체험을 할 수 없다.

것' 혹은 '그 상품을 구매함으로써 소비자가 얻을 핵심 가치'라고 정의한다. 이 두 개의 설명에 따라 컨셉의 기능을 살펴본다면, 생산자와 소비자가 동일하게 느끼는 '그 무엇'이라고 말할 수 있다. 컨셉의 어원은 라틴어로 '모두가 공감하는 것을 (함께) 잡다, 혹은 취하다'라는 뜻이다. 그래서 우리말로 '컨셉 좀 잡아 봐'라는 말을 직역하면 '모두가 공감하는 것을 잡아 봐'라고 해석할 수 있다. 그래서 컨셉은

좋아요 . 댓글 달기 . 공유하기
👍 454 💬 17 ↗ 603

유니타스브랜드
2014년 7월 14일

[유니스타스씨가 궁금해합니다 #213]
지그 지글러는 이렇게 말했습니다.
"목표는 장기적이어야 한다. 단기적인 목표는 일시적인 장애물에 부딪혀도 쉽게 포기하게 된다.
... 더 보기

> "목표는 장기적이어야 한다.
> 단기적인 목표는
> 일시적인 장애물에 부딪혀도 쉽게 포기하게 된다.
> 그러나 장기적인 목표는
> 사소한 문제나 일시적인 장애물에 굴복하지 않고
> 그것을 극복하여 성취할 수 있다."
>
> -지그 지글러
>
> 지금 이곳에 당신의 1년, 5년, 10년 후의 목표를 기록해보세요.
> 그리고 그것을 다섯 번만 읊어보세요. 기분이 어떤가요?

좋아요 . 댓글 달기 . 공유하기
👍 344 💬 14 ↪ 98

② 농심

농심은 농심 꿀팁의 이름으로 식품과 관련된 여러 가지 생활 노하우를 시리즈로 포스팅하고 있다. 특히 농심은 포스팅 전체에 걸쳐 재미의 요소를 담아 흥미를 유발하고 있다.

 농심(Nongshim)님이 새로운 사진 4장을 추가했습니다.
9월 4일

[추석특집 농심 꿀팁]
툴립햄 담당자가 이야기하는 DIY 차량용 테이블 만들기
#말은_못해도_아빠는_속상하다!
#차안에서_흘리지않고_스낵도_먹고_컵라면도_먹고_생라면도_부셔먹자!

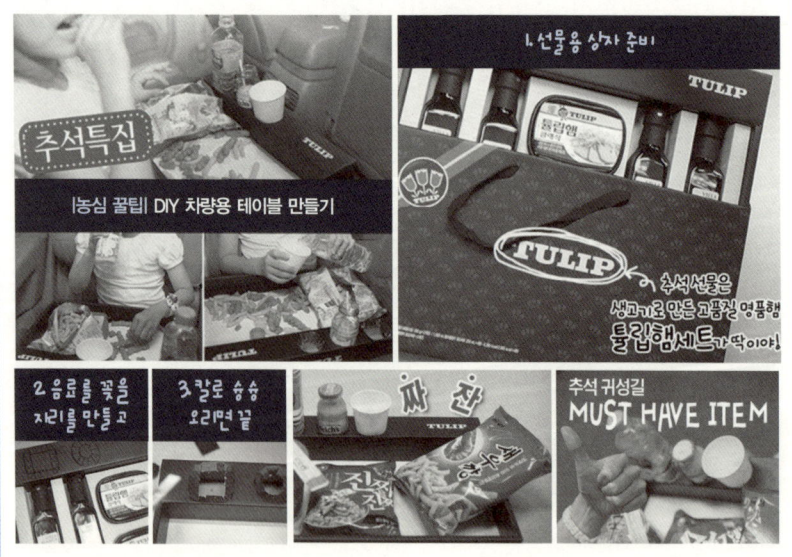

좋아요 . 댓글 달기 . 공유하기
👍 3,784   👎 136   ↪ 159

농심(Nongshim)님이 새로운 사진 2장을 추가했습니다.
8월 1일

[농심 꿀팁]
백산수 담당자가 이야기하는
미지근한 생수 초간단 급속 냉각법
#여름철_타는_갈증_시원한_백산수로_해결!

좋아요 . 댓글 달기 . 공유하기
👍 303 💬 12 ↪ 11

 농심(Nongshim)
5월 9일

[농심 꿀팁]
야.채.라.면 담당자가 이야기하는 삼겹살 잘 굽는 법!

좋아요 . 댓글 달기 . 공유하기
👍 398 💬 32 ↪ 1

농심(Nongshim)님이 새로운 사진 3장을 추가했습니다.
8월 11일

뭐지, 이 귀요미는?
신라면 미니어처 만들기
#전개도_다운받기 ☞ http://bit.ly/1sOA6wP
#댓글로_인증샷을_남겨주시면_10명에게_신라면 세트를!...더 보기

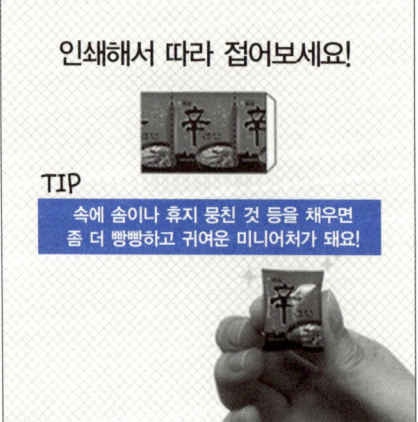

좋아요 . 댓글 달기 . 공유하기
👍 1,347 💬 140 ↪ 110

③ 한국타이어

한국타이어는 수요퀴즈의 이름으로 매주 수요일 퀴즈 이벤트를 실시하고 있다. 이와 같이 시리즈에 특정 요일을 부여하면 정기적인 성격이 더욱 강해져서 독자들은 특정 요일을 기다리게 된다. 시리즈명에 요일을 굳이 포함시키지 않더라도 매주 같은 요일에 발행되는 시리즈라는 것을 밝혀두면 마찬가지로 독자들은 특정 요일을 기다리게 된다.

한국타이어
2013년 10월 9일

[#수요퀴즈]
한국타이어의 성장 동력이자 기업 문화를 표현하는 말로, Professional과 Active의 합성어인 이 단어는 무엇일까요? 힌트는 여기 》 http://bit.ly/1fHlDPQ
댓글로 정답을 맞추신 50분을 추첨해 타이어를 닮은 도넛(3ea) 교환권을 드립니다.
정답은 내일, 당첨자는 금요일(10/11)에 발표합니다.

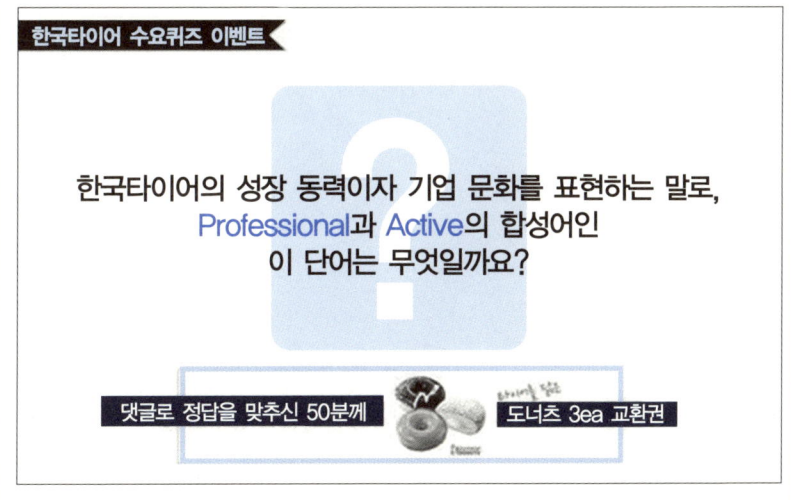

좋아요 . 댓글 달기 . 공유하기
👍 3,784 💬 136 ↪ 159

한국타이어님이 오준하님 외 2명과 함께 있습니다.
2013년 3월 6일

[수요퀴즈 이벤트]
아래 타이어는 언제 생산된 타이어일까요?
정답을 오늘(24시)까지 아래 댓글에 적어주세요.
추첨을 통해 총 50분께 따뜻한 카페라떼를 보내드려요~!^^
힌트보기-)http://blog.naver.com/happydriving/60160259668

좋아요 . 댓글 달기 . 공유하기
👍 771   💬 1,018   ↗ 416

한국타이어님이 ChanHee Kim 님 외 2명과 함께 있습니다.
2013년 1월 16일

[수요퀴즈 이벤트!!]
"국내 최초 6개의 메인 그루브를 채용한 한국타이어가 자랑하는 SUV를 위한 최고급 프리미엄 타이어는 무엇일까요?"
정답을 오늘(24시)까지 아래 댓글에 적어주세요.
추첨을 통해 총 50분께
따뜻한 카페라떼를 보내드려요~!^^
http://cafe.daum.net/xqoptimonova/KhCq/157

좋아요 . 댓글 달기 . 공유하기
👍 234 💬 7 ↗ 15

 한국타이어님이 손재훈님 외 3명과 함께 있습니다.
2012년 11월 7일

수요퀴즈 이벤트_ 나는 누구일까요?
타이어 트레드만으로도 어떤 타이어인지 알 수 있다면?? 아래의 그림에 있는 두 타이어는 무엇인지 댓글로 맞춰주세요.
추첨을 통해 카페라떼를 선물로 드립니다. ^^
http://blog.naver.com/happydriving/60174939667

좋아요 . 댓글 달기 . 공유하기
👍 317 💬 402 ↗ 165

[실전 TIP] 유사문서(중복문서)와 저품질 블로그

❖ **유사문서(중복문서)**

원본이 따로 있는 문서, 즉 복제된 것으로 판단되는 문서를 유사문서 혹은 중복문서라고 한다. 네이버나 다음, 그리고 구글 등의 검색 포털에서는 유사한 내용의 문서 중에서 가장 먼저 만들어진 문서를 원본문서로 인정하고 검색 결과에 원본문서를 우선적으로 노출시킨다. 네이버의 경우는 유사문서로 판정되면 아예 검색 결과에서 제외된다.

유사문서는 원본을 완벽하게 복사한 것만 해당되는 것이 아니라 포털의 기준에 따라 일정 정도 이상의 유사도가 확인되면 모두 유사문서로 판정된다.

유사문서는 해당 문서가 검색에서 제외되는 것뿐만 아니라 블로그 전체의 평가를 떨어뜨릴 수 있으므로 반드시 주의해야 한다. 한 블로그 안에 이런 유사문서의 사례가 축적되면 블로그가 '저품질 블로그'로 판단되어 유사문서뿐만 아니라 블로그에 있는 모든 문서들이 검색에서 불이익을 받는 결과가 나타날 수 있다.

네이버에서는 검색 결과의 만족도를 높이기 위해 블로그의 품질을 평가하는 시스템이 있다. 좋은 문서의 여부는 1차적으로 문서 자체의 품질을 놓고 따지지만 일일이 사람의 눈으로 파악하지 않는 한 정확한 판정에는 한계가 있을 수밖에 없다. 이에 대해 보조적으로 블로그의 품질을 평가하여 문서의 품질 판단에 반영한다. 즉, '좋은 블로그'에 있는 글이 '좋은 글'이라는 논리다.

네이버가 판단하는 좋은 블로그의 요건은 우선적으로 1.글이 많고 2.일정 기간 이상 꾸준히 운영되는 블로그다. 개별 문서가 같은 조건일 때 블로그가 위의 조건에 더 충족될수록 검색에 우대를 받는다.

❖ 저품질 블로그

블로그가 저품질로 판단되는 것에 대해 네이버는 공식적으로 인정하지 않고 있지만 마케팅업계에서는 거의 정설로 굳어져 있다. 블로그가 저품질로 판정될 경우 검색을 통해 독자를 유인하는 블로그의 기본 기능은 완전히 상실된다. 검색이 전혀 안 되는 것은 아니지만 검색 고객이 살펴보는 범위 바깥에서 검색되어 방문자가 하루아침에 바닥으로 떨어지게 된다. 저품질의 주요 원인으로 꼽히는 사항은 아래와 같다.

① **검색조작 프로그램의 사용** : 검색 순위를 정하기 위해서는 어쩔 수 없이 필수적으로 채택될 수밖에 없는 요소들이 있는데 검색 포털에서는 이들 요소에 다양한 변수를 적용하여 로직을 결정하게 된다. 검색 결과를 여러 번 관찰하다 보면 이 로직은 어렵지 않게 파악될 수 있다. 그래서 검색 포털은 이 로직을 자주 변경하거나 새로운 로직을 개발하여 적용하지만 이 역시 관찰 결과에 따라 파

악될 수 있다. 프로그램은 검색 포털의 로직 변경을 끊임없이 추적해서 적용한다.

반대로 검색조작 프로그램 역시 어쩔 수 없이 채택하게 되는 특유의 방식이 있으므로 쉽게 감지될 수 있다. 이런 프로그램에 의해 검색 순위를 조작하기 위한 시도가 이루어진 것으로 판단되는 블로그는 저품질로 판정된다.

② 공감, 댓글, 스크랩 조작 : 블로그의 품질에는 방문자와의 교감도 중요한 요소로 작용한다. 공감, 댓글, 스크랩이 바로 그것이다. SNS와 같다. 이들의 숫자를 높이기 위해 약속된 사람끼리 서로 공감, 댓글, 스크랩을 하거나, 프로그램을 이용하여 숫자를 높이기도 한다. 이 역시 일정한 패턴이 읽혀서 쉽게 드러날 수 있다. 프로그램을 이용하는 행위와 함께 공감, 댓글, 스크랩의 숫자를 조작하는 등 상위 검색을 위해 뭔가를 조작하는 것을 어뷰징이라고 한다.

③ 반복된 상업 포스팅 남발 : 일반 블로그들에 비해 상업적인 블로그는 제품 노출에 대한 욕구가 강하다. 따라서 프로그램이나 인위적인 어뷰징 없이 정상적으로 상위 검색이 되는 블로그에는 제품과 관련된 내용을 과도하게 포함시킬 수 있다. 또한 블로그 전체적으로 볼 때에도 검색 가치가 있는 문서에 비해 상품 홍보를 위한 포스트의 비중이 과도할 수 있다. 이럴 경우 블로그를 저품질로 판정하

여 검색에 불이익을 준다. 정상적인 방법에 의해서라도 검색 결과가 상품 홍보 문서로 뒤덮이는 것을 방지하기 위해서이다.

④ 이슈 키워드, 실시간 급상승 키워드 남용 : 시기적으로 이슈가 되는 키워드나 실시간 급상승 키워드를 사용하여 포스팅을 하게 되면 순간적으로 많은 방문자를 유입시킬 수 있다. 만약 상위 검색이 될 경우 그 폭발력은 엄청나다. 그래서 블로그의 특성과 관계없이 이슈가 되는 키워드나 실시간 급상승 키워드를 골라 빈번하게 포스팅하게 되는 경우가 있다. 이것이 반복되면 블로그 방문자를 인위적으로 늘리기 위한 시도로 간주하여 저품질 블로그로 판정하게 된다.

⑤ 외부 URL 링크의 남발 : 네이버에서는 링크를 통해 블로그 외부의 사이트로 유도하는 것을 낚시 행위로 간주한다. 참고나 근거 제시를 위해 링크를 간혹 사용하는 것은 무방하지만 지속적이고 반복적으로 포스트 안에서 외부 사이트로 유도하는 링크를 사용하는 경우 정보 제공이나 의사 표현을 위한 정상적인 블로그가 아니라 방문객을 특정 사이트로 끌어가기 위한 블로그로 판단하여 저품질로 판정하게 된다.

⑥ 유사문서 남발 : 위에서 설명한 것과 같이 유사문서의 비중이 지나치게 높은 블로그는 저품질로 간주된다.

이 외에 경쟁업체의 신고나 사용하고 있는 IP에 문제가 있어서 저품질로 판정되기도 한다. 일단 저품질 블로그로 분류되면 이를 회복시킬 수 있는 방법은 현재로서는 없다.

매출을 5배 올려주는
고일석의 마케팅 글쓰기

1판 1쇄 발행 2015년 4월 1일
1판 6쇄 발행 2021년 11월 30일

지은이   고일석
외주기획   출판기획전문 ㈜엔터스코리아
펴낸이   조윤지
P   R   유환민
책임편집   정은아
디자인   최영진

펴낸곳 ｜ 책비(제215-92-69299호)
주소   (13591) 경기도 성남시 분당구 황새울로 342번길 21 6F
전화   031-707-3536
팩스   031-624-3539
이메일 readerb@naver.com
블로그 blog.naver.com/readerb
페이스북 www.FB.com/TheReaderPress

ⓒ 2015 고일석
ISBN 978-89-97263-87-5

※ 책값은 뒤표지에 있습니다. 잘못된 책은 구입처에서 교환해 드립니다.

> 책비(TheReaderPress)는 여러분의 기발한 아이디어와 양질의 원고를 설레는 마음으로
> 기다립니다. 출간을 원하는 원고의 구체적인 기획안과 연락처를 기재해 투고해 주세요.
> 다양한 아이디어와 실력을 갖춘 필자와 기획자 여러분에게 책비의 문은 언제나 열려 있습니다.
> • readerb@naver.com